Verborgene Liquidität im Marktordnungsrecht der MiFID

Frankfurter wirtschaftsrechtliche Studien

Herausgegeben von
Theodor Baums, Andreas Cahn, Brigitte Haar, Katja Langenbucher,
Tobias Tröger, Manfred Wandt, Peter von Wilmowsky

Band 108

PETER LANG

Christian Hoops

Verborgene Liquidität im Marktordnungsrecht der MiFID

PETER LANG

Bibliografische Information der Deutschen Nationalbibliothek
Die Deutsche Nationalbibliothek verzeichnet diese Publikation in der Deutschen Nationalbibliografie; detaillierte bibliografische Daten sind im Internet über http://dnb.d-nb.de abrufbar.

Zugl.: Frankfurt (Main), Univ., Diss., 2018

D 30
ISSN 0723-0427
ISBN 978-3-631-77005-4 (Print)
E-ISBN 978-3-631-77006-1 (E-PDF)
E-ISBN 978-3-631-77007-8 (EPUB)
E-ISBN 978-3-631-77008-5 (MOBI)
DOI 10.3726/b14754

Peter Lang –Berlin · Bern · Bruxelles · New York · Oxford · Warszawa · Wien

Diese Publikation wurde begutachtet.

www.peterlang.com

Dieses Werk wurde im Rahmen des Promotionsverfahrens an der Johann Wolfgang Goethe-Universität an der Fakultät für Rechtswissenschaften als Dissertation eingereicht. Es berücksichtigt Literatur, Rechtsprechung und sonstige Veröffentlichungen bis zum Tag der Einreichung, dem 21. April 2017.

Inhalt

Literaturverzeichnis

Abergel, Frederic; Bouchaud, Jean-Philippe; Foucault, Thierry; Lehalle, Charles-Albert; Rosenbaum, Mathieu: Market Microstructure: Confronting Many Viewpoints, 2012.

Adolff, Johannes: Unternehmensbewertung im Recht der börsennotierten Aktiengesellschaft, 2007.

Ahdieh, Robert: Making Markets: Network Effects and the Role of Law in the Creation of Strong Securities Markets, in: Southern California Law Review, Vol. 76, S. 277–332.

Aldridge, Irene: High-Frequency Trading: A Practical Guide to Algorithmic Strategies and Trading Systems, 2013.

Amihud, Yakov; Mendelson, Haim: A New Approach to the Regulation of Trading Across Securities Markets, in: New York Law Review (1996), Vol. 71 (6), 1411–1466 (abrufbar unter: http://www.nyulawreview.org/sites/default/files/pdf/NYULawReview-71-6-Amihud-Mendelson.pdf, zuletzt abgerufen am 09.04.2017).

Angerer, Lutz; Geibel, Stephan; Süßmann, Rainer: Wertpapiererwerbs- und Übernahmegesetz (WpÜG), 2. Aufl., 2008.

Arnold, T.; Hersch, P.; Mulherin, J.; Netter, J.: Merging Markets, in: Journal of Finance (1999), Vol 54, 1083–1107.

Arnuk, Sal; Saluzzi, Joseph: Broken Markets: How High Frequency Trading and Predatory Practices on Wall Street Are Destroying Investor Confidence and Your Portfolio, 2012.

Assmann, Heinz-Dieter: Die Regelung der Primärmärkte für Kapitalanlagen mittels Publizität im Recht der Europäischen Gemeinschaft, in: AG 1993, 549–563.

Assmann, Heinz-Dieter: Kapitalmarktrecht – Zur Formation eines Rechtsgebiets in der vierzigjährigen Rechtsentwicklung der Bundesrepublik Deutschland, in: Nörr (Hrsg.), 40 Jahre Bundesrepublik Deutschland, 1989, 251–275.

Assmann, Michael: Konzeptionelle Grundlagen des Anlegerschutzes, in: ZBB 1989, 49–60.

Assmann, Heinz-Dieter; Buck, Petra: Europäisches Kapitalmarktrecht, in: EWS 1990, 110ff.; 190ff.; 220ff.

Assmann, Heinz-Dieter; Schneider, Uwe (Hrsg.): Kommentar zum Wertpapierhandelsgesetz, 6. Aufl., 2012 (zitiert als: *Bearbeiter*, in: Assmann/Schneider, WpHG, §, Rn.).

Assmann, Heinz-Dieter; Schütze, Rolf A. (Hrsg.): Handbuch des Kapitalanlagerechts, 4. Aufl., 2015 (zitiert als: *Bearbeiter*, in: Assmann/Schütze, Handbuch des Kapitalanlagerechts).

Bachmann, Gregor: Kapitalmarktrechtliche Probleme bei Unternehmenszusammenschlüssen, in: ZHR 172 (2008), 597–634.

Bank for International Settlement: High-frequency trading in the foreign exchange market, Report submitted by a Study Group established by the Markets Committee, September 2011 (abrufbar unter: http://www.bis.org/publ/mktc05.pdf, zuletzt abgerufen am 09.04.2017).

BATS BZX Exchange, Inc.: Rules of BATS BZX Exchange, Inc., 16.12.2016 (abrufbar unter: http://cdn.batstrading.com/resources/regulation/rule_book/BATS_Exchange_Rulebook.pdf, zuletzt abgerufen am 09.04.2017).

Baum, Harald; Fleckner, Andreas; Hellgardt, Alexander; Roth, Markus; et al. (Hrsg.): Perspektiven des Wirtschaftsrechts – Deutsches, europäisches und internationales Handels-, Gesellschafts- und Kapitalmarktrecht – Beiträge für Klaus J. Hopt aus Anlass seiner Emeritierung, 2008 (zitiert als: *Bearbeiter*, in: Baum/Fleckner/Hellgardt, et al., Aufsatzname).

Baums, Theodor: Recht der Unternehmensfinanzierung, 2017.

Bayer, Walter: Gesellschafts- und Kapitalmarktrecht in den Beratungen des Deutschen Juristentags, 2010.

Beam, Carrie; Segev, Arie: Automated negotiations: a survey of the state of the art, in: Wirtschaftsinformatik 39 (1997) 3, 263–268.

Begner, Jörg; Neusüss, Martin: Überblick über die MiFID II, in: RdF 2012, 76–86.

Beny, Laura Nyantung: Proposal to Enhance Competition, in: Columbus Law Review (2002), 399–418.

Beunzer, Daniel; MacKenzie, Donald; Millo, Yuval, Pardo-Guerra, Juan Pablo: Impersonal efficiency and the dangers of a fully automated securities exchange, Foresight driver review, DR11, 2010 (abrufbar unter: http://eprints.lse.ac.uk/43589/1/Impersonal%20efficiency%20and%20the%20dangers%20of%20a%20fully%20automated%20securities%20exchange%20author%20%28LSERO%29.pdf, zuletzt abgerufen am 09.04.2017).

Binder, Jens-Hinrich: Daytrading als Finanztermingeschäft i.S.d. § 2 Abs. 2a WpHG? Tatbestandliche Unschärfen des Terminrechts als Einfallstor für eine rechtspolitische Grundsatzkontroverse zum kapitalmarktrechtlichen „Anlegerschutz durch Information", in: ZHR 169 (2005), 329–369.

Binder, Jens-Hinrich; Broichhausen, Thomas N.: Entwicklungslinien und Perspektiven des Europäischen Kapitalmarktrechts, in: ZBB 2006, S. 85–92.

Bornholt, Stefan; Feindt, Peter Henning: Komplexe adaptive Systeme, 1996.

Bortenlänger, Christine: Börsenautomatisierung: Effizienzpotentiale und Durchsetzbarkeit, 1996.

Bösch, Martin: Derivate, 2011.

Bracht, Hannes: Die Pflicht von Wertpapierdienstleistungsunternehmen zur bestmöglichen Ausführung von Kundenaufträgen (Best Execution), 2009.

Brealy, Richard; Myers, Stewart; Allen, Franklin: Principles of Corporate Finance, 9. Aufl., 2007.

Breuer, Wolfgang: Finanzintermediation und Kapitalmarktgleichgewicht, 1993.

Buck-Heeb, Petra: Kapitalmarktrecht, 8. Aufl., 2016.

Bundesanstalt für Finanzdienstleistungsaufsicht (BaFin): Emittentenleitfaden der Bundesanstalt für Finanzdienstleistungsaufsicht, 4. Aufl., 2013 (abrufbar unter: http://www.bafin.de/SharedDocs/Downloads/DE/Leitfaden/WA/dl_emittentenleitfaden_2013.pdf?__blob=publicationFile&v=1, zuletzt abgerufen am 09.04.2017 – zitiert als BaFin, Emittentenleitfaden).

Bundesanstalt für Finanzdienstleistungsaufsicht (BaFin): Jahresbericht 2015, abrufbar unter: http://www.bafin.de/SharedDocs/Downloads/DE/Jahresbericht/dl_jb_2015.pdf?__blob=publicationFile&v=4, zuletzt abgerufen am 09.04.2017).

Burdett, K.; O'Hara, M.: Building blocks – An introduction in block trading, in: Journal of Banking and Finance (1987), Vol. 11, S. 193 – 212.

Burgard, Ulrich; Hadding, Walther; Mülbert, Peter; Nietsch, Michael; Welter, Reinhard (Hrsg.): Festschrift für Uwe H. Schneider zum 70. Geburtstag, 2011.

Büschgen, Hans E.: Das kleine Börsen-Lexikon, 22. Aufl., 2010.

Committee of European Securities Regulators (CESR), CESR's Technical Advice on Possible Implementing Measures of the Directive 2004/39/EC on Markets in Financial Instruments, CESR/05-290b, April 2005 (abrufbar unter: https://www.esma.europa.eu/sites/default/files/library/2015/11/05_290b.pdf, zuletzt abgerufen am 09.04.2017).

Committee of European Securities Regulators (CESR), CESR Technical Advice to the European Commission in the Context of the MiFID Review – Equity Markets, CESR/10-394, April 2010 (abrufbar unter: https://www.esma.europa.eu/sites/default/files/library/2015/11/10_394.pdf, zuletzt abgerufen am 09.04.2017).

Chicago Mercantile Exchange (CME): CME Group Statement on the Joint CFTC/SEC Report Regarding the Events of May 6 (abrufbar unter: http://investor.cmegroup.com/investor-relations/releasedetail.cfm?ReleaseID=513388, zuletzt abgerufen am 09.04.2017).

Chouinard, Éric: The Trading Landscape of Securities Trading, in: Financial System Review (2007), S. 45–50 (abrufbar unter: http://publications.gc.ca/collections/collection_2007/bank-banque-canada/FB2-22-2007-2E.pdf, zuletzt abgerufen am 09.04.2017).

Claussen, Carsten Peter (Hrsg.): Bank- und Börsenrecht für Studium und Praxis, 4. Aufl., 2008.

Cliff, Dave; Northrop, Linda: The Global Financial Markets: an Ultra-Large-Scale Systems perspective, Foresight Financial Markets driver review DR4, 2011 (abrufbar unter: https://www.gov.uk/government/uploads/system/uploads/attachment_data/file/289012/11-1223-dr4-global-financial-markets-systems-perspective.pdf, zuletzt abgerufen am 09.04.2017).

Cohn, Daniela: Alternative Handelssysteme – Ein Beitrag zur Neufassung der §§ 58ff BörsG, in: ZBB 2002, 365–375.

Cohn-Heeren, Daniela: Kapitalmarktrechtliche Regulierungskonzepte für Alternative Handelssysteme, 2006.

Dabous, Feras; Rabhi, Fethi: Information Systems and IT Architecture for Securities Trading, in: Seese/Weinhardt/Schlottmann (Hrsg.), Handbook on Information Technology in Finance, 2008, 29–50.

Davies, Ryan J.: MiFID and a changing competitive landscape, April 2008 (abrufbar unter: https://papers.ssrn.com/sol3/papers.cfm?abstract_id=1117232&rec=1&srcabs=1596782&alg=1&pos=3, zuletzt abgerufen am 09.04.2017).

Davies, Ryan; Dufour, Alfonso; Scott-Quinn, Brian: The MiFID: Competition in a New European Equity Market Regulatory Structure, in: Ferrarini, Guido; Wymeersch, Eddy (Hrsg.), Investor Protection in Europe: Corporate Law Making, the MiFID and Beyond, 2006, S. 161–198.

Deckert, Martina R.; von Rüden; Jens: Anlegerschutz durch Europäisches Kapitalmarktrecht, in: EWS 1998, 46–54.

de Jong, Frank; Rindi, Barbara: The Microstructure of Financial Markets, 2009.

Degryse, Hans; van Achter, Mark; Wuyts, Gunther: Crossing Networks: Competition and Design, TILEC Discussion Paper, DP 2006-015, 2006 (abrufbar unter: https://papers.ssrn.com/sol3/papers.cfm?abstract_id=913690; zuletzt abgerufen am 09.04.2017).

Degryse, Hans: Competition between financial markets in Europe: What can be expected from MiFID?, in: Financial Markets and Portfolio Management, März 2009, Vol. 23 (1), 93–109 (abrufbar unter: https://lirias.kuleuven.be/bitstream/123456789/342868/2/Competitionbetween.pdf, zuletzt abgerufen am 09.04.2017).

Deutsche Börse AG: Xetra Release 16.0 – Marktmodell Aktien, 16.11.2015 (abrufbar unter: http://www.xetra.com/blob/2449664/91f071c0d0fcbd3e414535

4952ce90b4/data/20160314_Marktmodell-aktien_de.pdf, zuletzt abgerufen am 09.04.2017).

Deutsche Börse AG: Xetra Best Marktmodell, 03.11.2014 (abrufbar unter http://www.xetra.com/blob/1208440/dc147441eb9fa0d03dcd245d4831379a/data/Marktmodell-xetra-best.pdf, zuletzt abgerufen am 09.04.2017).

Deutsche Bundesbank: Bedeutung und Wirkung des Hochfrequenzhandels am deutschen Kapitalmarkt, in: Monatsbericht Oktober 2016, S. 37–61 (abrufbar unter: https://www.bundesbank.de/Redaktion/DE/Downloads/Veroeffentlichungen/Monatsberichtsaufsaetze/2016/2016_10_hochfrequenzhandel.pdf?__blob=publicationFile, zuletzt abgerufen am 09.04.2017).

Deutsche Bundesbank: Finanzstabilitätsbericht 2011, 2011 (abrufbar unter: https://www.bundesbank.de/Redaktion/DE/Downloads/Veroeffentlichungen/Finanzstabilitaetsberichte/2011_finanzstabilitaetsbericht.pdf?__blob=publicationFile, zuletzt abgerufen am 09.04.2017).

Ding, Shengwi; Hanna, John; Hendershott, Terrence: How Slow is the NBBO? A Comparison with Direct Exchange Feeds, The Financial Review 49 (2014), Vol. 49, S. 313–332 (abrufbar unter: http://faculty.haas.berkeley.edu/hender/nbbo.pdf, zuletzt abgerufen am 09.04.2017).

DirectEdge: Order Type Guide, 2016 (abrufbar unter: http://cdn.batstrading.com/resources/membership/EDGE_Order_Type_Guide.pdf, zuletzt abgerufen am 09.04.2017).

Dreyerling, Georg; Schäfer, Frank A.: Insiderrecht und Ad-hoc Publizität, 2001.

Duve, Christian; Keller, Moritz: MiFID: Die neue Welt des Wertpapiergeschäfts – Transparenz und Marktintegrität für einen europäischen Kapitalmarkt, in: BB 2006, 2537–2542.

Einsele, Dorothee: Wertpapiere im elektronischen Bankgeschäft, in: WM 2001, 7–16.

Elton, Edwin; Gruber, Martin; Brown, Stephen; Goetzmann, William: Modern Portfolio Theory and Investment Analysis, 2003.

Ende, Bartholomäus; Muntermann, Jan: Opacity and Exclusivity in Electronic Securities Trading: The Case of Dark Pools – A Comparison of Liquidnet with Electronic Exchanges, in: MKWI 2010, 1897–1908.

Ende, Muntermann; Uhre, Tim; Weber, Moritz C.: The Impact of a Millisecond: Measuring Latency Effects in Securities Trading, in: Wirtschaftsinformatik 2011, 116–129.

Europäische Zentralbank (EZB): The Payment System – Payments, Securities and Derivatives and the Role of the Eurosystem, 2010 (abrufbar unter: https://www.ecb.europa.eu/pub/pdf/other/paymentsystem201009en.pdf, zuletzt abgerufen am 09.04.2017)

Elster, Nico: Europäisches Kapitalmarktrecht – Recht des Sekundärmarkts, 2002.

Europäische Kommission: Grünbuch der Kommission v. 30.04.2007 über Finanzdienstleistungen für Privatkunden, KOM(2007), 226.

Europäische Kommission: Vorschlag für eine Richtlinie des Europäischen Parlaments und des Rates über Wertpapierdienstleistungen und geregelte Märkte und zur Änderung der Richtlinien 85/611/EWG und 93/6/EWG des Rates und der Richtlinie 2000/12/EG des Europäischen Parlaments und des Rates, KOM(2002), 625 endgültig (ebenfalls veröffentlicht in ZBB 2002, 545).

Europäische Kommission: Vorschlag für eine Richtlinie des Europäischen Parlaments und des Rates über Märkte für Finanzinstrumente zur Aufhebung der Richtlinie 2004/39/EG des Europäischen Parlaments und des Rates (Neufassung), KOM(2011), 656 endgültig.

Europäische Kommission: Vorschlag für eine Verordnung des Europäischen Parlaments und des Rates über Märkte für Finanzinstrumente und zur Änderung der Verordnung [EMIR] über OTC-Derivate, zentrale Gegenparteien und Transaktionsregister, KOM(2011), 652 endgültig.

Europäische Kommission: Vorschlag für eine Richtlinie des Europäischen Parlaments und des Rates über Insider-Geschäfte und Marktmanipulation (Marktmissbrauch), KOM(2001), 285 endgültig.

Europäische Kommission: Public Consultation – Review of the Markets in Financial Instruments Directive (MiFID), 08.12.2010 (abrufbar unter: http://ec.europa.eu/finance/consultations/2010/mifid/docs/consultation_paper_en.pdf, zuletzt abgerufen am 23.03.2017).

European Securities and Markets Authority (ESMA): Consultation Paper MiFID II/MiFIR, 19.12.2014, ESMA/2014/1570 (abrufbar unter: http://www.esma.europa.eu/, zuletzt abgerufen am 09.04.2017).

European Securities and Markets Authority (ESMA): Discussion Paper MiFID II/MiFIR, 22.05.2014, ESMA/2014/548 (abrufbar unter: http://www.esma.europa.eu/, zuletzt abgerufen am 09.04.2017).

European Securities and Markets Authority (ESMA): Technical Reporting Instructions – MiFIR Transaction Report, 26.10.2016, ESMA/2016/1521 (abrufbar unter: http://www.esma.europa.eu/, zuletzt abgerufen am 09.04.2017).

European Securities and Markets Authority (ESMA): Leitlinien – Systeme und Kontrollen für Handelsplattformen, Wertpapierfirmen und zuständige Behörden in einem automatisierten Handelsumfeld, 24.02.2012, ESMA/2012/122 (abrufbar unter: http://www.esma.europa.eu/, zuletzt abgerufen am 09.04.2017).

European Securities and Markets Authority (ESMA): Regulatory technical and implementing standards – MiFID II/MiFIR, 28.09.2015, ESMA/2015/1464 (abrufbar unter: http://www.esma.europa.eu/, zuletzt abgerufen am 09.04.2017).

European Securities and Markets Authority (ESMA): Waivers from Pre-trade Transparency – CESR positions and ESMA opinions, 20.06.2016, ESMA/2011/241h (abrufbar unter: http://www.esma.europa.eu/, zuletzt abgerufen am 09.04.2017).

Fama, Eugene F.: Efficient Capital Markets: A Review of Theory and Empirical Work, in: The Journal of Finance (1969), Vol. 25, S. 383–417 (abrufbar unter: http://efinance.org.cn/cn/fm/Efficient%20Capital%20Markets%20A%20Review%20of%20Theory%20and%20Empirical%20Work.pdf, zuletzt abgerufen am: 09.04.2017).

Fama, Eugene F.: Random Walks in Stock Market Prices, in: Financial Analysts Journal (1965), Vol. 21, 55–59.

Fama, Eugene F.: The Behavior of Stock-Market Prices, in: Journal of Business (1965), Vol. 38, 34–105 (abrufbar unter: http://history.technicalanalysis.org.uk/Fama65.pdf, zuletzt abgerufen am 09.04.2017).

Fama, Eugene F.; Fisher, Lawrence, Jensen, Michael C.; Roll, Richard: The Adjustment of Stock Prices to New Information, in: International Economic Review (1969), Vol. 10, S. 1–21 (abrufbar unter: http://www.e-m-h.org/FFJR69.pdf, zuletzt abgerufen am 09.04.2017).

Ferrarini, Guido; Recine, Fabio: The MiFID and Internalisation, in: Ferrarini, Guido; Wymeersch, Eddy (Hrsg.), Investor Protection in Europe: Corporate Law Making, the MiFID and Beyond, 2006, S. 236–270.

Fidessa,: European Dark Trading Analysis, April 2013 (abrufbar unter: http://fragmentation.fidessa.com/wp-content/uploads/European-Dark-Trading-Analysis-April-2013.pdf, zuletzt abgerufen am 09.04.2017).

Fischer, Julian: Insiderrecht und Kapitalmarktkommunikation: unter besonderer Berücksichtigung des Rechtsrahmens für Finanzanalysten, 2006.

Fleckner, Andreas M.: Börsengeschäftsbedingungen, in: ZHR 180 (2016), 458–522.

Fleischer, Holger; Schmolke, Klaus Ulrich: Die Reform der Transparenzrichtlinie: Mindest- oder Vollharmonisierung der kapitalmarktrechtlichen Beteiligungspublizität?, in: NZG 2010, 1241–1248.

Forst, Gerrit: Ist der Hochfrequenzhandel in der Europäischen Gemeinschaft gestattet?, in: BKR 2009, 454–457.

Fuchs, Andreas (Hrsg.): Wertpapierhandelsgesetz (WpHG), 2. Aufl., 2016.

Gebauer, Martin; Wiedmann, Thomas (Hrsg.): Zivilrecht unter europäischem Einfluss, 2. Aufl. 2010.

Gilson, Ronald J.; Kraakman, Reinier H.: The Mechanisms of Market Efficiency, in: Virgina Law Review (1984), Vol. 70, 549–644.

Gomber, Peter: Elektronische Handelssysteme, 2000.

Gomber, Peter: The German Equity Trading Landscape, SAFE Policy Papers, White Paper No. 34, Februar 2016.

Gomber, Peter; Arndt, Björn, Lutat, Marco; Uhle, Tim: High-Frequency Trading, Policy Platform White Paper, 2011 (abrufbar unter: http://safe-frankfurt.de/uploads/media/Gomber_et_al_High_Frequency_Trading.pdf, zuletzt abgerufen am 09.04.2017).

Gomber, Peter; Gsell, Markus; Lutat, Marco: Competition among electronic markets and market quality, Policy Platform White Paper, Dezember 2010 (abrufbar unter: http://safe-frankfurt.de/uploads/media/Gomber_competition_among_electronic_markets_and_market_quality.pdf, zuletzt abgerufen am 09.04.2017).

Gomber, Peter; Hirschberg, Holger: Ende oder Stärkung der konventionellen Börsen? Die Umsetzung der MiFID in Deutschland, in: AG 2006, 777–784.

Gomber, Peter; Jaeger, Benedikt: MIFID: Eine systematische Analyse der Zielerreichung, SAFE Policy Papers, White Paper No. 14, Februar 2014.

Gomber, Peter; Lutat, Markus; Pierron, Axel; Weber, Moritz Christian: Shedding light on the dark: OTC equities trading in Europe, in: Journal of Trading (2011), Vol. 6, 74–86.

Gomber, Peter; Pierron, Axel: MiFID – Spirit and Reality of a European Union Financial Markets Directive, September 2010 (abrufbar unter: http://www.efinance.wiwi.uni-frankfurt.de/de/mifid-spirit-and-reality-of-a-european-financial-markets-directive.html, zuletzt abgerufen am 09.04.2017; zitiert als *Gomber/Pierron*, MIFID).

Gomber, Peter; Gvozdevskiy, Ilya: Dark Trading under MiFID II, in: Busch/Ferrarini, Regulation of the EU Financial Markets, 2017.

Gomber, Peter; Sagade, Satchit; Theissen, Erik; Weber, Moritz Christian; Westheide, Christian: The State of Play in European Over-the-Counter Quities Trading, in: Journal of Trading (2016), Vol. 10, 23–32.

Gomber, Peter; Uhle, Tim; Zimmermann, Kai: Geld rast um die Welt – Der Wertpapierhandel im 21. Jahrhundert, Forschung Frankfurt 2/2012 (abrufbar unter: http://www.forschung-frankfurt.uni-frankfurt.de/43022007/Gomber_FoFra-2012_02_36-40.pdf?; zuletzt abgerufen am 09.04.2017).

Gomber, Peter; Zimmermann, Kai: Wertpapierhandel im Kontext des technologischen Wandels – der algorithmische Handel, in: Everling/Lempka (Hrsg.), Finanzdienstleister der nächsten Generation – Die neue digitale Macht der Kunden, 2013, 363–379.

Gomber, Peter; Zimmermann, Kai: Off-Exchange Market Making Price Aggressiveness of Systematic Internalisers, 2012 (abrufbar unter: https://papers.ssrn.com/sol3/papers.cfm?abstract_id=2462479, zuletzt abgerufen am 09.04.2017).

Government Office for Science (UK)/Foresight, The Future of Computer Trading in Financial Markets – An International Perspective, 2012 (abrufbar unter: https://www.gov.uk/government/uploads/system/uploads/attachment_data/file/289431/12-1086-future-of-computer-trading-in-financial-markets-report.pdf, zuletzt abgerufen am 09.04.2017).

Grabitz, Eberhard; Hilf, Meinhard; Nettesheim, Martin: Das Recht der Europäischen Union, Band I EUV/AEUV, 59. Ergänzungslieferung Juli 2016 (zitiert als: *Bearbeiter*, in: Grabitz/Hilf/Nettesheim, AEUV, Art., Rn.)

Gerke, Wolfgang: Computerbörse für den Finanzplatz Deutschland, in: DBW 53 (1993), 725–748.

Gerke, Wolfgang; Bienert, Horst; Schroeder-Wildberg, Uwe: Orderbuchtransparenz bei homogenem Informationsangebot : eine experimentelle Untersuchung, in: Kredit und Kapital 1995, 227–269.

Gerke, Wolfgang; Rapp, Heinz-Werner: Strukturveränderungen im internationalen Börsenwesen, in : DBW (1994), 5–17.

Gerke, Wolfgang; Rasch, Stefan: Ausgestaltung des Blockhandels an der Börse, in: Die Bank 1992, 193–201.

Gomolka, Johannes: Algorithmic Trading – Analyse von computergesteuerten Prozessen im Wertpapierhandel unter Verwendung der Multifaktorenregression, 2011.

Gresse, Carola: Effects of Lit and Dark Trading Venue Competition on Liquidity: The MiFID Experience, März 2012 (abrufbar unter: http://citeseerx.ist.psu.edu/viewdoc/download?doi=10.1.1.471.4513&rep=rep1&type=pdf, zuletzt abgerufen am 09.04.2017).

Groß, Wolfgang: Kapitalmarktrecht – Kommentar zum Börsengesetz, zur Börsenzulassungs-Verordnung und zum Wertpapierprospektgesetz, 6. Aufl., 2016 (zitiert als *Bearbeiter*, in: Groß, Kapitalmarktrechtskommentar, Gesetz, §, Rn.).

Grote, Gundula: Die Grenzen der Kontrollierbarkeit komplexer Systeme, in: Weyer, Johannes/Schulz-Schaeffler, Ingo (Hrsg.), Management komplexer Systeme – Konzepte für die Bewältigung von Intransparenz, Unsicherheit und Chaos, 2009, S. 149–168.

Grundmann, Stefan: Europäisches Gesellschaftsrecht, 2. Aufl., 2011.

Grunewald, Barbara; Schlitt, Michael: Einführung in das Kapitalmarktrecht, 3. Aufl., 2014.

Grützner, Thomas; Jakob, Alexander (Hrsg.): Compliance von A-Z, 2. Aufl., 2015.

Habersack, Mathias; Mülbert, Peter; Schlitt, Michael (Hrsg.): Unternehmensfinanzierung am Kapitalmarkt, 3. Aufl., 2013 (zitiert als: *Bearbeiter*, in: Habersack/Mülbert/Schlitt, Unternehmensfinanzierung am Kapitalmarkt).

Haferkorn, Martin; Zimmermann, Kai; Siering, Michael: The Impact of IT-Based Trading on Securities Markets, in: Wirtschaftsinformatik Proceedings 2013, Paper 27, S. 427–441 (abrufbar unter: http://aisel.aisnet.org/cgi/viewcontent.cgi?article=1026&context=wi2013, zuletzt abgerufen am 09.04.2017).

Hammen, Horst: Börsen- und kreditwesengesetzliche Aufsicht über börsenähnliche Handelssysteme, Wertpapierbörsen und Börsenträger, in: WM 2001, S. 929–937.

Hartmann, Jörg: Juristische und ökonomische Regelungsprobleme des Insiderhandels – Eine rechtsvergleichende Darstellung USA-Deutschland, 1999.

Harris, Larry: Consolidation, fragmentation, segmentation and regulation, in: Financial Markets, Institutions and Instruments (1993), Vol 5, 1–28.

Harris, Larry: Trading & Exchanges – Market Microstructure for Practitioners, 2003.

Hasbrouck, Joel: Empirical Market Microstructure, 2007.

Haurand, Günter; Vahle, Jürgen: Computerkriminalität, in RDV 1990, 128–134.

Hazen, Thomas Lee: The Laws of Securities Regulation, 6. Edition, 2009.

Hendershott, Terrence: High frequency trading and price efficiency, Foresight Driver Review Papers DR12, 03.08.2011 (abrufbar unter: https://www.gov.uk/government/uploads/system/uploads/attachment_data/file/289019/11-1231-dr12-high-frequency-trading-and-price-efficiency.pdf, zuletzt abgerufen am 09.04.2017).

Hendershott, Terrence; Riordan, Ryan: Algorithmic Trading and Information, in: Working Papers from NET Institute, No. 09-08, 2009, (abrufbar unter: http://econpapers.repec.org/paper/netwpaper/0908.htm, zuletzt abgerufen am 09.04.2017).

Hilgendorf, Eric: Grundfälle zum Computerstrafrecht, in: JuS 1996, 702–706.

Hirte, Heribert; Möllers, Thomas (Hrsg.): Kölner Kommentar zum WpHG, 1. Aufl., 2007. (zitiert als *Bearbeiter*, in KölnKommWpHG).

Hirte, Heribert; Möllers, Thomas (Hrsg.): Kölner Kommentar zum WpHG, 2. Aufl., 2014 (zitiert als *Bearbeiter*, in KölnKommWpHG).

Holthausen, Robert W.; Leftwich, Richard W.; Mayers, David: The effect of large block transactions on security prices: A cross-sectional analysis, in: Journal of Financial Economics (1987), Vol 19, 237–281.

Holzborn, Timo; Israel, Alexander: Die Neustrukturierung des Finanzmarktrechts durch das Finanzmarktrichtlinienumsetzungsgesetz (FRUG), in: NJW 2008, 791–796.

Hoops, Christian: Bedeutung des organisierten Handelssystems in der gegenwärtigen Marktinfrastruktur, in: RdF 2017, 14.

Hoops, Christian: Das neue Regime für die systematische Internalisierung nach MiFID II: Auswirkungen auf den deutschen Zertifikatehandel, in: WM 2017, 319.

Hopt, Klaus: 50 Jahre Anlegerschutz und Kapitalmarktrecht: Rückblick und Ausblick, in: WM 2009, 1873–1879.

Hopt, Klaus: Auf dem Weg zu einer neuen europäischen und internationalen Finanzmarktarchitektur, in: NZG 2009, 1401–1408.

Hopt, Klaus: Der Kapitalanlegerschutz im Recht der Banken: gesellschafts-, bank- und börsenrechtliche Anforderungen an das Beratungs- und Verwaltungsverhalten der Kreditinstitute, 1975.

Hopt, Klaus: Vom Aktien- und Börsenrecht zum Kapitalmarktrecht?, in: ZHR 141 (1977), 389–402.

Hopt, Klaus; Rudolph, Bernd; Baum, Harald (Hrsg.): Börsenreform, 1997.

Hopt, Klaus; Veil, Rüdiger; Kämmerer, Jörn (Hrsg.): Kapitalmarktgesetzgebung im Europäischen Binnenmarkt, 2008.

Hummel, Detlev; Breuer, Rolf-E. (Hrsg.): Handbuch Europäischer Kapitalmarkt, 2000.

Ibrahim, Abubakr: Ökosysteme, in: Pahl-Wostl, Claudia/ Ebenhöh, Eva (Hrsg.), Beiträge des Instituts für Umweltsystemforschung der Universität Osnabrück, Beitrag Nr. 27, 2003 (abrufbar unter: https://www.usf.uni-osnabrueck.de/fileadmin/DE/Institut/Publikationen/Schriftenreihe/027-hauptseminar2002.pdf, zuletzt abgerufen am 09.04.2017).

Immenga, Ulrich; Mestmäcker, Ernst-Joachim; Körber, Torsten (Hrsg.): Wettbewerbsrecht, 5. Aufl., 2014.

International Organization of Securities Commissions (IOSCO), Issues Raised by Dark Liquidity – Consultation Report, CR05/10, 2010 (abrufbar unter: http://www.iosco.org/, zuletzt abgerufen am 09.04.2017).

International Organization of Securities Commissions (IOSCO), Principles for Dark Liquidity – Final Report, FR06/11, 2011 (abrufbar unter: http://www.iosco.org/, zuletzt abgerufen am 09.04.2017).

International Organization of Securities Commissions (IOSCO), Regulatory Issues Raised by the Impact of Technological Changes on Market Integrity and Efficiency – Consultation Report, CR02/11, 2011 (abrufbar unter: http://www.iosco.org/, zuletzt abgerufen am 09.04.2017).

International Organization of Securities Commissions (IOSCO), Regulatory Issues Raised by the Impact of Technological Changes on Market Integrity and Efficiency – Final Report, FR09/11, 2011 (abrufbar unter: http://www.iosco.org/, zuletzt abgerufen am 09.04.2017).

International Organization of Securities Commissions (IOSCO), Report on Issues in the Regulation of Cross-Border Proprietary Screen-based Trading Systems, Oktober 1994 (abrufbar unter: https://www.iosco.org/library/pubdocs/pdf/IOSCOPD42.pdf, zuletzt abgerufen am 09.04.2017).

International Organization of Securities Commissions (IOSCO), Transparency and Market Fragmentation – Report, 2001 (abrufbar unter: http://www.iosco.org/, zuletzt abgerufen am 09.04.2017).

Jain, Pankaj K.: Institutional Design and Liquidity at Stock Exchanges around the World, Dezember 2003, Working Paper, (abrufbar unter: https://papers.ssrn.com/sol3/papers.cfm?abstract_id=869253, zuletzt abgerufen am 09.04.2017).

Jaskulla, Ekkehard: Angemessenheit und Grenzen börslicher Mistrade-Regeln in Zeiten des Hochfrequenzhandels am Beispiel der Eurex Deutschland, in: WM 2012, 1708–1715.

Joecks, Wolfgang; Miebach, Klaus (Hrsg.): Münchener Kommentar zum Strafgesetzbuch: StGB, Band 5: §§ 263–358, 2. Aufl., 2014.

Joint Canadian Securities Administrators/Investment Industry Regulatory Organization of Canada: Dark Pools, Dark Orders, and other Developments in Market Structure of Canada, Consultation Paper 23-404, Oktober 2009 (abrufbar unter: http://www.osc.gov.on.ca/documents/en/Securities-Category2/csa_20091002_23-404_consultation-paper.pdf, zuletzt abgerufen am 09.04.2017, zitiert als Joint CSA/IIROC, Consultation Paper 23-404).

Joint Canadian Securities Administrators/Investment Industry Regulatory Organization of Canada: Update on Forum to Discuss CSA/IIROC Joint Consultation Paper 23-404 "Dark Pools, Dark Orders and Other Developments in Market Structure in Canada" and Next Steps [CSA/IIROC Joint Staff Notice], Paper 23-308, Mai 2010 (abrufbar unter: https://www.bcsc.bc.ca/Securities_Law/Policies/Policy2/23-308_Update_on_Forum_to_Discuss_CSA/IIROC_Joint_Consultation_Paper_23-404_%E2%80%9CDark_Pools__Dark_Orders_and_Other_Developments_in_Market_Structure_in_Canada%E2%80%9D_and_Next_Steps__CSA/IIROC_Joint_Staff_Notice_/, zuletzt abgerufen am 09.04.2017).

Kasiske, Peter: Compliance-Risiken beim Wertpapierhandel in Dark Pools, in: BKR 2015, 454–458.

Kasiske, Peter: Marktmissbräuchliche Strategien im Hochfrequenzhandel, in: WM 2014, 1933–1940.

Keynes, John Maynard: The General Theory of Employment, Interest, and Money, 1936.

Kilian, Wolfgang: Europäisches Wirtschaftsrecht, 4. Aufl., 2010.

Klock, Mark: The SEC's New Regulation ATS: Placing the Myth of Market Fragmentation Ahead of Economic Theory and Evidence, in: 51 Florida Law Review (1999), S. 753–785.

Klöhn, Lars: Kapitalmarkt, Spekulation und Behavorial Finance: Eine interdisziplinäre und vergleichende Analyse zum Fluch und Segen der Spekulation und ihrer Regulierung durch Recht und Markt, 2006.

Köndgen, Johannes: Internalisierter Wertpapierhandel unter MiFID: Zwischen Anlegerschutz und Markteffizienz, Bessler, Wolfgang (Hrsg.), Festschrift für Hartmut Schmidt zum 65. Geburtstag: Börsen, Banken und Kapitalmärkte, 2006, S. 281–312 (zitiert als: *Köndgen*, in: FS H. Schmidt (65)).

Kohl, Helmut; Kübler, Friedrich; Walz, Rainer; Wüstrich, Wolfgang: Abschreibungsgesellschaften, Kapitalmarkteffizienz und Publizitätszwang – Plädoyer für ein Vermögensanlagengesetz, in: ZHR 138 (1974), S. 1–49.

Köndgen, Johannes: Mutmaßungen über die Zukunft der europäischen Börsen, in: Festschrift für Marcus Lutter zum 70. Geburtstag – Deutsches und europäisches Gesellschafts-, Konzern- und Kapitalmarktrecht, 2000, S. 1401–1419 (zitiert als: *Köndgen*, in: FS Lutter).

Köndgen, Johannes; Theissen, Erik: „Internalisierter Wertpapierhandel zu Börsenpreisen?, WM 2003, 1497–1508.

Kraus, Alan; Stoll, Hans: Price Impacts of Block Trading on the New York Stock Exchange, in: Journal of Finance (1972), Vol. 27 (3), 569–588.

Kumpan, Christoph: Die neuen Transparenzvorschriften der Richtlinie über Märkte für Finanzinstrumente, in: WM 2006, 797–806.

Kumpan, Christoph: Die Regulierung außerbörslicher Wertpapierhandelssysteme im deutschen, europäischen und US-amerikanischen Recht, 2006.

Kümpel, Siegfried; Wittig, Arne: Bank- und Kapitalmarktrecht, 4. Aufl., 2011.

Kümpel, Siegfried; Hammen, Horst; Ekkenga, Jens: Kapitalmarktrecht, Stand: Oktober 2016.

Lackner, Karl; Kühl, Kristian (Hrsg.): Strafgesetzbuch Kommentar, 28. Aufl., 2014 (zitiert als: *Bearbeiter*, in: Lackner/Kühl, StGB).

Langenbucher, Katja: Aktien- und Kapitalmarktrecht, 3. Aufl., 2015.

Langenbucher, Katja (Hrsg.): Europäisches Privat- und Wirtschaftsrecht, 3. Aufl., 2013 (zitiert als: *Bearbeiter*, in: Langenbucher, Europäisches Privat- und Wirtschaftsrecht).

Langenbucher, Katja (Hrsg.): Europarechtliche Bezüge des Privatrechts, 2005. (zitiert als: *Bearbeiter*, in: Langenbucher, Europarechtliche Bezüge des Privatrechts).

Lee, Charles: Market Integration and Price Execution for NYSE-Listed Securities, in: Journal of Finance (1993), Vol 48, 1009–1038.

Lehmann, Matthias: Finanzinstrumente – Vom Wertpapier- und Sachenrecht zum Recht der unkörperlichen Vermögensgegenstände, 2010.

Leinweber, David: Avoiding a Billion Dollar Federal Financial Technology Rat Hole, in: The Journal of Portfolio Management (2011), Vol. 37, 1–2.

Lenenbach, Markus: Kapitalmarktrecht, 3. Aufl., 2016.

Levin, Simon: Ecosystems and the Biosphere as Complex Adaptive Systems, in: Ecosystems (1998) 1, S. 431–436.

Lewis, Michael: Flash Boys – Revolte an der Wall Street, 2014.

Liersch, Jan: Regulierung des Blockhandels an den organisierten Aktienmärkten der Vereinigten Staaten, Großbritanniens und Deutschlands, 2002.

Liersch, Jan: Nachteile für den Finanzplatz durch außerbörsliche Wertpapiergeschäfte, in: WM 2003, 473–480.

Lutter, Marcus; Bayer, Walter; Schmidt, Jessica: Europäisches Unternehmens- und Kapitalmarktrecht, 5. Aufl., 2012.

Mandelbrot, Benoit: Forecasts of Future Prices, Unbiased Markets, and „Martingale" Models, in: Journal of Business (1966), Vol. 39, S. 242–255 (abrufbar unter: http://www.e-m-h.org/Mand66.pdf, zuletzt abgerufen am 09.04.2017).

Markowitz, Harry: Portfolio Selection, in: The Journal of Finance, Vol. 7, No. 1. (Mar., 1952), 77–91.

Marsch-Barner, Reinhard; Schäfer, Frank A. (Hrsg.): Handbuch börsennotierte AG, 3. Aufl., 2014.

Massimb, Marcel N.; Phelps, Bruce D.: Electronic Trading, Market Structure and Liquidity, in: Financial Analysts Journal (1994), Vol. 50, 51–56.

Mattig, Daniel: Kurze Leitungswege für den Handel in Milli- und Mikrosekunden – Zu den latenzminimierenden Infrastrukturen an Börsen und multilateralen Handelssystemen, in: WM 2014, 1940–1946.

Mendelssohn, Haim: Consolidation, fragmentation and market performance, Journal of Financial Quantitative Analysis 22 (2), 189–207.

Merkner, Andreas: Reform des Marktmissbrauchsrechts: Die Vorschläge der Europäischen Kommission zur Verschärfung des Insiderrechts, in: AG 2012, 315–324.

Merkt, Hanno: Kapitalmarktrecht, in: Grundmann, Stefan; Haar, Brigitte; Merkt, Hanno et al., Festschrift für Klaus J. Hopt zum 70. Geburtstag am 24. August 2010 – Unternehmen, Markt und Verantwortung, S. 2207–2246.

Möhrenschläger, Manfred: Das Zweite Gesetz zur Bekämpfung der Wirtschaftskriminalität (2. WikG). „Das neue Computerstrafrecht", in: wistra 1986, 123–128.

Möllers, Thomas: Anlegerschutz im System des Kapitalmarktrechts, in: Grundmann, Stefan; Haar, Brigitte; Merkt, Hanno et al., Festschrift für Klaus J. Hopt zum 70. Geburtstag am 24. August 2010, S. 2207–2246.

Möllers, Thomas: Effizienz als Maßstab des Kapitalmarktrechts: Die Verwendung empirischer und ökonomischer Argumente zur Begründung zivil-, straf- und öffentlich-rechtlicher Sanktionen, in: AcP 208 (2008), 1–36.

Möllers, Thomas: Europäische Methoden- und Gesetzgebungslehre im Kapitalmarkt Vollharmonisierung, Generalklauseln und soft law im Rahmen der Lamfalussy-Verfahrens als Mittel zur Etablierung von Standards, in: ZEuP 2008, 480–505.

Möllers, Thomas: Europäische Gesetzgebungslehre 2.0: Die dynamische Rechtsharmonisierung im Kapitalmarktrecht am Beispiel von MiFID II und PRIIP, in: ZEuP 2016, 325–330.

Möllers, Thomas; Hailer, Sabrina: Systembrüche bei der Anwendung strafrechtlicher Grundprinzipien auf das kapitalmarktrechtliche Marktmanipulationsverbot, in: Burgard, Ulrich; Hadding, Walther; Mülbert, Peter O.; Nietsch, Michael; Welter, Reinhard (Hrsg.), Festschrift für Uwe H. Schneider zum 70. Geburtstag, 2011, S. 831–853.

Mülbert, Peter: Konzeption des europäischen Kapitalmarktrechts für Wertpapierdienstleistungen, in: WM 2001, 2085–2102.

Mülbert, Peter: Empfiehlt es sich, im Interesse des Anlegerschutzes und zur Förderung des Finanzplatzes Deutschland das Kapitalmarkt- und Börsenrecht neu zu regeln?, in: JZ 2002, 826–837.

Müller-Deku, Tobias: Daytrading zwischen Termin- und Differenzeinwand, in: WM 2000, 1029.

Mutschler, Sybille: Internalisierung der Auftragsausführung im Wertpapierhandelsrecht – Eine rechtliche und ökonomische Betrachtung unter besonderer Berücksichtigung der Richtlinie 2004/39/EG des Europäischen Parlaments und des Rates vom 21. April 2004 über Märkte für Finanzinstrumente, 2007.

Nanex LLC, May 6th 2010 Flash Crash Analysis (abrufbar unter: http://www.nanex.net/FlashCrashFinal/FlashCrashAnalysis_WR_Update.html, zuletzt abgerufen am 09.04.2017).

NASDAQ OMX: Order Types and Modifiers, 2016 (abrufbar unter: http://www.nasdaqtrader.com/content/ProductsServices/Trading/OrderTypesG.pdf, zuletzt abgerufen am 09.04.2017).

Nyquist, Polly: Failure to Engage: The Regulation of Proprietary Trading Systems, in: Yale Law & Policy Review (1995), 281–291.

Obst, Georg; Hintner, Otto: Geld-, Bank- und Börsenwesen, 2000.

O'Hara, Maureen: Market Microstructure Theory, 1995.

Oppermann, Thomas; Classen, Claus Dieter, Nettesheim, Martin: Europarecht, 7. Aufl., 2016.

Oppitz, Martin: Alternative Handelssysteme im österreichischen Börsenrecht, in: ÖBA 2000, 1084–1090.

Organisation for Economic Co-operation and Development (OECD): Changing business models of stock exchanges and stock market fragmentation, in: OECD Business and Finance Outlook 2016, 2016, S. 119–140 (abrufbar unter: http://search.oecd.org/daf/ca/BFO-2016-Ch4-Stock-Exchanges.pdf, zuletzt abgerufen am 09.04.2017).

Pagano, Marco: Trading Volume and Asset Liquidity, in: The Quarterly Journal of Economics (1989), 104 (2), 255–274.

Pagano, Marco: Endogenous Market Thinnes and Stock Price Volatility, in: The Review of Economic Studies (1989), Vol. 56 (2), 269–287.

Park, Tido (Hrsg.): Kapitalmarktstrafrecht, 3. Aufl., 2013.

Picot, Arnold; Bortenlänger, Christine; Röhrl, Heiner: Börsen im Wandel, 1996.

Renz, Hartmut T.; Leibold, Michael: Die neuen strafrechtlichen Sanktionsregelungen im Kapitalmarktrecht, in: CCZ 2016, 157–172.

Riess, Rainer: Was leistet die Börse unter MiFID?, in: von Böhlen, Andreas; Kann, Jens (Hrsg.), MiFID-Kompendium, 2008, S. 255–264.

Riordan, Ryan; Storkenmaier, Andreas; Wagener, Martin: Do Multilateral Trading Facilities Contribute to Market Quality, Working Paper, Mai 2011 (abrufbar unter: https://papers.ssrn.com/sol3/papers.cfm?abstract_id=1852769, zuletzt abgerufen am 09.04.2017).

Rudolph, Bernd: Markttransparenz und Computerbörse, in: DBW 54 (1994) 3, 426–430.

Salewski, Sabrina: MAD II, MiFID II, EMIR und Co. – Die Ausweitung des europäischen Marktmissbrauchsregimes durch die neue Finanzmarktinfrastruktur, in: GWR 2012, 265–269.

Samuelson, Paul A.: Proof That Properly Anticipated Prices Fluctuate Randomly, in: Industrial Management Review (1965), Vol. 6, 41–49.

Schäfer, Frank; Schäfer, Uwe: Kapitalmarktgesetze, 7. Aktualisierung 2013 (zitiert als *Bearbeiter*, in: Schäfer/Hamann, KMG).

Schenk, Norman: Informationstechnologie und Börsensysteme, 1997.

Schielke, S./Schmitt, S.: Financial Services Action Plan: Best Execution unter MiFID, in: Die Bank 2006, 32–41.

Schimansky, Herbert; Bunte, Hermann-Josef; Lwowski, Hans-Jürgen (Hrsg.): Bankrechts-Handbuch, 4. Aufl., 2011 (zitiert als: Bearbeiter, in: Schimansky/Bunte/Lwowski, Bankrechts-Handbuch, §, Rn.)

Schlag, Christian; Mönch, Burkart; Schurba, Anna: Eisberge voraus! Verborgene Liquidität am deutschen Aktienmarkt, in: Bessler, Wolfgang (Hrsg.), Festschrift für Hartmut Schmidt zum 65. Geburtstag: Börsen, Banken und Kapitalmärkte, 2006, S. 109–128.

Schlitt, Michael; Schäfer, Susanne: Quick to Market – Aktuelle Rechtsfragen im Zusammenhang mit Block-Trade Transaktionen, in: AG 2004, 346–354.

Schlüter, Uwe: Börsenhandelsrecht, 2. Aufl., 2002.

Schmid, Beat: Elektronische Märkte, in: Wirtschaftsinformatik, 35 (1993) 5, 465–480.

Schmidt, Karsten: Kapitalmarktrecht, Kartellrecht und deliktsrechtlicher Drittschutz, in: Grundmann, Stefan; Kirchner, Christian; Raiser, Thomas; Schwintowksi, Hans-Peter; Weber, Martin; Windbichler, Christine (Hrsg.), Unternehmensrecht zu Beginn des 21. Jahrhunderts – Festschrift für Eberhard Schwark zum 70. Geburtstag, 2009, 753–770.

Schmidt, Hartmut: Die Rolle der Regionalbörsen am deutschen Kapitalmarkt heute und morgen (Teil I), in: Kredit und Kapital (25), S. 110–134.

Schmidt, Matthias: On the Legitimacy of Accounting Standard Setting by Privately Organised Institutions in Germany and Europe, Schmalenbach Business Review 54 (2002), 171–193.

Schmidt, Reinhard; Terberger, Eva: Grundzüge der Investitions- und Finanzierungstheorie, 4. Aufl., 1997.

Schmidt, Hartmut; Iversen, Peter; Treske, Kai: Parkett oder Computer? Die Kosten sofortigen Abschlusses an der Hanseatischen Wertpapierbörse Hamburg und im elektronischen Handelssystem IBIS, in: ZBB 1993, 209–221.

Schneider, Sven H.: Die Weitergabe von Insiderinformationen – Zum normativen Verhältnis der verschiedenen Formen der Informationsweitergabe, in: NZG 2005, 702–707.

Scholes, Myron S.: The Market for Securities: Substitution Versus Price Pressure and the Effects on Information on Share Prices, in: The Journal of Business (1972), Vol. 45 (2), 179–211.

Schönke, Adolf; Schröder, Horst; Eser, Albin; et al (Hrsg.): Strafgesetzguch Kommentar, 29. Aufl., 2014 (zitiert als *Bearbeiter*, in: Schönke/Schröder, StGB).

Schwark, Eberhard: Anlegerschutz durch Wirtschaftsrecht, 1979.

Schwark, Eberhard: Börsen und Wertpapierhandelsmärkte in der EG, in WM 1997, 293–301.

Schwark, Eberhard: Internalisierung, in: Fuchs, Andreas/Schwintowski, Hans-Peter/Zimmer, Daniel (Hrsg.), Wirtschafts- und Privatrecht im Spannungsfeld von Privatautonomie, Wettbewerb und Regulierung – Festschrift für Ulrich Immenga zum 70. Geburtstag, 2004 (zitiert als: *Schwark*, in FS Immenga (70)).

Schwark, Eberhard: Spekulation – Markt – Recht, in: von Baur, Jürgen F./Hopt, Klaus/Mailänder, Peter, Festschrift für Ernst Steindorff zum 70. Geburtstag am 13. März 1990, 473–494.

Schwark, Eberhard; Zimmer, Daniel (Hrsg.): Kapitalmarktrechtskommentar, 4. Aufl., 2010 (zitiert als: *Bearbeiter*, in: Schwark/Zimmer, KMRK, Gesetz, §, Rn.)

Schwartz, Robert A.; Whitcomb, David K.: Transaction costs and institutional investor trading strategies, 1988.

Schwartz, Robert A; Davis, Paul L.; Pagano, Michael S.: Markets in Transition: Looking Back and Peering Forward, in: Bessel, Wolfgang (Hrsg.), Börsen, Banken und Kapitalmärkte, Festschrift für Hartmut Schidt zum 65. Geburtstag, 2006. (zitiert als *Schwartz/Davis/Pagano*, in: Festschrift für H. Schmidt), 1–19.

Schwartz, Robert A.; Francioni, Reto: Equity Markets in Action: The Fundamentals of Liquidity, Market Structure and Trading, 2004.

Securities and Exchange Commission (SEC), Concept Release on Equity Market Structure, Release No. 34–61358, 2010.

Securities and Exchange Commission (SEC), Regulation of Non-Public Trading Interest, Release No. 34-60997, November 2011 (abrufbar unter: https://www.sec.gov/rules/proposed/2009/34-60997.pdf, zuletzt abgerufen am 09.04.2017).

Securities and Exchange Commission (SEC); Commodity Futures Trading Commission (CFTC) Findings Regarding the Market Events of May 6, 2010 – Report of the Staffs of the CFTC and SEC to the Joint Advisory Committee on Emerging

Regulatory Issues, September 2010 (abrufbar unter: http://www.sec.gov/news/studies/2010/marketevents-report.pdf, zuletzt abgerufen am 09.04.2017).

Sester, Peter: Zur Interpretation der Kapitalmarkteffizienz in Kapitalmarktgesetzen, Finanzmarktrichtlinien und –standards, in: ZGR 2009, 310–345.

Spankowski, Ulli Friedrich Paul: The Role of Traditional Exchanges in Fragmented Markets – An Empirical Analysis Post MiFID, 2015.

Spindler, Gerald: Elektronische Finanzmärkte und Internet-Börsen – Teil I: Grundlegende Risiken und Reform des nationalen Kapitalmarktrechts, in: WM 2002, 1325–1342.

Spindler, Gerald: Elektronische Finanzmärkte und Internet-Börsen – Teil II: Regulierungsvorhaben auf europäischer Ebene, in: WM 2002, 1365–1376.

Spindler, Gerald; Kasten, Roman: Änderungen des WpHG durch das Finanzmarktrichtlinie-Umsetzungsgesetz (FRUG), in: WM 2007, 1245–1249.

Spindler, Gerald; Kasten, Roman: Der neue Rechtsrahmen für den Finanzdienstleistungssektor – die MiFID und ihre Umsetzung (Teil 1), WM 2006, 1749–1756.

Spindler, Gerald; Kasten, Roman: Der neue Rechtsrahmen für den Finanzdienstleistungssektor – die MiFID und ihre Umsetzung (Teil 2), WM 2006, 1797–1804.

Stenzel, Stefan: Außerbörslicher Aktienhandel: Umfang und Ursachen, 1996.

Stoll, Hans R.: Electronic Trading in Stock Markets, Journal of Economic Perspectives, Vol. 20, No. 1, 2006.

Stoll, Hans R.: Market Microstructure, in: *Constantinides/Harris/Stulz*, Handbook of the Economics of Finance, Vol. 1A, 2003, 553–604.

Stoll, Hans R.: Organization of the stock market: Competition or fragmentation, in: Journal of Applied Corporate Finance (1993), Vol. 5, 89–93.

Stünkel, Kerstin: EG-Grundfreiheiten und Kapitalmärkte – Die Auswirkungen der Grundfreiheiten auf die Integration der Sekundärmärkte, 2005.

Swinburne, Kay: Bericht über die Regulierung des Handels mit Finanzinstrumenten – „Dark Pools" usw. (2010/2075(INI))), Plenarsitzungsdokument des Europäischen Parlaments, 16.11.2010, A7-0326/2010.

The Economist, Shining a light on dark pools vom 18.06.2011 (abrufbar unter http://www.economist.com/blogs/schumpeter/2011/08/exchange-share-trading, zuletzt abgerufen am 09.04.2017).

Theissen, Erik: Internalisierung und Marktqualität: Was bringt Xetra Best?, in: Kredit und Kapital 2002, 550–571.

Theissen, Erik: Market Structure, informational efficiency and liquidity: An experimental comparison of auction and dealer markets, in: Journal of Finance, Vol. 3, 2000, S. 333–363.

TheTradeNews, Issue 27 – Smart Order Routing, (abrufbar unter: http://www.thetradenews.com/GuidesCompany.aspx?id=7066, zuletzt abgerufen am 09.04.2017).

Unmuß, Karsten (Hrsg.): Corporate Compliance Checklisten, 2. Aufl. 2008. (zitiert als: *Bearbeiter*, in: Unmuß, Corporate Compliance Checklisten)

van Kann, Jürgen; Redeker, Rouven; Keiluweit, Anjela: Überblick über das Kapitalanlagerecht (KAGB), in: DStR 2013, 1483, 1489.

Veil, Rüdiger: Europäisches Kapitalmarktrecht, 2. Aufl., 2014.

Veil, Rüdiger: Marktregulierung durch privates Recht am Beispiel des Entry Standard der Frankfurter Wertpapierbörse, in: Burgard, Ulrich; Hadding, Walther; Mülbert, Peter O.; Nietsch, Michael; Welter, Reinhard (Hrsg.), Festschrift für Uwe H. Schneider zum 70. Geburtstag, 2011, S. 1313–1324.

Veil, Rüdiger; Lerch, Marcus: Auf dem Weg zu einem Europäischen Finanzmarktrecht: die Vorschläge der Kommission zur Neuregelung der Märkte für Finanzinstrumente, Teil I, in: WM 2012, 1557–1565.

Veil, Rüdiger; Lerch, Marcus: Auf dem Weg zu einem Europäischen Finanzmarktrecht: die Vorschläge der Kommission zur Neuregelung der Märkte für Finanzinstrumente, Teil II, in: WM 2012, 1605–1613.

Vokuhl, Nikolai: Kapitalmarktrechtlicher Anlegerschutz und Kapitalerhaltung in der Aktiengesellschaft, 2007.

von Keussler, Julia: Vom Grauen zum Weißen Kapitalmarkt, 2001.

von Metzler, Friedrich: Asset-Allocation-Entscheidungen, in: Cramer, Jörg; Rudolph, Bernd (Hrsg.), Handbuch für Anlageberatung und Vermögensverwaltung – Methoden und Instrumente des Portfoliomanagements, 1995, 325ff.

von Rosen, Rüdiger: Private Handelssysteme – eine Herausforderung für die Börsen, in: Kreditwesen 1994, 1213–1217.

Wagner, Klaus R.: Sind Kapitalanleger Verbraucher? – Zum Verhältnis von Kapitalanlagerecht zum Verbraucherschutzrecht, in: BKR 2003, 649–656.

Wessels, Johannes; Hettinger, Michael: Strafrecht – Besonderer Teil 1: Straftaten gegen Persönlichkeits- und Gemeinschaftswerte, 40. Aufl., 2016.

Willke, Helmut: Systemic Risk in Global Finance, Technikfolgenabschätzung, 2011, 33–40.

Whowdry, Baghwan; Nanda, Vikram: Multimarket Trading and Market Liquidity, in: Review of Financial Studies (1991), Vol. 4 (3), 483–511.

Wirtschaftswoche, Wie Privatanleger ausgetrickst werden, 29.08.2012 (abrufbar unter: https://www.wiwo.de/finanzen/boerse/aktienhandel-algorithmus-sollte-ipo-stoeren/7049280-4.html, zuletzt abgerufen am 09.04.2017).

Zerey, Jean-Claude (Hrsg.): Finanzderivate, 4. Aufl., 2016.

Zhu, Haoxiang: Do Dark Pools Harm Price Discovery?, in: Review of Financial Studies (2014), Vol. 27 (3), 747–789.

Zingel, Frank: Die Verpflichtung zur bestmöglichen Ausführung von Kundenaufträgen nach dem Finanzmarkt-Richtlinie-Umsetzungsgesetz, in: BKR 2007, 173–178.

Abbildungsverzeichnis

Tabellenverzeichnis

Abkürzungsverzeichnis

a.A.	anderer Auffassung
ABl.	Amtsblatt
Abs.	Absatz
AcP	Archiv für die civilistische Praxis
a.E.	am Ende
AEUV	Vertrag über die Arbeitsweise der europäischen Union
a.F.	alte Fassung
AG	Aktiengesellschaft, Amtsgericht
AIFMD	Alternative Investment Funds Manager Directive
AktG	Aktiengesetz
Alt.	Alternative
Anm.	Anmerkung
AnSVG	Anlegerschutzverbesserungsgesetz
APA	Approved Publication Arrangement
ARM	Approved Reporting Mechanism
Art.	Artikel
Aufl.	Auflage
BaFin	Bundesanstalt für Finanzdienstleistungsaufsicht
BB	Betriebsberater
BBO	Best Bid and Offer
BCN	Broker Crossing Network
Bd.	Band
BeckOK	Beck'scher Online Kommentar
Begr. RegE	Begründung zum Regierungsentwurf der Bundesregierung
BGB	Bürgerliches Gesetzbuch
BGBl.	Bundesgesetzblatt
BGH	Bundesgerichtshof
BGHSt	Amtliche Sammlung der Entscheidungen des Bundesgerichtshofs in Strafsachen
BGHZ	Amtliche Sammlung der Entscheidungen des Bundesgerichtshofs in Zivilsachen
BKR	Zeitschrift für Bank- und Kapitalmarktrecht
BörsG	Börsengesetz
BRat/BR	Bundesrat
BReg.	Bundesregierung
BT-Drucks.	Bundestagsdrucksache
BVerfG	Bundesverfassungsgericht

BVerfGE	Amtliche Sammlung der Entscheidungen des Bundesverfassungsgerichts
bzgl.	bezüglich
bzw.	beziehungsweise
CCP	Central Counterparty
CCZ	Corporate Compliance Zeitschrift
CESR	Committee of European Securities Regulators
CFTC	Commodity Futures Trading Commission
CLOB	Central Limit Order Book
CTP	Consolidated Tape Provider
DB	Der Betrieb
DBW	Die Betriebswirtschaft
DR11	Foresight Driver Review #11
DR12	Foresight Driver Review #12
DRL	Durchführungsrichtlinie
DStR	Fachzeitschrift DStR – Deutsches Steuerrecht
DVO	Durchführungsverordnung
EDV	Elektronische Datenverarbeitung
ESMA	European Securities Markets Auhtority
EWiR	Entscheidungen zum Wirtschaftsrecht
EWR	Europäischer Wirtschaftsraum
EWS	Euopäisches Wirtschafts- und Steuerrecht
EU	Europäische Union
EUV	Vertrag über die Europäische Union
f/ff.	folgende
FRUG	Finanzmarktrichtlinen-Umsetzungsgesetz
FMFG	Finanzmarktförderungsgesetz
FS	Festschrift
FWB	Frankfurter Wertpapierbörse
Gem./gem.	Gemäß
GG	Grundgesetz
GM	Geregelter Markt
GmbH	Gesellschaft mit beschränkter Haftung
GWR	Fachzeitschrift GWR – Gesellschafts- und Wirtschaftsrecht
h.M.	herrschende Meinung
Hrsg.	Herausgeber
HüSt	Handelsüberwachungsstelle
i.E.	im Ergebnis
IOSCO	International Organization of Securities Commissions
i.R.d	im Rahmen des
i.S.v.	im Sinne von

i.V.m.	in Verbindung mit
JuS	Juristische Schulung
JZ	Juristenzeitung
KAGB	Kapitalanlagegesetzbuch
KölnerKomm	Kölner Kommentar
KMRK	Kapitalmarktrechtskommentar
KWG	Kreditwesengesetz
LG	Landgericht
LIS	Large-In-Scale
lit.	literatur
MAD	Market Abuse Directive
MAR	Market Abuse Regulation
MDR	Monatsschrift für Deutsches Recht
MiFID	Markets in Financial Instruments Directive
MiFIR	Markets in Financial Instruments Regulation
MTF	Multilateral Trading Facility
MüKo	Münchener Kommentar
m.w.N.	mit weiteren Nachweisen
NET Institute	Institute for Networks, Electronic Commerce, and Telecommunications
NJW	Neue Juristische Wochenschrift
NZG	Neue Zeitschrift für Gesellschaftsrecht
OECD	Organisation for Economic Cooperation and Development
OGAW	Organismen für gemeinsame Anlagen in Wertpapieren
OLG	Oberlandesgericht
OTC	over the counter
OTF	Organised Trading Facility
RdF	Fachzeitschrift Recht der Finanzinstrumente
RDV	Fachzeitschrift Recht der Datenverarbeitung
RfQ	Request for Quote
Rn.	Randnummer
RTS	Regulatory Technical Standards
S.	Seite/Satz
SEC	Securities and Exchange Commission
SI	Systematische Internalisierung
SMS	Standard Market Size
sog.	so genannte/r
SOR	Smart Order Routing
SSTI	Size Specific To Instrument
StGB	Strafgesetzbuch
TILEC	Tilburg Law and Economics Center

u.a.	unter anderem
v.	Vom
Vgl.	Vergleiche
Vol.	Volume
Vorbem.	Vorbemerkung
WM	Wertpapiermitteilungen
WpHG	Wertpapierhandelsgesetz
WPU	Wertpapierdienstleistungsunternehmen
WpÜG	Wertpapiererwerbs- und Übernahmegesetz
ZBB	Zeitschrift für Bankrecht und Bankwirtschaft
ZEuP	Zeitschrift für Europäisches Privatrecht
ZGR	Zeitschrift für Unternehmens- und Gesellschaftsrecht
ZHR	Zeitschrift für das gesamte Handels- und Wirtschaftsrecht
Ziff.	Ziffer
ZIP	Zeitschrift für Wirtschaftsrecht
zit.	zitiert

Einleitung

A. Problemaufriss

Die Märkte, an denen Wertpapiere gehandelt werden, haben sich in den letzten Jahrzenten drastisch verändert. Die Transformation zu vollelektronischen Märkten und die Abkehr vom Parketthandel, dem physischen Handel an einer Börse, haben die Marktbetreiber wie auch die wesentlichen Marktteilnehmer vor Herausforderungen gestellt. Wertpapiermärkte haben sich von physischen Handelsplätzen mit Händlern, die miteinander persönlich interagierten, zu komplexen Computernetzwerken entwickelt, die (teilweise) ohne menschliche Interaktion Marktdaten empfangen, auswerten und eigene Entscheidungen treffen, um Transaktionen einzugehen.[1] Von der technologischen Entwicklung sind alle Marktteilnehmer betroffen, seien es Marktbetreiber, Finanzintermediäre oder die (institutionellen) Investoren. Damit überhaupt mit den vollelektronischen Handelsplätzen interagiert werden kann, müssen Unternehmen, die Zugang zum Markt erhalten wollen, eine komplexe IT-Infrastruktur vorweisen können. Längst ist diese nicht mehr nur auf die Ermöglichung der Kommunikation zwischen Marktteilnehmer und -Betreiber beschränkt (etwa um Handelsaufträge senden zu können). Vielmehr werden automatisierte Transaktionssysteme eingesetzt, die eine Bandbreite von Funktionalitäten besitzen: Elektronische Marktdatenbeschaffung und -Auswertung, eigenständige Generierung von Handelsaufträgen oder eine automatisierte Portfolioverwaltung sind nur einige Beispiele des Funktionsumfangs dieser Systeme.

Aufsichtsrechtlich wurden Marktbetreiber und Unternehmen, die Wertpapierdienstleistungen erbringen, erstmals von der Wertpapierdienstleistungsrichtlinie[2] aus dem Jahr 1993 erfasst. Kernelement des Marktordnungsrechts der Wertpapierdienstleistungsrichtlinie war eine Konzentrationsregel in Form eines Börsenvorrangs i.S.v. Art. 14 der Wertpapierdienstleistungsrichtlinie.[3] Die Mitgliedstaaten konnten vorschreiben, dass unter bestimmten Voraussetzungen die Geschäfte, die der Richtlinie unterfielen, auf einem geregelten Markt zur Ausführung gebracht werden mussten. Die gesetzgeberische Entscheidung

---

1 Government Office for Science/Foresight: The Future of Computer Trading in Financial Markets, S. 24.

2 Richtlinie 93/22/EWG des Rates vom 10.05.1993 über Wertpapierdienstleistungen, ABl. v. 11.06.1993, L 141/27.

3 *Hopt/Baum*, in: Hopt/Rudolph/Baum, Börsenreform, S. 287, 321.

zugunsten eines Börsenvorrangs basierte auf der wirtschaftswissenschaftlichen Annahme, dass Märkte nur dann funktionsfähig seien, wenn es ihnen gelingen würde, eine kritische Masse an Liquidität zu konzentrieren (Paradigma der Marktkonsolidierung).[4] Die Einführung eines Börsenvorrangs war gem. Art. 14 der Wertpapierdienstleistungsrichtlinie zwar in das Ermessen der Mitgliedstaaten gestellt. § 22 BörsG a.F. ordnete allerdings an, dass Wertpapieraufträge, die an einer inländischen Börse gehandelt wurden, über die Börse auszuführen waren, es sei denn, dass der Auftraggeber eine andere Weisung erteilt hatte (sog. Börsenvorrang).[5] Derartige Regelungen verboten grundsätzlich die Ausführung von Wertpapiergeschäften in Finanzinstrumenten außerhalb einer Börse; nur in Ausnahmefällen war der Handel im außerbörslichen Bereich gestattet.[6]

Mit dem Inkrafttreten der Finanzmarktrichtlinie (Markets in Financial Instruments Directive – MiFID I)[7] ist im EU-Marktordnungsrecht ein Paradigmenwechsel eingetreten. Es wurde die Konzentrationsregel abgeschafft, um einen Wettbewerb zwischen traditionellen Börsen und anderen (elektronischen) Handelsplätzen zu ermöglichen.[8] Börsen besitzen seit dem nicht mehr das Monopol bei der Auftragsausführung und konkurrieren mit privaten Dienstleistern um Handelsaufträge (Orders). Dies hat eine Aufteilung der Liquidität auf verschiedene Handelsplätze zur Folge, die zuvor auf der Börse konzentriert war – in diesem Sinne spricht man von Marktfragmentierung. Ein Markt wird als fragmentiert angesehen, wenn dasselbe Wertpapier auf verschiedenen Handelsplätzen zum

---

4 *Schmidt*, Kredit und Kapital 1992, S. 110, 120ff.; *Schuster/Rudolph*, Börsenlandschaft, in: Hummel/Breuer, Hdb. Europäischer Kapitalmarkt, S. 371, 376f.; *Schlüter*, Börsenhandelsrecht, Kapitel G. Rn. 1ff.; *Rudolph/Röhrl*, in: Hopt/Rudolph/Baum, Börsenreform, S. 143, 249; *Hopt/Baum*, in: Hopt/Rudolph/Baum, Börsenreform, S. 287, 429f.

5 Vgl. zu der damaligen Rechtslage, *Schlüter*, Börsenhandelsrecht, 2. Aufl., B.234.

6 *Schlüter*, Börsenhandelsrecht, 2. Aufl., Abschnitt B., Rn. 234.

7 Richtlinie 2004/39/EG des Europäischen Parlaments und des Rates vom 21. April 2004 über Märkte für Finanzinstrumente, zur Änderung der Richtlinien 85/611/EWG und 93/6/EWG des Rates und der Richtlinie 2000/12/EG des Europäischen Parlaments und des Rates und zur Aufhebung der Richtlinie 93/22/EWG des Rates, ABl. v. 30.04.2004, L 145/1.

8 *Europäische Kommission*, KOM(2002), 625 endgültig, S. 10ff.; *Hopt/Baum*, in: Hopt/Rudolph/Baum, Börsenreform, S. 287, 429f.; kritisch *Schwark*, in: Schwark/Zimmer, KMRK, 4. Aufl., WpHG, § 31f, Rn. 7ff.; *Spindler*, WM 2002, 1325, 1328ff.; *Spindler/Kasten*, WM 2006, 1749, 1755; *Schwark*, FS Immenga (70), S. 723, 727 ff. Zur vorherigen Rechtslage *Cohn*, ZBB 2002, 365ff.

Handel zugelassen ist.[9] Die MiFID I folgt damit nicht mehr dem Paradigma der Marktkonsolidierung, sondern dem Paradigma der Marktfragmentierung.

Der gesetzgeberischen Entscheidung zugunsten eines Wettbewerbs der Marktbetreiber untereinander und zugunsten der Marktfragmentierung, liegt die Annahme zugrunde, dass die Konzentration der Auftragsausführung auf Börsen die Markteffizienz nicht erhöhe.[10] Im Gegenteil geht der EU-Gesetzgeber davon aus, dass aufgrund des Paradigmenwechsels „Transaktionskosten gesenkt, die Märkte mit zusätzlicher Liquidität ausgestattet, leistungsfähige Handelsstrategien ermöglicht und die Abrechnungsverfahren der Transaktionen gestrafft werden"[11]. Tatsächlich reagierte der EU-Gesetzgeber auf technologische Entwicklungen, die einer Marktkonsolidierung durch Börsenvorrangsregeln zuwiderliefen. So bestand zum damaligen Zeitpunkt längst ein *Wettbewerb zwischen Börsen*, der zum Wandel der Börseninstitution von der „nationalen Liquiditätsquelle, die Dienstleistungen im Sinne eines öffentlichen Dienstes erbrachte"[12] zur gewinnorientierten Veranstaltung, die mit ihren Wettbewerbern um Handelsaufträge und damit um den Orderfluss als solchen konkurrierte.[13] Durch das Hinzutreten neuer, privatrechtlich organisierter Marktteilnehmer, die durch alternative, elektronische Auftragsausführungssysteme den Börsen Konkurrenz machten, entstand ein *Wettbewerb durch alternative Handelssysteme*, der den Wettbewerbsdruck auf Seite der Marktbetreiber nochmals verschärfte.[14] Ferner begannen Wertpapierfirmen die Kundenaufträge intern auszuführen, ohne dass sie Aufträge zu Börsen oder alternativen Handelssystemen senden mussten und konnten dadurch Kosten einsparen (*Internalisierung des Orderflusses*[15]).[16] Die Grenze zwischen Marktbetreiber und Marktteilnehmer wurde durch den technologischen Wandel aufgehoben, weswegen Börsenvorrangsregeln aus dem Marktordnungsrecht verschwanden.

---

9 *Davis/Dufour/Scott-Quinn*, in: Ferrarini/Wymeersch, Investor Protection in Europe, S. 163, 166f.; *Harris*, Trading and Exchanges, S. 524.

10 *Europäische Kommission*, KOM(2002), 625 endgültig, S. 7.

11 Ebda.

12 Europäische Kommission, KOM(2002), 625 endgültig, S. 10.

13 Europäische Kommission, KOM(2002), 625 endgültig, S. 7.; eingehend zum Börsenwettbewerb und den damit verbunden Effekten *Rudolph/Röhrl*, in: Hopt/Rudolph/Baum, Börsenreform, S. 143, 222ff.

14 Europäische Kommission, KOM(2002), 625 endgültig, S. 7, 9; vgl. zu den Hintergründen Government Office for Science/Foresight: The Future of Computer Trading in Financial Markets, S. 28ff.

15 Vgl. *Davis/Dufour/Scott-Quinn*, in: Ferrarini/Wymeersch, Investor Protection in Europe, S. 163ff.; *Köndgen*, in: FS H. Schmidt, S. 281ff.

16 Europäische Kommission, KOM(2002), 625 endgültig, S. 9f.

Der EU-Gesetzgeber erkannte schon bei der Ausarbeitung der ersten Entwürfe für die MiFID I die potentiellen negativen Effekte, die das Paradigma der Marktfragmentierung mit sich bringen könnte.[17] Um einer möglichen Liquiditätsreduzierung sowie einer möglichen Störung der effizienten Preisbildung vorzubeugen, bedarf es zwei wesentlicher Regelungsbereiche innerhalb eines Marktordnungsrechts: (i) ein umfassendes Transparenzregime und (ii) Regelungen zur kundengünstigsten Ausführung (Best Execution). Das Marktordnungsrecht setzt zunächst *umfassende Transparenzvorschriften* voraus, um eine fragmentierte Marktlandschaft durch „eine allgemeine Verfügbarkeit von Informationen zu aktuellen Handelsmöglichkeiten und zu den letzten Geschäftsabschlüssen"[18] zu konsolidieren.[19] „Umfassend" bedeutet in diesem Kontext, dass alle Auftragsausführungssysteme erfasst werden müssen – ungeachtet, ob sie aufsichtsrechtlich einer MiFID-Marktkategorie zugeordnet werden können: „Eine Transparenzregelung, die nur die geregelten Märkte betrifft und außerbörsliche (over-the-counter – OTC) Geschäfte ausschließt, wäre in ihrer Tragweite beschränkt und nur bedingt wirksam"[20]. Best Execution-Regeln sehen vor, dass die verfügbaren Handelsinformationen einer Vielzahl von Handelsplätzen stets zu prüfen sind und dass angemessene Vorkehrungen getroffen werden, um zu gewährleisten, dass Kundenaufträge dorthin geleitet werden, wo mit der Erzielung des bestmöglichen Ergebnisses zu rechnen ist, Art. 21 MiFID I, Art. 44ff. MiFID-DRL. Best Execution heißt in diesem Kontext dezentrale Steuerung des Orderflusses dorthin, wo der Kunde den bestmöglichen Wertpapierpreis erhält und die niedrigsten Transaktionskosten tragen muss.[21]

Transparenz heißt in diesem Kontext auch Offenlegung von Liquidität. Damit Marktteilnehmer überhaupt einen Vorteil aus der Angebotspalette einer Vielzahl von konkurrierenden Märkten ziehen können, müssen sie Kenntnis von den verschiedenen Ausführungsmodalitäten haben. Transparenz soll damit die potentiell bestehenden negativen Effekte der Liquiditätszersplitterung auf eine Vielzahl von Märkten kompensieren.[22] Das aufsichtsrechtliche Ziel des Transparenzregimes der MiFID I bestand konkret darin, alle Handelsdaten verfügbar

---

17 Europäische Kommission, KOM(2002), 625 endg., S. 8.

18 Ebda, S. 12.

19 Ebda.

20 Ebda, S. 13.

21 *Klöhn*, in: Langenbucher, Europäisierung des Privatrechts, 2. Aufl., § 6, Rn. 31; KOM(2002), 625 endg. S. 17.

22 Ebda, S. 12f.

zu machen, um Suchkosten für einen handelswilligen Partner zu reduzieren, die Orderausführung zu kontrollieren und die Preisfindung effizienter zu gestalten.[23]

Die MiFID I gewährleistete keine absolute Transparenz auf den Wertpapiermärkten, sondern ließ Ausnahmen zu.[24]

Mit dem Begriff der verborgenen Liquidität (Dark Liquidity) wird das Phänomen beschrieben, dass Handelsaufträge im Vorhandelsbereich nicht sichtbar sind für andere Marktteilnehmer.[25] Mit Blick auf die Ausnahmetatbestände, die von der MiFID I explizit vorgesehen wurden, handelt sich bei der verborgenen Liquidität u.a. um eine vom EU-Gesetzgeber vorgesehene Möglichkeit, Wertpapierblöcke zu handeln, ohne dass Bestimmungen zur Vorhandelstransparenz eingehalten werden müssen.[26] Hinter dem Phänomen der verborgenen Liquidität steckt zweierlei: Auf der einen Seite stehen Handelsplattformen, die entweder von den Ausnahmetatbeständen des Transparenzvorschriften der MiFID I profitieren oder gänzlich im außerbörslichen Bereich, und damit unbeaufsichtigt, operieren (sog. intransparente Handelsplattformen oder Dark Pools).[27] Auf der anderen Seite werden bestimmte Ordertypen dem Phänomen der verborgenen Liquidität zugeordnet, die in einem elektronischen Orderbuch eines Handelsplatzes entweder teilweise oder ganz unsichtbar für andere Marktteilnehmer sind und deren Einsatz durch einzelne Ausnahmetatbestände des Transparenzregimes der MiFID I ermöglicht wird (sog. intransparente Ordertypen oder Dark Orders)[28]. Die dadurch entstehende Intransparenz und Informationsasymmetrie erfüllt einen Zweck, den die MiFID I ausdrücklich gebilligt hat, nämlich die Verhinderung signifikanter Preisausschläge bei bestimmten Arten des Wertpapierhandels (z.B. bei dem Handel mit großen Wertpapierblöcken), um die die Effizienz und Funktionsfähigkeit des Kapitalmarkts zu gewährleisten.[29]

Die größte Herausforderung für das Marktordnungsrecht der MiFID I und dem Steuerungsmechanismus zur Gewährleistung der Funktionsfähigkeit des

---

23 Ebda, S. 8; *Gomber/Jäger*, ZBB 2014, 40, 42.

24 *Europäische Kommission*, KOM(2002), 625 endg., S. 13.

25 *Gomber/Gvozdevskiy*, in: Regulation of the EU Financial Markets, Rn. 14.03; *Gomber/Nassauer*, ZBB 2014, 545, Fn. 24; *IOSCO*, Principles for Dark Liquidity, S. 4.

26 *Gomber/Pierron*, MiFID, S. 32; *IOSCO*, Principles for Dark Liquidity, S. 4.

27 *Gomber/Gvozdevskiy*, in: Regulation of the EU Financial Markets, Rn. 14.52; *Gomber/Nassauer*, ZBB 2014, 545, Fn. 24; *IOSCO*, Principles for Dark Liquidity, S. 4; *Europäische Kommission*, SEC(2011), 1226 final, S. 77.

28 *Gomber/Gvozdevskiy*, in: Regulation of the EU Financial Markets, Rn. 14.10; *IOSCO*, Principles for Dark Liquidity, S. 4.

29 *Europäische Kommission*, KOM(2002), 625 endg., S. 13.

Sekundärmarkts waren die Ausnahmetatbestände von den Transparenzvorschriften und die aufsichtsrechtliche Erfassung von Handelsplattformen, die im außerbörslichen Bereich operierten, faktisch jedoch dieselbe Tätigkeit erbrachten, wie eine von der MiFID I erfasste Marktkategorie.[30] Es wird angenommen, dass der Marktanteil des außerbörslichen Handels in Aktien und aktienvertretenden Zertifikaten ca. 35 – 40 % des gesamten Handelsvolumens in diesen Instrumenten ausmacht.[31] Prekär an dieser Situation war, dass dieses Handelsvolumen nicht im Rahmen der Vorhandelstransparenz veröffentlicht wurde und nicht in die Preisfeststellung mit einbezogen wurde. Je höher der Anteil des Handels ist, der dem Vorhandelstransparenzbereich an den preisfeststellenden Märkten entzogen wird, desto ineffizienter ist die Preisfeststellung.[32]

Mit der überarbeiteten Finanzmarktrichtlinie (MiFID II) [33] sowie eine die Richtlinie begleitende Finanzmarktverordnung (Markets in Financial Instruments Regulation – MiFIR)[34], welche am 12.06.2014 im Amtsblatt der EU verkündet wurden, wurde das Marktordnungsrecht grundlegend reformiert. Eines der gesetzgeberischen Ziele der MiFID II lautet, dass der gesamte organisierte Handel an regulierten Handelsplätzen stattfinden und sowohl in der Vorhandels- als auch in der Nachhandelsphase vollkommen transparent sein sollte.[35] Hintergrund ist vor allem die nur sehr lückenhafte aufsichtsrechtliche Erfassung des Phänomens der verborgenen Liquidität unter MiFID I, die dazu führte, dass nicht alle Handelsplattformen, die Börsendienstleistungen erbrachten, auch erfasst waren, und damit ein erheblicher Teil des organisierten Wertpapierhandels

30 *Hoops*, RdF 2017, 14, 15; *ders.*, WM 2017, 319.

31 *OECD*, OECD Business and Finance Outlook 2016, S. 119, 120; 2010: *Gomber/Pierron*, MiFID, S. 28; *Gomber/Sagade/et al.*, Journal of Trading (2015), 23; *Swinburne*, Bericht über die Regulierung des Handels mit Finanzinstrumenten, 16.11.2010, A7-0326/2010; *Gomber/Pierron*, a.a.O., S. 3; *Europäische Kommission*, Public Consultation – Review of the Markets in Financial Instruments Directive (MiFID), 08.12.2010, S. 9; ca. 35 % für das Jahr 2015: *Gomber/Gvozdevskiy*, in: Regulation of the EU Financial Markets, Rn. 14.02.

32 *Gomber*, Elektronische Handelssysteme, S. 71.

33 Richtlinie 2014/65/EU des Europäischen Parlaments und des Rates vom 15. Mai 2014 über Märkte für Finanzinstrumente sowie zur Änderung der Richtlinie 2002/92/EG und 2011/61/EU, ABl. v. 12.06.2014, L 173/349.

34 Verordnung (EU) Nr. 600/2014 des Europäischen Parlaments und des Rates vom 15. Mai 2014 über Märkte für Finanzinstrumente und zur Änderung der Verordnung (EU) Nr. 648/2012, ABl. v. 12.06.2014, L 173/84.

35 Erwägungsgrund Nr. 10 MiFIR.

im außerbörslichen Bereich verblieb.[36] Die MiFID II und die MiFIR sind am 02.07.2014 in Kraft getreten. Bei der MiFID II handelt es sich um eine Richtlinie des EU-Parlamentes und des Rates, die in den EU-Mitgliedsstaaten wie Deutschland nicht unmittelbar Gesetzeskraft entfaltet, sondern durch entsprechende Gesetze bis zum 03.07.2017 in nationales Recht umgesetzt und ab und ab dem 03.01.2018 anzuwenden ist, Art. 93 Abs. 1 MiFID II.

B. Fragestellung

Der Untersuchung liegen folgende Fragestellungen zugrunde.

1. Welche aufsichtsrechtlichen Vorgaben bestehen gegenwärtig im Rahmen der MiFID I bezüglich der verborgenen Liquidität?
2. Warum gewährt die MiFID I Ausnahmen zur Vorhandelstransparenz, um die Bereitstellung verborgener Liquidität zu ermöglichen?
3. Welche Gründe sprechen dafür verborgene Liquidität aufsichtsrechtlich zu regeln?

Das Marktordnungsrechts der MiFID I sieht explizit Ausnahmevorschriften von den Transparenzregeln vor, obwohl der EU-Gesetzgeber Transparenz als ein wesentliches Element zur Gewährleistung funktionsfähiger Wertpapiermärkte ansieht. Es ist zu untersuchen, warum eine absolute Transparenz im Rahmen des Wertpapierhandels nicht dem Regelungsziel der MiFID I beiträgt und warum es sogar erforderlich ist, dass Ausnahmen zur Vorhandelstransparenz gewährleistet werden, um die Bereitstellung verborgener Liquidität zu ermöglichen. Es ist ferner zu untersuchen, welche aufsichtsrechtlichen Vorgaben konkret mit Blick auf das Phänomen der verborgenen Liquidität bestehen. Im Rahmen der Untersuchung der Frage, welche Gründe für die aufsichtsrechtliche Erfassung verborgener Liquidität sprechen, ist auch zu prüfen, wie bestimmte Marktteilnehmer (wie Hochfrequenzhändler) Intransparenz nutzen, um unentdeckt marktmissbräuchliche Handelsstrategien einsetzen zu können. Im Rahmen einer strafrechtlichen Begutachtung ist zu prüfen, ob es sich hierbei um strafrechtlich relevantes Verhalten handelt.

4. Wie müsste das Marktordnungsrecht de lege ferenda ausgestaltet sein, um einerseits die Bereitstellung verborgener Liquidität zu ermöglichen, andererseits die Effektivität der Transparenzvorschriften zur Kompensation der potentiell negativen Effekte der Marktfragmentierung nicht zu gefährden?

---

36 *Gomber/Nassauer*, ZBB 2014, S. 250, 252 m.w.N.

In diesem Kontext sind insbesondere die Entwicklungen relevant, die die europäischen Wertpapiermärkte in den letzten Jahrzehnten durchlaufen haben und zu einer Komplexitätssteigerung des Gesamtsystems ‚Wertpapierhandel' geführt hat, das sich aus den verschiedensten Informationssystemen zusammensetzt und ein eigenes Ökosystem bildet[37] und insbesondere mit dem Phänomen der verborgenen Liquidität Wechselwirkungen besitzt. Eine Beschreibung des Marktgeschehens an Wertpapiermärkten hätte vor einigen Jahren noch darauf abgestellt, dass Märkte Orte sind, an denen Händler physisch zusammenkommen, um Handel zu treiben. Dies gilt hingegen heutzutage nicht mehr. Finanzmärkte sind keine physischen Orte mehr, es sind *komplexe adaptive (Computer-) Systeme.*[38] Dies ist auch im Rahmen neuer Regelungsvorhaben zu beachten.

Mit der MiFID II sowie der MiFIR wurde das Marktordnungsrecht grundlegend reformiert.

5. Welche Änderungen hat das Marktordnungsrecht im Rahmen der MiFID-Reform mit Blick auf die Vorschriften zur Bereitstellung verborgener Liquidität erfahren?
6. Berücksichtigt die MiFID II-Reform die unter Ziffer 4 gefundenen Ergebnisse?

C. Gang der Untersuchung

Zunächst ist der Untersuchung ein Grundlagenteil vorangestellt, der die wesentlichen tatsächlichen Abläufe schildert und ihre (aufsichts-)rechtliche Erfassung darstellt. Die Beleuchtung der Funktionsweise des Wertpapierhandels (1. Kapitel, B.) sowie die Darstellung der Transparenzanforderungen im Kapitalmarktrecht (1. Kapitel, C.) schaffen ein generelles Verständnis und bereiten die Untersuchung der verborgenen Liquidität in ihrer Qualität als Ausnahmevorschriften zu den Transparenzregelungen der MiFID I vor. Im Rahmen des 2. Kapitels werden die Auswirkungen der Marktfragmentierung auf die Liquidität untersucht und die Entstehung der verborgenen Liquidität untersucht. Im 3. Kapitel werden die bestehenden aufsichtsrechtlichen Regelungen zur Erfassung der verborgenen Liquidität der MiFID I untersucht. Insbesondere werden die für die Bereitstellung der verborgenen Liquidität geltenden Vorschriften in

---

37 *Willke*, Technikfolgenabschätzung, 2011, S. 33ff.; *Cliff/Northrop*, Global Financial Markets: An Ultra-Large-Scale Perspective, 2010. Zum Begriff ‚Ökosystem' *Levin*, 1 Ecosystems (1998), S. 431ff.

38 *Cliff/Northrop*, Global Financial Markets: An Ultra-Large-Scale Systems Perspective, S. 42ff.

das vorher geschaffene „Koordinatensystem“ des Kapitalmarktrechts eingeordnet. Es erfolgt eine kritische Auseinandersetzung mit der gegenwärtigen Rechtslage und eine strafrechtliche Begutachtung, inwiefern Hochfrequenzhändler mit marktmissbräuchlichen Handelsstrategien von der gegenwärtigen Marktstruktur der MiFID I profitieren. Im 4. Kapitel der Untersuchung werden die aktuellen Reformen im Bereich des Marktordnungsrechts dargestellt und untersucht mit Blick auf die Beantwortung von Frage 6. Dieser Teil widmet sich intensiv mit der Umsetzung der MiFID II.

1. Kapitel: Grundlagen

A. Kapitalmarkt und Kapitalmarktrecht

I. Wesen und Begriff des Kapitalmarkts

Die Bereitstellung von verborgener Liquidität ist ein Phänomen, das dem Kapitalmarkt zuzuordnen ist. Der Kapitalmarkt ist Teil des Finanzmarktes und kann abgegrenzt[39] werden vom Geldmarkt und vom Devisenmarkt, die ebenfalls Teil des Finanzmarktes sind.[40] Der Kapitalmarkt ermöglicht es, erspartes Geldvermögen zur Bildung von Sachkapital einzusetzen.[41] Als Kapital wird allgemein ein Vermögen bezeichnet, das einen Ertrag gewährt.[42] Marktchronologisch lässt sich der Kapitalmarkt in die Segmente des Primär- und des Sekundärmarkts unterteilen.[43] Auf dem Primärmarkt werden erstmalig Wertpapiere durch die Emittenten an die Investoren ausgegeben.[44] Unternehmen (Kapitalnehmer) beschaffen durch die Emission von Wertpapieren Fremd- oder Eigenkapital, das regelmäßig durch Privatanleger (Kapitalgeber) mittels ihren ersparten Geldvermögens bereitgestellt wird, mit dem Ziel längerfristige Anlagen zu tätigen (z.B. zur Absicherung der eigenen Rente, zur Baufinanzierung oder anderweitiger privater Vermögensverwaltung).[45] Der Sekundärmarkt ermöglicht dagegen den Handel mit bereits emittierten Wertpapieren zwischen Investoren.[46] Im Rahmen des Kapitalmarkts erfüllt ein gut funktionierender Sekundärmarkt die Funktion,

---

39 Unberücksichtigt soll der Kreditmarkt bleiben, bei dem es sich schwerpunktmäßig um die Darlehensvergabe durch Banken im Rahmen von unverbrieften bilateralen Einzelverträgen handelt.

40 *Oulds*, in: Kümpel/Wittig, Bank- und Kapitalmarktrecht, Rn. 14.27; *Buck-Heeb*, Kapitalmarktrecht, Rn. 82.

41 *Lutter/Bayer/Schmidt*, Europäisches Unternehmens- und Kapitalmarktrecht, 5. Aufl., § 17, Rn. 4; *Oulds*, in: Kümpel/Wittig, Bank- und Kapitalmarktrecht, Rn. 14.26; *Lenenbach*, Kapitalmarktrecht, Rn. 1.7.

42 *Oulds*, in: Kümpel/Wittig, Bank- und Kapitalmarktrecht, Rn. 14.26.

43 *Lenenbach*, Kapitalmarktrecht, 2. Aufl., Rn. 1.14ff.; *Oulds*, in: Kümpel/Wittig, Bank- und Kapitalmarktrecht, Rn. 14.62ff; *EZB*, Payment Systems, S. 65ff.

44 *Buck-Heeb*, Kapitalmarktrecht, Rn 70.

45 *Lenenbach*, Kapitalmarktrecht, Rn. 1.13 m.w.N.

46 *Buck-Heeb*, Kapitalmarktrecht, Rn. 70.

dass Marktteilnehmer sich jederzeit durch den An- und Verkauf von Wertpapieren Liquidität verschaffen können.[47]

Der Sekundärmarkt lässt sich nach seinen beiden Segmenten, Kassa- und Terminmarkt, untergliedern.[48] Auf Terminmärkten werden Geschäfte geschlossen, die zu vorher festgelegten Konditionen bis zu einem bestimmten, in der Zukunft liegenden Zeitpunkt erfüllt werden sollen.[49] Bei einem auf dem Kassamarkt getätigten Geschäft muss die Erfüllung sofort, d.h. innerhalb von zwei Börsenwerktagen erfolgen.[50] Man spricht daher von einem Termingeschäft, wenn es nach der zweitätigen Kassafrist erfüllt sein muss.[51]

Die Grundarten von Termingeschäften bilden Futures und Optionen.[52] Ein Futures ist ein Termingeschäft, bei dem zum Zeitpunkt des Vertragsschlusses ein bestimmter Gegenstand (Basiswert oder Underlying genannt) zu einem festgelegten zukünftigen Zeitpunkt zu liefern oder abzunehmen ist.[53] Eine Option ist ein Vertrag zwischen zwei Parteien, bei denen der Inhaber (Käufer) einer Option bestimmte Wahlrechte gegenüber dem Stillhalter (Verkäufer) auszuüben berechtigt ist, falls es für den Inhaber vorteilhaft ist.[54] Z.B. kann eine Option einer Partei das Recht einräumen, zu einem zukünftigen Zeitpunkt einen bestimmten Basiswert zu einem festgelegten Preis zu erwerben oder zu veräußern.[55] Termingeschäfte besitzen regelmäßig ein derivatives Element, da sie sich auf einen Basiswert beziehen (z.B. auf bestimmte andere Finanzprodukte) wie z.B. Aktien, festverzinsliche Wertpapiere oder Devisen.[56] Die Instrumente, die auf Terminmärkten gehandelt werden, werden daher auch Derivate genannt.[57] Im Unterschied zum Kassamarkt dient der Terminmarkt nicht der Transformation von Finanzkapital in Sachkapital, sondern erfüllt vor allem den Zweck Marktrisiken an andere Marktteilnehmer zu übertragen.[58]

---

47 *Lenenbach*, Kapitalmarktrecht, Rn. 1.13 m.w.N.
48 Ebda.
49 *Buck-Heeb*, Kapitalmarktrecht, Rn. 86.
50 *Lenenbach*, Kapitalmarktrecht, 1.60.
51 Ebda.
52 *Buck-Heeb*, Kapitalmarktrecht, Rn. 87; *Lenenbach*, Kapitalmarktrecht, 1.61.
53 *Bösch*, Derivate, S. 124.
54 *Bösch*, Derivate, S. 32.
55 Ebda, S. 32f.
56 *Buck-Heeb*, Kapitalmarktrecht, Rn. 87; *Oulds*, in: Kümpel/Wittig, Bank- und Kapitalmarktrecht, Rn. 14.43ff.
57 *Buck-Heeb*, Kapitalmarktrecht, Rn. 87.
58 *Bösch*, Derivate, S. 3f.; *Obst/Hintner*, Geld-, Bank- und Börsenwesen, S. 7ff.

Eine marktchronologische Differenzierung ist notwendig, da die Marktteilnehmer auf diesen Märkten unterschiedliche Interessen und Bedürfnisse besitzen, die mit einem jeweils anderen materiell-rechtlichen Regelungsregime gelöst werden müssen.[59] Ein Beispiel hierfür ist das Transparenzbedürfnis von Investoren. Ein Investor, der auf dem Primärmarkt vom Emittenten ein neu ausgegebenes Wertpapier zeichnen möchte, besitzt ein anderes Transparenzbedürfnis als ein Investor, der auf dem Sekundärmarkt ein Wertpapier erwerben oder veräußern möchte, das seitens der anderen Marktteilnehmer einer ständigen Bewertung unterzogen wird.[60] Auf dem Primärmarkt wird die Problematik mit einem umfassenden Prospektregime[61], auf dem Sekundärmarkt z.B. mit einem Insiderhandelsregime[62] oder anderen Offenlegungspflichten angegangen.[63] Die tatsächlichen Abläufe sowie die diesen Abläufen immanenten rechtlichen Fragestellungen des Primärmarktes sind nicht Gegenstand dieser Untersuchung. Schwerpunkt dieser Arbeit bildet allein das Geschehen auf dem Sekundärmarkt des Kapitalmarkts.

II. Die Akteure auf den Kapitalmärkten

Zum Verständnis des Geschehens auf dem Kapitalmarkt werden zunächst alle Teilnehmer vorgestellt.[64] Der Rahmen dieser Arbeit würde gesprengt, wenn die aufsichtsrechtlichen Anforderungen an den Einsatz von elektronischen Handelssystemen und ihre jeweiligen Auswirkungen für alle Marktteilnehmer, die derartige Systeme einsetzen, untersucht würde. Im Mittelpunkt stehen daher die Kredit- und Finanzdienstleistungsinstitute (i.S.v. § 1 Abs. 1 und Abs. 1a KWG) sowie Wertpapierdienstleistungsunternehmen (i.S.v. § 2 Abs. 4 WpHG), die als Finanzintermediäre anderen Gruppen die Teilnahme am Kapitalmarkt ermöglichen. Ferner stehen die Handelsplätze und –Plattformen sowie ihre jeweiligen Betreiber (z.B. der Börsenträger einer Börse oder das Wertpapierdienstleistungsunternehmen, das ein multilaterales Handelssystem betreibt) im Fokus der Untersuchung. Als Handelsplatz soll im Folgenden die juristische Person verstanden werden, die den jeweiligen Markt veranstaltet und auch aufsichtsrechtlich hierzu

59 *Lenenbach*, Kapitalmarktrecht, Rn. 1.27.

60 *Lutter/Bayer/Schmidt*, Europäisches Unternehmens- und Kapitalmarktrecht, 5. Aufl., § 17, Rn. 9.

61 Vgl. für die deutsche Rechtslage anstatt vieler anderer *Langenbucher*, Aktien- und Kapitalmarktrecht, 2. Aufl., § 14.

62 Vgl. für die deutsche Rechtslage anstatt vieler anderer *Langenbucher*, Aktien- und Kapitalmarktrecht, 2. Aufl., § 15.

63 Auf die Markttransparenz wird vertieft eingegangen im 3. Kapitel unter B.I.

64 zum Folgenden auch *Möllers*, in: FS Hopt, Bd. 2, S. 2247, 2248ff.

berechtigt ist. Als Handelsplattform soll hingegen in rechtstatsächlicher Hinsicht ein Handelssystem verstanden werden, das den Handel mit Wertpapieren ermöglicht. Entsprechend ihrer Marktfunktion lassen sich die Akteure in verschiedene Kategorien einteilen.

1. Emittenten

Als Emittenten werden juristische Personen des Privatrechts oder des öffentlichen Rechts bezeichnet, die Wertpapiere ausgeben.[65] Im Geschehen des Kapitalmarkts spielen sie – in Abhängigkeit zum jeweiligen Segment des Kapitalmarkts – eine unterschiedliche Rolle. Werden Wertpapiere zum ersten Mal im Rahmen einer Emission begeben, tritt der Emittent als Anbieter gegenüber dem Investor auf.[66] Für eine kapitalmarktrechtliche Einordnung des Emittenten als Wertpapierverkäufer am Primärmarkt ist es dabei unerheblich, ob dieser direkt an die Anleger veräußert oder ob dies durch ein zwischengeschaltete Bank oder ein Bankenkonsortium geschieht, das die Emission begleitet.[67] Auch auf dem Sekundärmarkt kommt den Emittenten eine bestimmte Rolle zu. Handeln Investoren die von ihnen emittierten Wertpapiere sind Emittenten den Investoren aus den im Wertpapier verbrieften Ansprüchen verpflichtet (z.B. müssen Emittenten bei festverzinslichen Wertpapieren die verbrieften Forderungen erfüllen).[68] Welche aufsichtsrechtlichen Vorgaben an Emittenten bestehen, ist nicht Gegenstand der vorliegenden Untersuchung.

2. Investoren

Die Investoren sind die Käufer und Verkäufer der am Kapitalmarkt angebotenen Instrumente. Auch wenn sie nicht die Einzigen sind, die am Kapitalmarkt Transaktionen durchführen, stellen sie den wesentlichen Teil des Angebots- und Nachfragepotentials dar und bilden zusammen mit den Emittenten das wirtschaftliche Zentrum des Kapitalmarktgeschehens.[69]

---

65 *Ekkenga*, in: Claussen, Bank- und Börsenrecht, 4. Aufl., Rn. 304ff.; *Langenbucher*, Aktien- und Kapitalmarktrecht, 2. Aufl., § 1, Fn. 21.

66 *Oulds*, in: Kümpel/Wittig, Bank- und Kapitalmarktrecht, Rn. 14.118.

67 *Lenenbach*, Kapitalmarktrecht, Rn. 2.271; *Ekkenga*, in: Claussen, Bank- und Börsenrecht, 4. Aufl., Rn. 308f.

68 *Lenenbach*, Kapitalmarktrecht, Rn. 2.272.

69 *Seiler/Kniehase*, in: Schimansky/Bunte/Lwowsky, Bankrechts-Handbuch, Vor § 104, Rn. 58; *Oulds*, in: Kümpel/Wittig, Bank- und Kapitalmarktrecht, Rn. 14.132; *Lenenbach*, Kapitalmarktrecht, Rn. 2.272.

Die Gruppe der Investoren ist in zwei Kategorien zu unterteilen: Die Privatanleger und die institutionellen Investoren.[70] Privatanleger sind Individuen, die meist mit dem Ziel längerfristige Anlagen zu tätigen am Sekundärmarkt tätig werden (z.B. zur Absicherung der eigenen Rente, zur Baufinanzierung oder anderweitiger privater Vermögensverwaltung).[71] Institutionellen Investoren sind Unternehmen, wie z.B. Banken, Versicherungen, Kapitalanlagegesellschaften und andere Finanzdienstleister, deren Hauptbetätigungsfeld die Investition von Finanzkapital in Rahmen von Wertpapiergeschäften ist.[72] Institutionelle Investoren verfügen unter Umständen über erhebliche Mengen an Kapital, da sie häufig das Kapital von Privatanlegern oder anderen Unternehmen sammeln und gebündelt anlegen.[73] Sie können durch den Einsatz dieses Kapitals das Marktgeschehen deutlich beeinflussen.[74] Durch das Tätigen großer Kaufs- oder Verkaufstransaktionen können sie insbesondere bei kleineren Werten den Kurs einer Aktie bestimmen, wenn wesentliche Anteile an einer Gesellschaft gehalten werden.[75]

3. *Finanzintermediäre*

Informationen sind das Blut in den Adern des Kapitalmarkts. Finanzintermediäre erfüllen im Kapitalmarkt die Funktion, Informationen zu sammeln, auszuwerten, anzureichern und machen sie häufig erst für andere Marktteilnehmer verständlich – sie bauen Informationsasymmetrien ab.[76] Im Rahmen dieser Tätigkeit vermitteln sie auch zwischen einzelnen Marktteilnehmern, da sie um bestimmte Handelsopportunitäten wissen, von denen andere Marktteilnehmer keine Kenntnis haben. Finanzintermediäre sind sämtliche Personen, die den Geschäftsabschluss zwischen Emittent und Investor oder zwischen zwei Investoren über einen Finanztitel vermitteln.[77]

---

70 *Lenenbach*, Kapitalmarktrecht, Rn. 2.274; zum Begriff des Investors im Aktienrecht, vgl. *Langenbucher*, Aktien- und Kapitalmarktrecht, 2. Aufl., Rn. 8.

71 *Lenenbach*, Kapitalmarktrecht, Rn. 2.274.

72 *Lenenbach*, Kapitalmarktrecht, Rn. 2.275.

73 *Langenbucher*, Aktien- und Kapitalmarktrecht, Rn. 8; *Lenenbach*, Kapitalmarktrecht, Rn. 2.275.

74 z.B. durch Blockhandelsgeschäfte, siehe hierzu im 2. Kapitel Abschnitt D.

75 *Lenenbach*, Kapitalmarktrecht, Rn. 2.275.

76 *Klöhn*, in: Langenbucher, Europarechtliche Bezüge des Privatrechts, 2. Aufl., § 6, Rn. 158.

77 *Klöhn*, in: Langenbucher, Europarechtliche Bezüge des Privatrechts, 2. Aufl., § 6, Rn. 121; *Breuer*, Finanzintermediation im Kapitalmarktgleichgewicht, S. 5ff. Zu der

Die Notwendigkeit für die Einschaltung von Finanzintermediären im Sekundärmarkt ist auch dem Umstand geschuldet, dass einige Gruppen auf der Kapitalgeberseite keinen direkten Marktzugang erhalten oder besitzen. Zum Beispiel ist der Zugang zu einer Börse nur Börsenteilnehmern gestattet, die die öffentlich-rechtlichen Zulassungsanforderungen gem. § 19 BörsG erfüllen, die u.a. erfordern, dass die entsprechende IT-Infrastruktur zur Teilnahme am Börsenhandel sowie zur ordnungsgemäßen Abwicklung der an der Börse geschlossenen Transaktionen vorhanden ist (§ 19 BörsG i.V.m. § 14 Abs. 1 Nr. 2 und 5 der Börsenordnung der Frankfurter Wertpapierbörse). Nicht alle Investoren möchten oder können die notwendigen Zulassungsvoraussetzungen erfüllen, sodass sie auf Finanzintermediäre zurückgreifen.

Finanzintermediäre, die im Sekundärmarkt aktiv sind, sind entweder als Wertpapierhändler, Wertpapiermakler oder Wertpapierkommissionäre tätig. Wertpapierhändler schließen Transaktionen im eigenen Namen und auf eigene Rechnung und werden folglich selbst Vertragspartei des am Handelsplatz geschlossenen Geschäfts. Aufsichtsrechtlich werden hier zwei Grundtypen der Wertpapierdienstleistung unterschieden: (i) die Anschaffung oder Veräußerung von Finanzinstrumenten für eigene Rechnung als Dienstleistung für andere (sog. Eigenhandel i.S.v. § 2 Abs. 3 Nr. 2 WpHG) und (ii) die Anschaffung oder Veräußerung von Finanzinstrumenten für eigene Rechnung, die kein Eigenhandel für andere ist (Eigengeschäft i.S.v. § 2 Abs. 3 S. 2 WpHG).[78]

Wertpapierhändler sind insbesondere als sog. Market Maker aktiv. Market Maker übernehmen an einem Markt die Funktion eines Liquiditätsbereitstellers, indem sie Dritten gegenüber die Verpflichtung zum jederzeitigen Erwerb und Veräußerung von Wertpapieren durch die Abgabe von Kursofferten (Geld-/Briefkurse, Bid/Ask oder Quotes genannt) übernehmen. Das Market Making ist eine Wertpapierdienstleistung i.S.v. § 2 Abs. 3 S. 1 Nr. 2 WpHG.[79]

Ein Wertpapiermakler vermittelt potentielle Gegenparteien für eine Transaktion, wird aber selbst nicht Partei des am Handelsplatz geschlossenen Geschäfts.[80] Sie erfüllen damit eine Suchfunktion und handeln im Auftrag ihrer Kunden an Börsen und anderen Handelsplätzen, da diese keinen Marktzugang

---

Intermediationsleistung von Wertpapiermaklern *Gomber*, Elektronische Handelssysteme, S. 86ff.

78 *Klöhn*, in: Langenbucher, Europarechtliche Bezüge des Privatrechts, 2. Aufl., § 6, Rn. 162.

79 *Assmann*, in: Assmann/Schneider, WpHG, 6. Aufl., § 2, Rn. 73b.

80 *Harris*, Trading and Exchanges, S. 139ff.; *Hazen*, Broker-Dealer Regulation, 2. Aufl., S. 6ff., 31ff.; *Gomber*, Elektronische Handelssysteme, S. 88.

besitzen. Wertpapiermakler handeln auf fremde Rechnung und im fremden Namen und betreiben aufsichtsrechtlich die Finanzdienstleistung der Anlage- und Abschlussvermittlung gem. § 2 Abs. 3 S. 1 Nr. 3 und 4 WpHG.

Wertpapierkommissionäre handeln auf fremde Rechnung, aber im eigenen Namen. Auf fremde Rechnung handeln, bedeutet, dass das Rechtsgeschäft mit Wirkung für den Kommissionär (die Person, die im Auftrag das Geschäft durchführt) besteht, aber im Interesse des Kommittenten (Auftraggeber) durchgeführt wird.[81] Aufsichtsrechtlich führen Wertpapierkommissionäre die Wertpapierdienstleistung gem. § 2 Abs. 3 S. 1 Nr. 1 WpHG durch.[82]

Im angelsächsischen Sprachgebrauch haben sich die Begriffe Broker, Dealer und Broker-Dealer durchgesetzt zur Erfassung der jeweiligen Finanzintermediäre, die im Sekundärmarkt tätig sind.[83] Dealer sind Wertpapierhändler, die keine Transaktionen vermitteln, sondern im Kundengeschäft auf eigene Rechnung handeln und versuchen die Kundenposition weiter zu veräußern.[84] Sie tragen daher das Preis- und Erfüllungsrisiko. Je nach Sprachgebrauch können Broker entweder Wertpapiermakler oder -Kommissionäre sein.[85] Finanzintermediäre, die sowohl Vermittlungs- wie auch Eigenhandelsaktivitäten durchführen, werden als Broker-Dealer bezeichnet.[86]

4. Märkte und ihre Betreiber

Wirtschaftlich betrachtet sind Märkte Orte, an denen Händler zusammenkommen, um eine bestimmte Ware handeln zu können. Funktion eines Marktes ist es, Angebot und Nachfrage der jeweiligen gehandelten Ware an diesem Ort zu konzentrieren (Konzentrationsfunktion), was zu einer hohen Verfügbarkeit der Ware (Liquiditätsfunktion), Standardisierung der Produktpalette und Transaktionssicherheit führt.[87] Da sich durch die Marktveranstaltung Angebot- und Nachfrage eines Gutes an einem Ort konzentriert, können Marktbetreiber das Interesse daran bewerten und Preise feststellen (Preisfeststellungsfunktion).

---

81 *Hammen*, WM 2008, 1901, 1902.

82 *Kumpan*, in: Schwark/Zimmer, KMRK, WpHG, § 2, Rn. 63. Grundlegend BVerwG, ZIP 2008, 911ff.

83 *Harris*, Trading and Exchanges, S. 139, 278.

84 Ebda, S. 278ff.

85 Ebda, S. 139.

86 Ebda, S. 161.

87 *Schlüter*, Börsenhandelsrecht, Kapitel G. Rn. 1ff.; *Rudolph/Röhrl*, in: Hopt/Rudolph/Baum, Börsenreform, S. 134, 169ff.

Diese Grundsätze gelten auch für Wertpapiermärkte, die einen massenhaften, institutionalisierten Handel mit standardisierten Instrumenten ermöglichen.[88]

Die konkrete rechtliche Einordnung der Märkte und ihren Betreibern ist Gegenstand von Abschnitt B.I dieses Kapitels. Für die Zwecke dieses Abschnitts soll hervorgehoben werden, dass die Funktion von Märkten sich im Rahmen der letzten Kapitalmarktrechtsreformen (Wertpapierdienstleistungsrichtlinie, MiFID I, MiFID II) erheblich verändert hat. War es im Rahmen der Wertpapierdienstleistungsrichtlinie üblich, dass Börsen hoheitlich das Zusammenführen von Angebot und Nachfrage der Handelsinteressen in Aktien organisierten, wird diese Aufgabe zunehmend von privaten Banken und anderen Wertpapierdienstleistungsunternehmen (WPU) übernommen.[89] Die ursprüngliche Funktionstrennung zwischen Marktplätzen und Finanzintermediären hat sich damit aufgelöst; Finanzintermediäre bieten mit ihren Handelssystemen eine Alternative zum börslichen Handel.[90] Mit Blick auf das Kapitalmarktrecht ist dies zu einer ernstzunehmenden Herausforderung geworden: „Durch diese institutionelle Zweiteilung war eine klare Trennung möglich zwischen dem Anlegerschutz, der nur Finanzintermediäre betraf, und den Marktregeln, die das transparente und das effiziente Funktionieren der Märkte gewährleisten und in erster Linie die Börsen betrafen“[91].

III. Das Kapitalmarktrecht

1. Der Kapitalmarktrechtsbegriff des EU-Rechts

Das Kapitalmarktrecht wird maßgeblich durch das Recht der Europäischen Union geprägt.[92] EU-Rechtsakte definieren den Begriff „Kapitalmarkt“ allerdings nicht[93]. Mit Blick auf die Funktion des Kapitalmarkts als Instrument zur Kapitalallokation wird der Regelungsgegenstand des Kapitalmarktrechts als „die

88 *Schlüter*, Börsenhandelsrecht, Kapitel G. Rn. 1ff.; *Rudolph/Röhrl*, in: Hopt/Rudolph/Baum, Börsenreform, S. 134, 169ff.

89 *Lenenbach*, Kapitalmarktrecht, Rn. 1.40ff.; Rn. 3.18.

90 Ebda.

91 *Europäische Kommission*, KOM(2011), 651 endgültig, S. 9 (ZBB 2002, 545, 548).

92 *Assmann*, in: Gebauer/Wiedmann, Zivilrecht unter europäischem Einfluss, 2. Aufl., Kapitel 22, Rn. 40; *Lutter/Bayer/Schmidt*, Europäisches Unternehmens- und Kapitalmarktecht, 5. Aufl., § 17, Rn. 3; *Buck-Heeb*, Kapitalmarktrecht, Rn. 31 ff; *Grunewald/Schlitt*, Einführung in das Kapitalmarktrecht, 3. Aufl., S. 3; *Langenbucher*, Aktien- und Kapitalmarktrecht, § 1, Rn. 36ff.; siehe auch 3. Kapitel Abschnitt A.

93 *Mülbert*, WM 2001, 2085, 2086; *Lutter/Bayer/Schmidt*, Europäisches Unternehmens- und Kapitalmarktrecht, 5. Aufl., § 17, Rn. 4ff.

Summe jener Grundsätze und rechtlichen Regeln begriffen, die das marktlich-wettbewerbliche Zustandekommen und die Durchführung von Finanzierungsbeziehungen umfassen, deren Ertrag für den Investor vom unternehmerischen Erfolg abhängt“[94]. Aufgrund der Komplexität der auf dem Kapitalmarkt ablaufenden Prozesse und der Vielzahl von unterschiedlichen Marktteilnehmern, die an dem Geschehen auf diesem Markt partizipieren, ist das Kapitalmarktrecht ursprünglich als ein Amalgam aus verschiedenen Rechtsgebieten bezeichnet worden.[95] Mittlerweile hat es sich hingegen zu einem eigenen Rechtsgebiet entwickelt.[96] Das Kapitalmarktrecht kann somit definiert werden als „die Gesamtheit der Normen, Geschäftsbedingungen und Standards, mit denen die Organisation der Kapitalmärkte und der auf sie bezogenen Tätigkeiten sowie das marktbezogene Verhalten der Marktteilnehmer geregelt werden sollen“[97]. Es umfasst insbesondere aber nicht das Banken- und Versicherungswesen.[98] Die Rechtsgebiete des Börsen- und Wertpapierrechts sowie Teile des Bankrechts sind ebenfalls Teilsegmente des Kapitalmarktrechts und regeln die Rahmenbedingungen für den Finanzkapital- und Wertpapierverkehr in der Europäischen Union.[99] Das EU-Kapitalmarktrecht kann daher als Marktverfassungsrecht eingeordnet werden. Es besteht aus Marktorganisations-, Marktverhaltens- und Marktaufsichtsrecht, das sich quer durch die Rechtsgebiete öffentliches Recht, Privatrecht und Strafrecht erstreckt.[100] Es ist ein echtes „Querschnittsrechtsgebiet“.

Regelungsgegenstand des Kapitalmarktrechts ist der Markt für Finanzinstrumente, § 2 Abs. 2b WpHG, § 1 Abs. 11 KWG. Der Begriff der Finanzinstrumente dient der Umsetzung von Art. 4 Abs. 1 Nr. 17 MiFID I und wurde mit dem

---

94 *Assmann*, in: Gebauer/Wiedmann, Zivilrecht unter europäischem Einfluss, 2. Aufl., Kapitel 22, Rn. 36. Zur rechtshistorischen Entwicklung des Begriffs „Kapitalmarktrecht“ aus deutscher Perspektive: *Assmann*, in: Assmann/Schütz, Kapitalanlagerecht, 3. Aufl., § 1, Rn. 5ff; zur historischen Entwicklung des Kapitalmarktrechts, vgl. *Assmann*, in: Assmann/Schneider, WpHG, 6. Aufl., Einl., Rn. 2ff.

95 *Hopt*, ZHR 141 (1977), 389, 392.

96 *Assmann*, in: Nörr, 40 Jahre Bundesrepublik Deutschland, S. 251ff.; *Assmann*, in: Gebauer/Wiedmann, Zivilrecht unter europäischem Einfluss, 2. Aufl., Kapitel 22, Rn. 36. Vgl. zur historischen Entwicklung des europäischen Kapitalmarktrechts *Lutter/Bayer/Schmidt*, Europäisches Unternehmens- und Kapitalmarktrecht, § 17, Rn. 18ff.

97 *Wittig*, in: Kümpel/Wittig, Bank- und Kapitalmarktrecht, Rn. 1.10; *Hopt*, ZHR 141 (1977), 389, 431.

98 *Walla*, in: Veil, Europäisches Kapitalmarktrecht, § 2, Rn. 2f.

99 *Kilian*, Europäisches Wirtschaftsrecht, 4. Aufl., Rn. 726.

100 *Mülbert*, WM 2001, 2085, 2087; *Buck-Heeb*, Kapitalmarktrecht, 4. Aufl., Rn. 40; *Hopt*, WM 2009, 1873, 1874; *ders.*, ZHR 141 (1977), 389, 431.

Anlegerschutzverbesserungsgesetz[101] in das deutsche Recht eingeführt. Finanzinstrumente werden in Anhang I Abschnitt C der MiFID I näher definiert. Sie stellen einen Oberbegriff für Wertpapiere i.S.v. § 2 Abs. 1 WpHG, Geldmarktinstrumente i.S.v. § 2 Abs. 1a WpHG, Derivate i.S.v. § 2 Abs. 2 WpHG und Rechte auf Zeichnung von Wertpapieren dar.[102] Die Untersuchung bezieht sich nicht auf sämtliche Finanzinstrumente, sondern konzentriert sich auf den Handel von Aktien.

2. *Relevante Rechtsquellen des Kapitalmarktrechts*

Die Rechtsquellen des Kapitalmarktrechts bestehen aus einer Vielzahl gesetzlicher und untergesetzlicher Regelungen, die nahezu ausschließlich auf EU-Rechtsakten beruhen. Die maßgeblichen EU-Rechtsakte zur aufsichtsrechtlichen Erfassung des Wertpapierhandels innerhalb der Europäischen Union bestehen aus sechs Rahmenrichtlinien im Sinne des sog. Lamfalussy-Verfahrens[103]:

- Transparenzrichtlinie (Richtlinie 2004/109/EG)[104]
- Prospektrichtlinie (Richtlinie 2003/71/EG)[105]
- MiFID II
- überarbeitete Marktmissbrauchsrichtlinie (Richtlinie 2014/57/EU; Market Abuse Directive - MAD II)[106]

---

101 BGBl. I 2004, 2639 v. 29.10.2004.

102 *Kumpan*, in: Schwark/Zimmer, KMRK, 4. Aufl., WpHG, § 2, Rn. 59.

103 *Walla*, in: Veil, Europäisches Kapitalmarktrecht, § 2, Rn. 31ff.

104 Richtlinie 2004/109/EG des Europäischen Parlaments und des Rates vom 15. Dezember 2004 zur Harmonisierung der Transparenzanforderungen in Bezug auf Informationen über Emittenten, deren Wertpapiere zum Handel auf einem geregelten Markt zugelassen sind, und zur Änderung der Richtlinie 2001/34/EG, ABl. v. 31.12.2004, L 390/38.

105 Richtlinie 2003/71/EG des Europäischen Parlaments und des Rates vom 4. November 2003 betreffend den Prospekt, der beim öffentlichen Angebot von Wertpapieren oder bei deren Zulassung zum Handel zu veröffentlichen ist, und zur Änderung der Richtlinie 2001/34/EG, ABl. v. 31.12.2003, L 345/64; Die Prospektrichtlinie wurde von der Europäischen Kommission fünf Jahre nach ihrem Inkrafttreten im Jahr 2003 auf ihre Umsetzung und Anwendung hin überprüft. Die auf Grundlage dieser Untersuchung von der Kommission unterbreiteten Änderungsvorschläge mündeten in die Änderungsrichtlinie 2010/73/EU, die am 31. Dezember 2010 in Kraft trat.

106 Richtlinie 2014/57/EU des Europäischen Parlaments und des Rates vom 16. April 2014 über strafrechtliche Sanktionen bei Marktmanipulation (Marktmissbrauchsrichtlinie), ABl. v. 16.04.2014, L 173/179.

- Richtlinie betreffend Organismen für gemeinsame Anlagen in Wertpapieren (Richtlinie 2009/65/EG – OGAW-Richtlinie)[107] und die
- Richtlinie über die Verwalter alternativer Investmentfonds (Richtlinie 2011/61/ EU – AIFMD)[108]

Für die Zwecke dieser Untersuchung sind nur die den Sekundärmarkt betreffenden Richtlinien MiFID I und II sowie die MAD II von Relevanz. Die MiFID I wird von einer Durchführungsrichtlinie (MiFID-DRL)[109] und einer Durchführungsverordnung (MiFID-DVO)[110] konkretisiert, die weitere Vorgaben im Rahmen des Marktordnungsrechts treffen.[111]

Zwar ist die MiFID II schon in Kraft getreten. Die Regelungen der MiFID II sind allerdings von den Mitgliedstaaten noch umzusetzen und erst ab dem 03.01.2018 anzuwenden, Art. 93 Abs. 1 MiFID II. Die Umsetzungsfrist wurde durch die Richtlinie 2016/1034/EU um ein Jahr verlängert.[112] Da die MiFID II noch nicht umgesetzt wurde, gelten in den Mitgliedstaaten die jeweiligen Umsetzungsgesetze zur MiFID I fort. Die vorliegende Untersuchung konzentriert sich gemäß der im Rahmen der Einleitung unter Abschnitt B. vorgegebenen Fragestellung zunächst auf die Rechtslage der MiFID I und beleuchtet sodann die MiFID-Reform. Aus diesem Grunde wird die Rechtslage ab Umsetzung der MiFID II separat in Kapitel 4 behandelt.

---

107 Richtlinie 2009/65/EG des Europäischen Parlaments und des Rates vom 13.07.2009 zur Koordinierung der Rechts- und Verwaltungsvorschriften betreffend bestimmte Organismen für gemeinsame Anlagen in Wertpapieren (OGAW), ABl. v. 17.11.2009, L 302/32.

108 Richtlinie 2011/61/EU des Europäischen Parlaments und des Rates vom 08.06.2011 über die Verwalter alternativer Investmentfonds und zur Änderung der Richtlinien 2003/41/EG und 2009/65/EG und der Verordnungen (EG) Nr. 1060/2009 und (EU) Nr. 1095/2010, ABl. v. 01.07.2011, L 174/1.

109 Richtlinie 2006/73/EG der Kommission zur Durchführung der Richtlinie 2004/39/ EG des Europäischen Parlaments und des Rates in Bezug auf die organisatorischen Anforderungen an Wertpapierfirmen und die Bedingungen für die Ausübung der Tätigkeit sowie in Bezug auf die Definition bestimmter Begriffe für die Zwecke der genannten Richtlinie, ABl. v. 12.04.2003, L 241/26.

110 Verordnung (EG) Nr. 1287/2006 der Kommission betreffend die Aufzeichnungspflichten für Wertpapierfirmen, die Meldung von Geschäften, die Markttransparenz, die Zulassung von Finanzinstrumenten zum Handel und bestimmte Begriffe im Sinne dieser Richtlinie, ABl. v. 10.08.2006, L 241/1.

111 *Spindler/Kasten*, WM 2006, 1749ff., 1797ff.

112 Richtlinie (EU) 2016/1034 des Europäischen Parlaments und des Rates vom 23.07.2016 zur Änderung der Richtlinie 2014/65/EU über Märkte für Finanzinstrumente, ABl. v. 30.06.2016, L 175/8.

IV. Das Marktordnungsrecht der EU

Das Phänomen der verborgenen Liquidität ist ein kapitalmarktimmanentes Phänomen. Das Rechtsgebiet, das sich mit dieser Materie auseinandersetzt, ist das Marktordnungsrecht, das ein Teilgebiet des Kapitalmarktrechts darstellt.[113] Gegenstand des Marktordnungsrechts ist die Organisation der Marktinstitutionen des Kapitalmarkts (Festlegung der geregelten Handelsplätze im Rahmen einer Marktstruktur, ihrer Organisation und das auf ihre Tätigkeit bezogene Verhaltensrecht) sowie die Herstellung und Gewährleistung der Funktionsfähigkeit des Sekundärmarkts (u.a. durch Best Execution- und Transparenzvorschriften).[114]

Abbildung 1: Regelungsstruktur des Marktordnungsrechts; eigene Darstellung.

Das Marktordnungsrecht ist von anderen Teilgebieten des Kapitalmarktrechts abzugrenzen, insbesondere vom Recht des Primärmarktes, vom Kapitalanlagerecht und vom Übernahmerecht. Das Primärmarktrecht umfasst die Zulassung der Emittenten zum Kapitalmarkt (i.S.e. Markteintrittsrechts) und behandelt Fragen

113 Siehe auch 3. Kapitel Abschnitt A.

114 *Klöhn*, in: Langenbucher, Europäisierung des Privatrechts, 2. Aufl., § 6, Rn. 16ff.; *Lutter/Bayer/Schmidt*, Europäisches Unternehmens- und Kapitalmarktrecht, 5. Aufl., § 17, Rn. 55ff.

der Börsenzulassung und der Erstellung von Prospekten zur Aufklärung von potentiellen Anlegern.[115] Das Kapitalanlagerecht erfasst das Wertpapierhandelsrecht (inkl. den Regelungen des Effektenverkehrs und den Marktmissbrauchsvorschriften des Insiderhandels und der Marktmanipulation) und das Investmentrecht (im Rahmen des Kapitalanlagegesetzbuchs – KAGB).[116] Es ist eine „Sammelbezeichnung für diejenigen Grundsätze, welche das marktvermittelte Zustandekommen, die Durchführung und Beendigung von Vertragsbeziehungen zwischen den Anbietern und den Nachfragern von Kapitalanlagemöglichkeiten sowie die sich daraus für Beteiligte jeweils ergebenden Rechte, Pflichten und Ansprüche betreffen"[117]. Das Übernahmerecht erfasst Wertpapiertransaktionen, die außerhalb von Wertpapiermärkten stattfinden, und weist Schnittstellen zum Gesellschaftsrecht auf.[118] Gegenstand eines weiteren Gesetzes, dem Wertpapiererwerbs- und Übernahmegesetz (WpÜG), sind die drei folgenden Transaktionsformen: (i) Das öffentliche Angebot zum Erwerb von Wertpapieren, ohne der Intention zur Kontrollerlangung über die Zielgesellschaft (§§ 2 Abs. 1, 10 – 28 WpÜG); (ii) das auf die Erlangung der Kontrolle über die Zielgesellschaft gerichtete Übernahmeangebot (§§ 2 Abs. 1, 29–34 WpÜG) und (iii) das Pflichtangebot (§§ 2 Abs. 1, 35–39 WpÜG).[119] Das Recht des Primärmarktes, das Kapitalanlagerecht und das Übernahmerecht sind nicht Gegenstand dieser Untersuchung.

V. Umsetzung in Deutschland

Die MiFID I und die MiFID-DRL wurden mit dem Finanzmarktrichtlinien-Umsetzungsgesetz (FRUG)[120] in deutsches Recht umgesetzt, das eine Änderung des Wertpapierhandelsgesetzes (WpHG), des Börsengesetzes (BörsG) und des Kreditwesengesetzes (KWG) zum Gegenstand hatte.[121] Die drei Gesetze bilden mit Blick

---

115 *Langenbucher*, Aktien- und Kapitalmarktrecht, § 1, Rn. 15c; *Assmann*, AG 1993. S. 549ff.

116 *Assmann*, in: Assmann/Schütze, Handbuch des Kapitalanlagerechts, 3. Aufl. § 1, Rn. 5ff.

117 *Assmann*, in: Assmann/Schütze, Handbuch des Kapitalanlagerechts, 3. Aufl. § 1, Rn. 1.

118 *Geibel/Süßmann*, WpÜG, 2. Aufl., Einleitung, Rn. 1ff. Ferner zur Neuordnung des Investmentrechts durch das KAGB, das ein einheitliches Regelwerk für Investmentfonds schafft, *van Kann/Redeker*, DStR 2013, 1483ff.

119 *Assmann*, in: Gebauer/Wiedmann, Zivilrecht unter europäischem Einfluss, 2. Aufl., Rn. 36.

120 Gesetz zur Umsetzung der Richtlinie über Märkte für Finanzinstrumente und der Durchführungsrichtlinie der Kommission Finanzmarktrichtlinien-Umsetzungsgesetz) vom 16.07.2007, BGBl. I 31/1330.

121 *Spindler/Kasten*, WM 2007, 1245ff.

auf den Wertpapierhandel das Fundament des deutschen Kapitalmarktrechts und sind für die Untersuchung von tragender Bedeutung. Das BörsG enthält Regeln über die Zulassung, Betrieb und Organisation deutscher Börsen und der an ihnen getätigten Geschäfte sowie über die Wertpapiere, die zum Handel zugelassen werden können. Regelungsadressaten sind die Börsen, ihre Träger, die Börsenorgane und die Börsenteilnehmer. Das WpHG schafft ein Marktverhaltensrecht, das im Wesentlichen aus dem Marktmissbrauchsrecht, einem Aufklärungs- und Informationsregime besteht und Regelungen bezüglich des Betriebs von multilateralen Handelssystemen und systematischen Internalisierern.[122]

Die unter das Regime des WpHG fallenden Unternehmen werden Wertpapierdienstleistungsunternehmen (WPU) genannt. Gem. § 2 Abs. 4 WpHG sind WPU Kredit- und Finanzdienstleistungsinstitute (i.S.v. § 1 Abs. 1 und 1a KWG) sowie Unternehmen, die den Europäischen Pass gem. § 53 Abs. 1 S. 1 KWG nutzen und Wertpapierdienstleistungen allein oder zusammen mit Wertpapiernebendienstleistungen gewerbsmäßig oder in einem Umfang erbringen, der einen in kaufmännischer Weise eingerichteten Geschäftsbetrieb erfordert.[123] In diesem Sinne sind WpHG und KWG miteinander verknüpft, da das KWG Regelungen vorgibt u.a. über die interne Organisation (insbesondere mit Blick auf die Etablierung von Risikomanagementsystemen, § 25a KWG), der notwendigen Eigenkapitalausstattung (§ 10 KWG) und über die Erlaubnis, die zur Aufnahme der Geschäftstätigkeit erforderlich ist (§ 32 KWG).[124] Die Unternehmen, die vom WpHG und vom KWG erfasst werden, werden von der BaFin beaufsichtigt, § 6 Abs. 1 KWG, § 4 Abs. 1 WpHG. Die deutschen Börsen werden hingegen von den jeweils zuständigen Landesbehörden beaufsichtigt, § 3 Abs. 1 BörsG.

B. Der Handel mit Wertpapieren im Rahmen der kapitalmarktrechtlichen Infrastruktur

Die wichtigsten Institutionen im Rahmen des Wertpapierhandels sind die Wertpapiermärkte, an denen der Handel stattfindet. Im Rahmen des Marktordnungsrechts der EU werden die Kategorien zur Erfassung dieser Märkte geschaffen, um eine einheitliche europäische Kapitalmarktinfrastruktur zu bilden, innerhalb derer ein institutionalisierter Wertpapierhandel ermöglicht wird. Diese Institutionen lassen sich in geregelte Märkte, multilaterale Handelssysteme und der systematischen Internalisierung unterscheiden. Daneben bestehen noch

---

122 Zu diesen Handelssystemen siehe in diesem Kapitel unter Abschnitt B.

123 *Assmann*, in: Assmann/Schneider, WpHG, 6. Aufl., § 2, Rn. 140ff.

124 *Zimmer*, in: Schwark/Zimmer, KMRK, 4. Aufl., WpHG, § 1, Rn. 10.

andere Arten von Wertpapiermärkten, die sich dadurch auszeichnen, dass sie außerbörslich betrieben und damit aufsichtsrechtlich nicht erfasst werden. Diese Märkte werden durch das Marktordnungsrecht der EU nur mittelbar erfasst (z.B. durch Nachhandelstransparenzanforderungen, sofern anwendbar).

I. Marktkategorien der MiFID I

1. Der geregelte Markt

a) Definition

Die erste Marktkategorie der MiFID I ist der sog. geregelte Markt (regulated market). Gem. Art. 4 Abs. 1 Nr. 14 MiFID I ist dieser definiert als ein von einem Marktbetreiber betriebenes und/oder verwaltetes multilaterales System, das die Interessen einer Vielzahl Dritter am Kauf und Verkauf von Finanzinstrumenten innerhalb des Systems und nach seinen nichtdiskretionären Regeln in einer Weise zusammenführt oder das Zusammenführen fördert, die zu einem Vertrag in Bezug auf Finanzinstrumente führt, die gemäß den Regeln und/oder den Systemen des Marktes zum Handel zugelassen wurden, sowie eine Zulassung erhalten hat und ordnungsgemäß und gemäß den Bestimmungen des Titels III der MiFID I funktioniert. Gem. Art. 4 Abs. 1 Nr. 13 MiFID I wird ein Marktbetreiber definiert als eine Person oder Personen, die das Geschäft eines geregelten Marktes verwaltet/verwalten und/oder betreibt/betreiben. Ferner wird in Art. 4 Abs. 1 Nr. 13 MiFID I klargestellt, dass der geregelte Markt selbst Marktbetreiber sein kann.

Die Definition der Marktkategorie des geregelten Marktes kann in drei Kategorien unterteilt werden: (i) Die verantwortliche Entität für den Betrieb des geregelten Marktes, (ii) Regeln zur Art des Handels und (ii) Regeln zur Organisation des Handels.

Tabelle 1: Eigenschaften des geregelten Marktes.

Verantwortliche Entität	Art des Handels	Organisation des Handels
Marktbetreiber oder geregelter Markt selbst	<u>Multilaterales System</u> • Interessen einer Vielzahl von Dritten werden dergestalt zusammengeführt, dass es zu einem Vertragsschluss kommt	• Handel erfolgt nach nichtdiskretionären Regeln • Ordnungsgemäßheit des Handels • Organisation gemäß den Bestimmungen des Titels III der MiFID I

b) *Umsetzung in Deutschland*

Der Begriff des geregelten Markts wird in Deutschland durch den Begriff der Börse umgesetzt. Geregelte Märkte sind in Deutschland Börsen.[125] Der Börsenbegriff ist seit dem FRUG, das die MiFID I in nationales Recht umsetzte, legaldefiniert als teilrechtsfähige Anstalt des öffentlichen Rechts, die nach Maßgabe des BörsG multilaterale Systeme regelt und überwacht, welche die Interessen einer Vielzahl von Personen am Kauf und Verkauf dort zugelassener Realgüter und Rechte in Form von verbrieften Forderungen nach festgelegten Bestimmungen so koordinieren, dass es zu einem Kaufvertrag über die angebotenen Handelsobjekte kommt, § 2 Abs. 1 BörsG.[126] Aus der Teilrechtsfähigkeit der Börse folgt, dass sie eines Trägers bedarf, der das *Zurechnungssubjekt* der für die Teilnahme am privatrechtlichen Rechtsverkehr erforderlichen Rechte und Pflichten ist.[127] Der Börsenträger wird mit Erteilung der Erlaubnis für den Betrieb der Börse gem. § 4 Abs. 1 BörsG beliehenes Unternehmen mit der Konsequenz, dass dieser – im Rahmen der ihm durch das BörsG zugewiesenen Aufgaben – Träger öffentlicher Verwaltung wird.[128] Beliehene sind Privatpersonen, die mit der selbständigen Wahrnehmung bestimmter Verwaltungsaufgaben im eigenen Namen betraut sind.[129]

Die Frankfurter Wertpapierbörse (FWB) ist mit einem Umsatz am Wertpapierhandel von ca. 85% die größte Börse in Deutschland.[130] Die Deutsche Börse AG ist die Trägerin der öffentlich-rechtlich organisierten FWB.[131] In den Kategorien der MiFID I ist die FWB der geregelte Markt und die Deutsche Börse AG die Marktbetreiberin, die als Trägerin den ordnungsgemäßen Betrieb der Börse gem. § 5 Abs. 1 BörsG sicherstellt.

Der Betrieb eines geregelten Markts ist erlaubnispflichtig, Art. 36 MiFID I (für Börsen § 4 Abs. 1 BörsG) und wird von der zuständigen Behörde gem. Art. 4

---

125 *Klöhn*, in: Langenbucher, Europäisierung des Privatrechts, 2. Aufl., § 6, Rn. 24; *Lutter/Bayer/Schmidt*, Europäisches Unternehmens- und Kapitalmarktrecht, 5. Aufl., § 17, Rn. 55ff.; *Lenenbach*, Kapitalmarktrecht, Rn. 3.15ff.

126 Zur Evolution des Börsenbegriffs *Beck*, in: Schwark/Zimmer, 4. Aufl., WpHG, § 2, Rn. 4 ff. mwN.

127 *Beck*, in: Schwark/Zimmer, KMRK, BörsG, § 2, Rn. 38f.; *Groß*, in: Groß, Kapitalmarktrechtskommentar, BörsG, § 2, Rn. 15a; zum Verhältnis des Börsenträgers zur Börse *Beck*, in: Schwark/Zimmer, 4. Aufl., WpHG, § 2, Rn. 38f.

128 *Groß*, in: Groß, Kapitalmarktrechtskommentar, BörsG, § 5, Rn. 3.

129 *Beck*, in: Schwark/Zimmer, KMRK, BörsG, § 4, Rn. 6.

130 Siehe Deutsche Börse AG, http://deutsche-boerse.com/dbg-de/ueber-uns/frankfurter-wertpapierboerse, zuletzt abgerufen am 02.04.2017.

131 *Langenbucher*, Aktien- und Kapitalmarktrecht, § 13, Rn. 5.

Abs. 1 Nr. 22 MiFID I erteilt, die auch die Aufsicht ausübt. Bei der Umsetzung dieser Vorgaben war die Besonderheit des deutschen Rechts zu beachten, dass Börsenrecht in Deutschland zur konkurrierenden Gesetzgebung gem. Art. 74 Abs. 1 Nr. 11 GG gehört, und ein gem. Art. 72 Abs. 2 GG erlassenes Bundesgesetz gemäß Art. 83 GG von den Ländern als eigene Angelegenheit auszuführen ist.[132] Die Aufsicht über die Börsen in Deutschland führen daher die jeweiligen zuständigen obersten Landesbehörden (als Börsenaufsichtsbehörden) durch, § 3 Abs. 1 BörsG. Als selbständige Bundesoberbehörde (Art. 87 Abs. 3, Art. 74 Abs. 1 Nr. 11 GG) im Geschäftsbereich des Bundesministeriums der Finanzen wurde gemäß § 3 WpHG die BaFin gegründet mit zentralen, den Bereich der einzelnen Börsen übergreifenden Kontrollfunktionen für die Überwachung der Einhaltung von Verhaltens- und Veröffentlichungspflichten (insb. im Rahmen der Marktmissbrauchsvorschriften), § 1 Abs. 1 FinDAG. Als Verbindungsglied zwischen der BaFin und den Ländern wurde gem. § 5 WpHG bei der BaFin ein aus Vertretern der Länder bestehender Wertpapierrat gebildet.

In Hessen als den wichtigsten Börsenplatz in Deutschland wird die Börsenaufsicht durch das Ministerium für Wirtschaft, Energie, Verkehr und Landesentwicklung ausgeübt.[133] Die Aufsicht wird in Form einer Rechts- und Marktaufsicht ausgeübt, § 3 Abs. 1 S. 3 BörsG.[134] Die Rechtsaufsicht ist auf die Kontrolle der Gesetzmäßigkeit und Rechtmäßigkeit der Börsenselbstverwaltung gerichtet. Die Handelsaufsicht umfasst die Aufsicht über den Börsenhandel, über die Handelsteilnehmer und über die elektronischen Hilfseinrichtungen der Börse.[135] Zur Überwachung des Börsenhandels hat gemäß § 7 Abs. 1 BörsG jede Börse eine an die Weisungen der Börsenaufsichtsbehörde gebundene Handelsüberwachungsstelle (HüSt) einzurichten.

Neben dem Begriff der Börse gem. § 2 Abs. 1 BörsG existieren im deutschen Recht noch andere Begriffe, die Berührungspunkte mit der Börsendefinition haben und teilweise ebenfalls zur Umsetzung der europäischen Vorgaben gewählt wurden. Voneinander abzugrenzen sind daher die folgenden Begriffe: Regulierter Markt (z.B. § 33 BörsG), organisierter Markt (z.B. § 2 Abs. 5 WpHG) und

132 *Groß*, in: Groß, Kapitalmarktrechtskommentar, BörsG, § 3, Rn. 3.

133 § 3 Abs. 1 BörsG i.V.m. den Ziffern 711, 733 des Beschlusses der hessischen Landesregierung über die Zuständigkeit der einzelnen Ministerinnen und Minister nach Art. 104 Abs. 2 der Verfassung des Landes Hessen vom 28. März 2014.

134 *Beck*, in: Schwark/Zimmer, KMRK, BörsG, § 3, Rn. 7; *Groß*, in: Groß, Kapitalmarktrechtskommentar, BörsG, § 3, Rn. 9.

135 RegBegr. zum Zweiten Finanzmarktförderungsgesetz, BT-Drs. 12/6679, 33, 59.

Börse (§ 2 Abs. 1 BörsG) zu finden.[136] Der Begriff des regulierten Markts wird im deutschen Recht nicht legaldefiniert und ersetzt seit der Umsetzung der MiFID I durch das FRUG den Begriff des amtlichen Markts.[137] Mit diesen Begriffen wird nicht eine besondere Marktkategorie erfasst, wie die MiFID I sie festlegt, sondern ein bestimmtes Börsensegment und die Einbeziehung von Wertpapieren in den Handel im Rahmen dieses Segments.[138] Insofern kann der Begriff des regulierten Markts und der der Börse nicht synonym verwendet werden.[139]

Die Unterscheidung der Begriffe Börse und organisierter Markt sind dem Umstand geschuldet, dass die Vorgaben der MiFID I in Deutschland nicht in einem einheitlichen Gesetz umgesetzt wurden, sondern u.a. im Börsengesetz sowie im Wertpapierhandelsgesetz. Der Begriff des organisierten Marktes dient als Anknüpfungspunkt, aber auch zur Einschränkung einer Reihe von Vorschriften des WpHG, wenn Berührungspunkte mit einem geregelten Markt i.S.d. MiFID I bestehen.[140] Der Begriff des organisierten Marktes ist insofern weiter als der der Börse, als dass auch multilaterale Systeme im Europäischen Wirtschaftsraum (EWR) erfasst werden.

2. *Multilaterale Handelssysteme*

Von der Marktkategorie des geregelten Marktes abzugrenzen sind multilaterale Handelssysteme (Multilateral Trading Facilities - MTF).[141]

---

136 Ferner kann zwischen Marktsegmenten unterschieden werden, wie z.B. der Prime Standard an der FWB. Es handelt sich hierbei um kraft Börsenordnung unterschiedlich geregelten Marktsegmenten, *Klöhn*, in: Langenbucher, Europäisierung des Privatrechts, 2. Aufl., § 6, Fn. 51. Ein weiteres Marktsegment ist der Freiverkehr, der nicht von der Börse, sondern seitens des Börsenträgers durchgeführt wird, § 48 Abs. 3 S. 1 BörsG. Es ist ein rein privatrechtlich organisiertes Marktsegment. Vgl. hierzu *Langenbucher*, Aktien- und Kapitalmarktrecht, § 13, Rn. 15.

137 *Heidelbach*, in: Schwark/Zimmer, KMRK, BörsG, § 33, Rn. 1; *Riess*, in: Was leistet die Börse unter der MiFID?, in: MiFID-Kompendium, S. 255, 256.

138 Ebda.

139 A.A *Grunewald/Schlitt*, Einführung in das Kapitalmarktrecht, 3. Aufl., S. 190; *Lutter/Bayer/Schmidt*, Europäisches Unternehmens- und Kapitalmarktrecht, 5. Aufl., § 17, Rn. 61. Vgl. detailliert zu dem rechtshistorischen Hintergrund des Begriffs des regulierten Marktes *Klöhn*, in: Langenbucher, Europäisierung des Privatrechts, 2. Aufl., § 6, Rn. 25.

140 *Kumpan*, in: Schwark/Zimmer, KMRK, 4. Aufl., WpHG, § 2, Rn. 118.

141 Diese werden auch als alternative Handelssysteme (Alternative Trading Systems - ATS) bezeichnet, da sie von privatrechtlich organisierten Unternehmen betrieben werden im Unterschied zu den staatlich betriebenen Börsen, siehe *Cohn*, ZBB 2002,

a) *Definition*

Gem. Art. 4 Abs. 1 Nr. 13 MiFID I ist ein MTF definiert als ein von einer Wertpapierfirma oder einem Marktbetreiber betriebenes multilaterales System, das die Interessen einer Vielzahl Dritter am Kauf und Verkauf von Finanzinstrumenten innerhalb des Systems und nach nichtdiskretionären Regeln in einer Weise zusammenführt, die zu einem Vertrag gemäß den Bestimmungen des Titels II der MiFID I führt. Ein wesentlicher Unterschied zu der Marktkategorie des geregelten Marktes ist, dass ein MTF nicht durch einen Marktbetreiber, sondern durch eine Wertpapierfirma betrieben wird. Eine Wertpapierfirma ist jede juristische Person, die im Rahmen ihrer üblichen beruflichen oder gewerblichen Tätigkeit gewerbsmäßig eine oder mehrere Wertpapierdienstleistungen für Dritte erbringt und/oder eine oder mehrere Anlagetätigkeiten ausübt, Art. 4 Abs. 1 Nr. 1 MiFID I. Wertpapierfirmen sind ausschließlich privatrechtlich organisierte Unternehmen, die die Anforderungen nach Titel II der MiFID I erfüllen müssen. Es handelt sich hierbei um Unternehmen der Finanzdienstleistungsbranche, die Wertpapierdienstleistungen oder Anlagetätigkeiten i.S.d. Anhang I Abschnitt A der MiFID I erbringen, die sich auf Finanzinstrumente i.S.d. Anhang I Abschnitt C der MiFID I beziehen, Art. 4 Abs. 1 Nr. 1 MiFID I.

Auch die Definition der Marktkategorie des MTFs kann in drei Kategorien unterteilt werden: (i) Die verantwortliche Entität für den Betrieb des geregelten Marktes, (ii) Regeln zur Organisation des Handels und (iii) Regeln zur Art des Handels.

Tabelle 2: Eigenschaften des MTFs.

Verantwortliche Entität	**Art des Handels**	**Organisation des Handels**
Wertpapierfirma	Multilaterales System • Interessen einer Vielzahl von Dritten werden dergestalt zusammengeführt, dass es zu einem Vertragsschluss kommt	• Handel erfolgt nach nichtdiskretionären Regeln • Organisation gemäß den Bestimmungen des Titels II der MiFID I

365, 367ff.; *Köndgen*, in: FS Lutter (2000), S. 1401ff.; *Oppitz*, ÖBA 2000, 1084; *Klock*, 51 Florida Law Review (1999), S. 754ff.; *Cohn-Heeren*, Regulierungskonzepte für Alternative Handelssysteme, S. 21ff.; *Assmann*, in: Assmann/Schütze, Handbuch des Kapitalanlagerechts, 3. Aufl. § 2, Rn. 280ff.; *Chouinard*, Financial System Review (2007), S. 45ff. Aufgrund der Eigentümerstruktur von ATS spricht man auch von proprietären Handelssystemen (Proprietary Trading Systems – PTS). Vgl. zum Begriff *Gomolka*, Algorithmic Trading, S. 75ff.; *Gomber*, Elektronische Handelssysteme, S. 56ff.; *Hammen*, WM 2001, 929f.

b) Umsetzung in Deutschland

Mit dem Inkrafttreten des FRUG wurde der Betrieb eines MTFs zu einer erlaubnispflichtigen Tätigkeit gem. § 1 Abs. 1a S. 2 Nr. 1b i.V.m. § 32 Abs. 1 KWG. Diese Tätigkeit stellt eine Wertpapierdienstleistung i.S.v. § 2 Abs. 3 S. 1 Nr. 8 WpHG dar. MTFs sind rechtlich als Wertpapierdienstleistungsunternehmen im Sinne des WpHG und als Finanzdienstleistungsinstitute i.S.d. KWG zu qualifizieren und unterstehen damit der Aufsicht der BaFin, die auch das Erlaubnisverfahren (i.S.v. § 32 KWG) durchführt, § 6 Abs. 1 KWG, § 4 Abs. 1 WpHG. Einer Erlaubnis einer Landesbörsenaufsichtsbehörde bedürfen MTFs mithin nicht, § 4 Abs. 1 BörsG. Die Pflichten von Betreibern eines MTFs ergeben sich aus den §§ 31f bis 31h WpHG.

In Europa existieren 151 MTFs, wobei das Gros der Marktbetreiber in Großbritannien ansässig ist.[142] Das wichtigste Handelssystem ist das von BATS Europe, das ein Handelsvolumen im europäischen Kapitalmarkt von ca. 20 % auf sich verbuchen kann.[143] Zum Vergleich, das Handelssystem Xetra der FWB besitzt lediglich einen Marktanteil von ca. 10 %.[144]

Eine besondere Art von MTF bildet der deutsche Freiverkehr i.S.v. § 48 BörsG. Der Freiverkehr ist kein Marktsegment, das der Börse zuzuordnen ist; es handelt sich bei diesem Segment um ein vom Börsenträger Deutsche Börse AG organisiertes und damit auf privatrechtlicher Grundlage betriebenes MTF.[145] Die Sonderstellung des Freiverkehrs resultiert daraus, dass er weder als geregelter Markt i.S.d. Art. 2 Abs. 1 Nr. 14 MiFID I einzustufen ist, noch handelt es sich bei seiner Veranstaltung um eine Wertpapierdienstleistung, §§ 2a Abs. 1 Nr. 13 WpHG, 2 Abs. 12 KWG. Vielmehr handelt es sich um einen Ausnahmetatbestand, der explizit für Marktbetreiber geschaffen wurde. Marktbetreiber können ein MTF unter den Voraussetzungen nach Art. 5 Abs. 2 MiFID I betreiben.[146] Dennoch sind zahlreiche Pflichten aus den Regelungsgebieten Börse und Betrieb eines MTFs nach deutschem Recht auf den Freiverkehr anwendbar (z.B. §§ 48 Abs. 3 S. 2 BörsG, 12 S. 1 Nr. 1 WpHG).[147]

142 ESMA, http://mifiddatabase.esma.europa.eu/, Stand 02.04.2017.

143 BATS Europe, https://www.batstrading.co.uk/market_data/market_share/index/, zuletzt abgerufen am 02.04.2017.

144 Ebda.

145 *Klöhn*, in: Langenbucher, Europäisierung des Privatrechts, 2. Aufl., § 6, Rn. 26.

146 Für MTFs, die von einem Marktbetreiber vor Inkrafttreten der MiFID betrieben wurden, gilt die Übergangsbestimmung nach Art. 71 Abs. 5 MiFID.

147 *Langenbucher*, Aktien- und Kapitalmarktrecht, 2. Aufl., § 13, Rn. 15.

3. *Systematische Internalisierung*

a) *Definition*

Die dritte Marktkategorie der MiFID I bildet die systematische Internalisierung. Ein systematischer Internalisierer wird definiert als eine Wertpapierfirma, die in organisierter und systematischer Weise häufig regelmäßig Handel für eigene Rechnung durch Ausführung von Kundenaufträgen außerhalb eines geregelten Marktes oder eines MTF treibt, Art. 4 Abs. 1 Nr. 7 MiFID I. Art. 21 Abs. 1 MiFID-DVO bestimmt die Kriterien, nach denen eine Handelsaktivität als systematische Internalisierung anzusehen ist: (i) Die Wertpapierdienstleistung der Internalisierung spielt im Geschäftsmodell des WPU eine wesentliche kommerzielle Rolle und wird nach nichtdiskretionären Regeln und Verfahren ausgeübt. Sie wird (ii) von Personal und/oder mittels eines automatisierten technischen Systems ausgeführt, das zu diesem Zweck vorgesehen ist und (iii) steht den Kunden auf regelmäßiger und kontinuierlicher Basis zur Verfügung.[148]

Auch die Definition der Marktkategorie der systematischen Internalisierung kann in drei Kategorien unterteilt werden: (i) Die verantwortliche Entität für den Betrieb des geregelten Marktes, (ii) Regeln zur Organisation des Handels und (iii) Regeln zur Art des Handels.

Tabelle 3: Eigenschaften eines systematischen Internalisierers.

Verantwortliche Entität	Art des Handels	Organisation des Handels
Wertpapierfirma	<u>Kontrahentensystem</u> • in organisierter und systematischer Weise häufig und regelmäßig • Handel für eigene Rechnung • Ausübung nach nichtdiskretionären Regeln und Verfahren • Außerhalb der Marktkategorien geregelter Markt und MTF	• Bestehen einer organisatorischen Infrastruktur, die eine Ausführung erlaubt, Art. 21 MiFID-DVO • Regelmäßiges und kontinuierliches Angebot an Kunden, Art. 21 MiFID-DVO • Art. 27, 28 MiFID I • Organisation gemäß den Bestimmungen des Titels II der MiFID I bzgl. den Anforderungen, die für Wertpapierfirmen allgemein gelten

148 CESR/05–290 b, CESR's Technical Advice on Possible Implementing Measures of the Directive 2004/39/EC on Markets in Financial Instruments, S. 59 Box 20. Zusammenfassend *Kumpan*, in: Schwark/Zimmer, KMRK, WpHG, § 2, Rn. 127ff.; *Mutschler*, Internalisierung der Auftragsausführung im Wertpapierhandel, S. 49ff.

Die MiFID I erfasst mit der systematischen Internalisierung sog. Internalisierungssysteme, die auf bilateraler Ebene Handelsaufträge ausführen.[149] Diese Systeme werden u.a. von Finanzdienstleistern eingesetzt, die ausreichend Eigenhandelsaktivitäten aufbringen, um die im Rahmen ihrer Tätigkeit anfallenden Wertpapieraufträge intern zusammenzuführen, ohne dass Aufträge an einen Wertpapiermarkt geleitet werden müssen.[150] Das Wertpapierhaus führt korrespondierende Kundenaufträge aus, indem es sich zwischen den Handelspartnern positioniert und jeweils als Käufer oder Verkäufer auftritt und Vertragspartei für beide Kunden wird (sog. inhouse matching).[151]

b) Umsetzung in Deutschland

Das Marktordnungsrecht der EU erfasst nicht alle Formen des internalisierten Handels. So werden gesetzliche Anforderungen nur in Bezug auf die systematische Internalisierer etabliert.[152] Gleiches gilt auch für die deutsche Rechtslage. Mit dem Inkrafttreten des FRUG wurde die systematische Internalisierung zu einer erlaubnispflichtigen Tätigkeit und dem Eigenhandel zugeordnet gem. § 1 Abs. 1a S. 2 Nr. 4 lit. b) i.V.m. § 32 Abs. 1 KWG. Ferner ist die systematische Internalisierung eine Wertpapierdienstleistung i.S.v. § 2 Abs. 3 Nr. 4 WpHG. Die Pflichten, die im Rahmen der Systematischen Internalisierung zu beachten sind, ergeben sich aus den §§ 32–32d WpHG.

4. Wichtigste Abgrenzungskriterien

Fraglich ist, anhand welcher Kriterien die Marktkategorien voneinander abzugrenzen sind.

a) Multilaterale Systeme vs. bilaterale Systeme

Nach der gesetzgeberischen Intention schließen sich multilaterale und bilaterale Systeme aus.[153] Wesentliches Abgrenzungsmerkmal zwischen geregelten Märkten und MTFs auf der einen und der systematischen Internalisierung auf

149 Erwägungsgrund Nr. 6 MiFID. Zu der Unterscheidung generell *Bröcker*, in: Claussen, Bank- und Börsenrecht, § 6, Rn. 19; *Assmann*, in: Assmann/Schütze, Handbuch des Kapitalanlagerechts, 3. Aufl. § 2, Rn. 281.

150 *Köndgen*, FS H. Schmidt (2006), S. 283ff.

151 *Davies/Dufour/Scott-Quinn*, in: Ferrarini/Wymeersch, Investor Protection in Europe, S. 163, 166.

152 *Köndgen*, FS H. Schmidt (2006), S. 283ff.

153 Erwägungsgrund Nr. 6 der MiFID I.

der anderen Seite ist folglich die Multilateralität des Systems. Erwägungsgrund Nr. 6 der MiFID I erläutert den Systembegriff der MiFID I: Der Begriff „System" umfasst sowohl die Märkte, die aus einem Regelwerk und einer Handelsplattform bestehen, als auch solche, die ausschließlich auf der Grundlage eines Regelwerks funktionieren. Geregelte Märkte und MTFs müssen keine „technischen" Systeme für das Zusammenführen von Aufträgen betreiben. Ein Markt, der nur aus einem Regelwerk besteht, das Fragen in Bezug auf die Mitgliedschaft, die Zulassung von Finanzinstrumenten zum Handel, den Handel zwischen Mitgliedern, die Meldung von Geschäften und gegebenenfalls die Transparenzpflichten regelt, ist ein geregelter Markt oder ein MTF im Sinne der MiFID I.

Aus den Definitionen des geregelten Markts bzw. des MTFs lässt sich entnehmen, dass eine Multilateralität zumindest dann gegeben ist, wenn die Interessen einer Vielzahl von Dritten dergestalt zusammengeführt werden, dass dies in einen Vertragsschluss mündet. Wesentliches Merkmal eines multilateralen Systems ist folglich die Interaktionsmöglichkeit der Interessen einer Vielzahl von Dritten. Die Art und Weise der Interaktion ist dabei ausweislich Erwägungsgrund Nr. 6 der MiFID I irrelevant, denn der Begriff „Interesse am Kauf und Verkauf", der in den Definitionen des geregelten Markts und des MTFs zu finden ist, ist im weiten Sinne zu verstehen und schließt Aufträge, Kursofferten und Interessenbekundungen ein. Die Argumentation, dass ein System als bilateral zu qualifizieren ist, etwa weil es auf Basis von Kursofferten den Handel ermöglicht, die eine Interaktion nur zwischen zwei Parteien bedingt, geht daher fehl. Maßgeblich für die Multilateralität des Systems ist allein, dass innerhalb eines Systems die Handelsteilnehmer untereinander handeln können, d.h. die Interessen einer Vielzahl von Dritten interagieren können, selbst wenn zwei Parteien isoliert mit einander handeln.[154]

Ein bilaterales System liegt dagegen vor, wenn der Systembetreiber selbst zur Gegenpartei des Geschäfts wird.[155] Dies wird aus der Definition der systematischen Internalisierung ersichtlich („Handel für eigene Rechnung durch Ausführung von Kundenaufträgen").

b) *Verantwortliche Entität für den Betrieb und die Organisation des Handels*

Ein weiteres maßgebliches Abgrenzungskriterium zwischen den Marktkategorien ist die Frage, welche Entität für den Betrieb und die Organisation des Handels verantwortlich ist. Bei den geregelten Märkten ist dies entweder der

154 *Kumpan*, Schwark/Zimmer, KMRK, 4. Aufl., WpHG, § 2, Rn. 90.
155 *Kumpan*, in: Schwark/Zimmer, KMRK, 4. Aufl., WpHG, § 2, Rn. 90.

Marktbetreiber oder der geregelte Markt selbst. Bei MTFs bzw. der systematischen Internalisierung ist dies ausschließlich eine Wertpapierfirma.

II. Der außerbörsliche Handel

1. Einordnung in das Marktordnungsrecht

Eine Kategorisierung der Kapitalmarktinfrastruktur wäre ohne den außerbörslichen Handel (sog. over the counter-Handel – „OTC-Handel") unvollständig. Der OTC-Handel erfasst primär Geschäfte zwischen Banken und anderen institutionellen Investoren wie z.B. Versicherungen, Pensionskassen, Investmentfonds. Die Geschäfte werden dabei über Telefon oder auf elektronischen Handelsplattformen abgewickelt.[156] Bis zum Inkrafttreten des FRUG im November 2007 war eine klare juristische Abgrenzung zwischen dem börslichen und außerbörslichen Handel nur mit Schwierigkeiten möglich, da der Begriff der Börse nicht legaldefiniert war.[157] Heutzutage erfolgt die Abgrenzung zwischen dem börslichen und außerbörslichen Handel über die Marktkategorien der MiFID I: Alles, was nicht diesen Marktkategorien zugeordnet werden kann, ist außerbörslich.[158] Obgleich keine Beaufsichtigung stattfindet, ist die tatsächliche Bedeutung des außerbörslichen Handels hoch. Im Jahr 2015 wurden ca. 42 % des Wertpapierhandels in der EU außerbörslich ausgeführt.[159]

Fraglich ist, ob der außerbörsliche Handel ebenfalls eine eigene rechtliche Kategorie innerhalb des Marktordnungsrechts der MiFID I ist und damit seiner hohen Bedeutung entsprechend berücksichtigt wurde. Tatsächlich wurde diese Form des Wertpapierhandels nur implizit durch das Marktordnungsrecht erfasst.[160] Der EU-Gesetzgeber traf keine eigenständige Regelungen für den außerbörslichen Handel im Rahmen der MiFID I; der Begriff wird auch nur an zwei Stellen überhaupt erwähnt. So lautet Erwägungsgrund Nr. 53 der MiFID I:

---

156 *Grunewald/Schlitt*, Kapitalmarktrecht, 2. Aufl., S. 5; *Lenenbach*, Kapitalmarktrecht, 2. Aufl., Rzu. 1.35.

157 Dies ist vor allem der bis dahin nicht existenten formalen Definition einer Börse geschuldet. Vgl. bzgl. der Abgrenzung von Börsen zu alternativen Handelssystemen *Cohn-Heeren*, Kapitalmarktrechtliche Regulierungskonzepte für Alternative Handelssysteme, S. 52ff.; *Stenzel*, Außerbörslicher Handel in Aktien, S. 19ff., 32ff.; *Assmann*, in: Assmann/Schütze, Handbuch des Kapitalanlagerechts, 3. Aufl. § 2, Rn. 277ff.

158 *Klöhn*, in: Langenbucher, Europäisierung des Privatrechts, 2. Aufl., § 6, Rn. 26.

159 *OECD*, OECD Business and Finance Outlook 2016, S. 119, 120; 2010: *Gomber/Pierron*, MiFID, S. 28.

160 Erwägungsgrund Nr. 53 MiFID.

„Mit dieser Richtlinie wird nicht beabsichtigt, die Anwendung von Vorhandelstransparenzanforderungen auf Geschäfte auf OTC-Basis vorzuschreiben, zu deren Merkmalen gehört, dass sie ad hoc und unregelmäßig erfolgen, zwischen Gegenparteien im Großhandel ausgeführt werden und Teil einer Geschäftsbeziehung sind, die selbst wiederum von Geschäften charakterisiert wird, die über die Standardmarktgröße hinausgehen, und dass die Geschäfte außerhalb der von der betreffenden Wertpapierfirma für ihr Geschäft als systematischer Internalisierer gewöhnlich verwendeten Systeme ausgeführt werden." Zugleich wird im Annex 1, Tabelle 1 der MiFID-DVO festgelegt, dass die Bezeichnung „OTC" im Rahmen der Berichterstattung nach den MiFID-Transparenzanforderungen benutzt werden kann, um anzuzeigen, dass eine Transaktion außerhalb der beiden Handelsplätze geregelter Markt, MTF oder der systematischen Internalisierung erfolgte. Weitere Erwähnung findet der Begriff des außerbörslichen Handels nicht. Insbesondere wird der außerbörsliche Handel nicht ausdrücklich als Marktkategorie der MiFID I festgelegt.

Gomber und *Pierron* argumentieren in diesem Kontext, dass es eine vierte Kategorie aufgrund des Ausschlussprinzips geben muss. Dafür spräche, dass die MiFID I keine weiteren Marktkategorien definiere als die drei Kategorien des geregelten Marktes, des multilateralen Handelssystems und der systematischen Internalisierung und dass Erwägungsgrund Nr. 53 der MiFID I als Merkmal des außerbörslichen Handels festlege, dass dieser außerhalb der von der betreffenden Wertpapierfirma für ihr Geschäft als systematischer Internalisierer gewöhnlich verwendeten Systeme ausgeführt werden.[161] Vergleiche man ferner Art. 21 Abs. 3 MiFID-DVO und Erwägungsgrund Nr. 53 der MiFID I falle auf, dass diese Merkmale gemein haben, die dem Begriff des außerbörslichen Handels zuzuordnen sind:

- Die Tätigkeit wird bilateral ad hoc und unregelmäßig
- mit Gegenparteien im Großkundenhandel ausgeführt und
- ist Teil einer Geschäftsbeziehung, die selbst wiederum von Geschäften charakterisiert wird, die über die Standardmarktgröße hinausgehen;
- die Geschäfte werden auf andere Art und Weise ausgeführt als durch den Einsatz der Systeme, die die Wertpapierfirma üblicherweise für solche Geschäfte einsetzt, die sie in ihrer Eigenschaft als systematischer Internalisierer abschließt.[162]

Dem Auslegungsergebnis ist dahingehend zuzustimmen, dass über das Ausschlussprinzip bestimmt werden kann, was im Rahmen des Marktordnungsrechts

161 *Gomber/Pierron*, MiFID, S. 12, Fn. 2.

162 *Gomber/Pierron*, MiFID, S. 12f.

als außerbörslichen Handel angesehen werden kann. Der außerbörsliche Handel ist einer Zuordnung zu den aufsichtsrechtlich erfassten Institutionen geregelter Markt, multilaterales Handelssystem und systematischer Internalisierer entzogen, wie sich aus der dargestellten Auslegung der MiFID I und der MiFID-DVO ergibt.[163] Konsequenz dieser Auslegung ist[164], dass eine rigorose Anwendung des Tatbestandsmerkmals der bilateralen, unregelmäßigen und ad hoc durchgeführten Transaktion generell den Einsatz von Handelssystemen ausschließt, da diesen immanent ist, dass nach vordefinierten Regeln Aufträge zusammengeführt werden, was im Widerstreit mit den Anforderungen „unregelmäßig“ und „ad hoc“ steht. Eine Beschränkung auf einen bilateralen Handel schließt multilateralen Wertpapierhandel (also das Zusammenführen einer Vielzahl von Kundenaufträgen zur Auftragsausführung, wie dies bei geregelten Märkten und multilateralen Handelssystemen der Fall ist) aus, was ebenfalls durch die Erwägungsgründe Nr. 6 und 44 der MiFID I gestützt wird. Die Anforderung „mit Gegenparteien im Großkundenhandel ausgeführt“ schließt den Wertpapierhandel mit Privatkunden im außerbörslichen Handel aus. Ferner schließt die Anforderung „die Geschäfte werden auf andere Art und Weise ausgeführt als durch den Einsatz der Systeme, die die Wertpapierfirma üblicherweise für solche Geschäfte einsetzt, die sie in ihrer Eigenschaft als systematischer Internalisierer abschließt“ aus, dass Transaktionen im Rahmen einer systematischen Internalisierung abgeschlossen werden. Damit kann der außerbörsliche Handel nur in solchen Institutionen geschehen, die nicht den Kategorien geregelter Markt, multilaterales Handelssystem oder der systematischen Internalisierung zuzuordnen ist. Ferner ist aus Merkmalen des außerbörslichen Handels zu schließen, dass es sich im Vergleich zu den anderen Marktkategorien um eine Ausnahme handelt – der von der MiFID I erfasste Wertpapierhandel soll auf den dafür vorgesehenen Marktkategorien ablaufen.[165]

Dies ist auch auf einer Linie mit den anderen Regelungszielen der MiFID I, insbesondere mit dem Ziel der Herstellung und Gewährleistung eines Wettbewerbs der Handelsplätze untereinander (sog. market for markets-Ansatz).[166] Es ist nicht nur Aufgabe der MiFID I einheitliche Wettbewerbsbedingungen für Wertpapierfirmen herzustellen; vielmehr werden erstmals für Marktbetreiber Wettbewerbsbedingungen formuliert, und damit Wertpapierfirmen und geregelte Märkte in einen direkten Wettbewerb (im Rahmen des Wettbewerbs

163 *Kumpan*, in: Schwark/Zimmer, KMRK, WpHG, § 2, Rn. 130.

164 *Gomber/Pierron*, MiFID, S. 13.

165 *Gomber/Pierron*, MiFID, S. 28.

166 *Europäische Kommission*, KOM(2002), 625 endg., S. 10f. (= ZBB 2002, 545)

um Orders) gestellt.[167] Der EU-Gesetzgeber begründet diesen Schritt mit einer Abkehr vom sog. Börsenvorrang der Wertpapierdienstleistungsrichtlinie, die vorsah, dass Aufträge grundsätzlich über die Börsen auszuführen sind.[168] Der market for markets-Ansatz würde unterlaufen, würde die MiFID I es gestatten, dass der außerbörsliche Handel die Regel darstellen soll. Denn dann würden die Aufsichtsanforderungen an den Betrieb von geregelten Märkten, multilateralen Handelssystem und systematischen Internalisieren umgangen werden können, sodass Marktbetreiber keine einheitlichen Wettbewerbsbedingungen vorfänden.

Tatsächlich ist dies jedoch der Fall. In ihrer MiFID-Studie wiesen *Gomber/ Pierron* darauf hin, dass der OTC-Handel einen signifikanten und stabilen Marktanteil von ca. 40 % besäße und dass ein Großteil der Transaktionen, die im außerbörslichen Bereich ausgeführt werden, nicht über der Standardmarktgröße liege, dem MiFID-Schwellenwert für kleine Marktgrößen.[169] Damit werden die aufsichtsrechtlichen Anforderungen der MiFID I unterlaufen – sowohl mit Blick auf die vom europäischen Gesetzgeber intendierte Ordnung der Kapitalmarktinfrastruktur als auch in Hinblick auf die Herstellung und Gewährleistung gleicher Wettbewerbsbedingungen.

2. *Verborgene Liquidität*

Auch das Phänomen der verborgenen Liquidität ist primär dem außerbörslichen Bereich zuzuordnen. Zwar lassen sich dafür vorgesehene Handelsplattformen nicht klar einer Marktkategorie zuordnen, da diese im Rahmen von allen Marktkategorien der MiFID I betrieben werden können.[170] Das Gros dieser Handelsplattformen hat seine Handelsaktivität jedoch klar im außerbörslichen Bereich.[171]

---

167 Ebda, ZBB 2002, 545, 548ff.; zum Wettbewerbsziel der MiFID *Köndgen*, in: FS H. Schmidt, S. 281ff.; *Oppermann/Classen/Nettesheim*, Europarecht, 5. Aufl., § 31, Rn. 3, 10; *Gomber/Pierron*, MiFID, S. 7f.

168 Faktisch hat der Wettbewerb schon viel früher durch die Entwicklungen in der Informations- und Kommunikationstechnologie begonnen einhergehend mit der Ermöglichung durch einfache Klicks an verschiedenen Börsen simultan zu handeln, *Horn*, Europäisches Finanzmarktrecht, S. 32.

169 *Gomber/Pierron*, MiFID, S. 28; siehe auch *OECD*, OECD Business and Finance Outlook 2016, S. 119, 120; ca. 35 % für das Jahr 2015: *Gomber/Gvozdevskiy*, in: Regulation of the EU Financial Markets, Rn. 14.02.

170 Siehe hierzu im 3. Kapitel unter D.II.

171 *Gomber/Pierron*, MiFID, S. 29, 32ff.; *Gomber/Nassauer*, ZBB 2014, S. 250, 252; *Gomber*, The German Equity Trading Landscape, S. 7f.; *Gresse*, Effects of Lit and Dark Market Fragmentation on Liquidity, S. 11.

Dies ist vor allem dem Umstand geschuldet, dass die adversen Effekte, die bei der Ausführung von großen Ordervolumen an einer regulären Börse (durch Offenlegung der Blockorder) entstehen können, gerade im außerbörslichen Bereich nicht entstehen.[172]

Gesetzlich nicht erfasst sind der Telefonhandel und andere Typen der Internalisierung wie z.B. der Handel über sog. Broker Crossing Networks (BCN)[173]. Diese Arten der Auftragsausführung sind dem außerbörslichen Wertpapierhandel zuzuordnen.[174] BCNs sind Broker-Handelsplattformen, die außerhalb von organisierten Wertpapiermärkten Aufträge zusammenführen und zur Preisfeststellung Referenzpreissysteme verwenden, sodass keine eigene Preisfeststellung stattfindet.[175] BCN besitzen einen Marktanteil im Aktienhandel von 19%.[176]

3. *Zwischenergebnis*

Das Marktordnungsrecht der MiFID I schafft die rechtlichen Kategorien zur Herstellung der EU-Kapitalmarktinfrastruktur. Neben den ausdrücklich normierten Kategorien des geregelten Marktes, des multilateralen Handelssystems und der systematischen Internalisierung wird auch der außerbörsliche Handel von der MiFID I mittelbar definiert. Eine Auslegung der Regeln zur Marktinfrastruktur ergibt, dass dem außerbörslichen Handel Ausnahmecharakter zukommt. Gleichwohl ist dies nicht der Fall, da auf den außerbörslichen Handel ein signifikanter Marktanteil entfällt. Damit werden die aufsichtsrechtlichen Anforderungen der MiFID I unterlaufen und der Verdacht liegt nahe, dass die MiFID I ihre Regelungsziele im Bereich der Marktordnung nicht erreichen kann. Das Phänomen der verborgenen Liquidität ist ferner dem Bereich des außerbörslichen Handels zuzuordnen. Es besteht die Gefahr, dass eine unbeaufsichtigte Bereitstellung von verborgener Liquidität den Steuerungsmechanismus der MiFID I im Rahmen des Paradigmas der Marktfragmentierung negativ beeinträchtigt.

---

172 *Gerke/Rasch*, Die Bank 1992, S. 193.

173 Crossing Networks werden in diesem Kapitel unter Abschnitt B. II.1.b.bb. näher behandelt.

174 *Hoops*, RdF 2017, 14f.; *Gomber,/Pierron*, MiFID, S. 6, 33.

175 *Gomber/Pierron*, MiFID, Fn. 3 und S. 56ff.; *CESR*, CESR Technical Advice to the European Commission in the Context of the MiFID Review – Equity Markets, CESR/10-394, April 2010, S. 27; *De Jong/Rindi*, Microstructure of Financial Markets, S. 11.

176 *Gomber/Pierron*, MiFID, S. 34.

III. Marktmodelle und ihre rechtliche Erfassung als Handelssysteme

Das Marktordnungsrecht der EU erfasst nicht nur die Marktinstitution als solche, sondern darüber hinaus auch das konkrete Handelssystem, das für die Marktveranstaltung verantwortlich ist. Es handelt sich hierbei um die aufsichtsrechtliche Erfassung von verschiedenen Marktmodellen, die festlegen, nach welchen Regeln die Aufträge der Marktteilnehmer in einem Handelssystem eines Wertpapiermarktes zusammengeführt werden und legt ferner die Art und Weise der Feststellung der Wertpapierpreise fest. Die Einordnung eines bestimmten Handelssystems zu einer Kategorie des Marktordnungsrechts sagt jedoch wenig über die tatsächliche Art und Weise der Auftragsausführung aus.[177] Das EU-Kapitalmarktrecht definiert auf Grundlage der Basistypen der tatsächlich eingesetzten Marktmodelle eine eigene Ordnung der möglichen Handelssysteme.

1. Basistypen von Marktmodellen

Die Grundtypen von real existierenden Wertpapiermärkten lassen sich in Auktionsmärkten und Händlermärkten unterteilen.

a) Händlermärkte

In einem Händlermarkt[178] handeln die Marktteilnehmer nicht unmittelbar miteinander, da Transaktionen nur mit marktveranstaltenden Händlern zustandekommen.[179] Die Händler halten ein Inventar der von ihnen angebotenen Wertpapiere und sind grundsätzlich jederzeit bereit, diese zu kaufen oder zu verkaufen. Damit stellen sie dem Markt Liquidität zur Verfügung.[180] Verpflichtet sich ein Händler gegenüber einem Handelsplatz zur Liquiditätsbereitstellung werden sie Market Maker

---

177 Zu unterscheiden ist die rechtliche Zusammenführung im Rahmen eines Kaufvertrages und eines anschließenden Clearing und Settlement-Prozesses. Vgl. zu den schuld- und verfügungsrechtlichen Grundlagen im Wertpapierhandelsprozess *Lenenbach*, Kapitalmarktrecht, 2. Aufl., Rn. 4.45ff und 6.119ff.; *Starke*, in: Kümpel/Wittig, Bank- und Kapitalmarktrecht, 4. Aufl., Rn. 17.8ff.; *Einsele*, WM 2001, 7ff.

178 Synonym zu dem Begriff des Händlermarktes werden ferner die Begriffe quote-driven market oder quote-basierter Markt benutzt, vgl. *Harris*, Trading and Exchanges, S. 92; vgl. ferner zum Begriff und Tätigkeit des Dealers *Harris*, Trading and Exchanges, S. 278ff. Teilweise wird auch der Begriff des Notierungsverfahrens verwendet, *Franke*, in: Assmann/Schütze, Handbuch des Kapitalanlagerechts, 3. Aufl., § 2, Rn. 71.

179 Vgl. zu Händlermärkten *Rudolph/Röhrl*, in: Hopt/Rudolph/Baum, Börsenreform, S. 143, 194f.; *Harris*, Trading and Exchanges, S.

180 *Assmann*, in: Assmann/Schneider, WpHG, 6. Aufl., § 2, Rn. 73b.

genannt.[181] Im Gegenzug erhalten sie seitens des Marktbetreibers Privilegien, z.B. einen teilweisen Erlass der Transaktionsentgelte bei Tätigung eigener Geschäfte.[182]

Die Liquiditätsbereitstellung kann auch gegenüber den Marktteilnehmern entgeltlich erfolgen und drückt sich in dem Geld-Brief-Kurs aus.[183] Hierunter versteht man den Preis, zu dem der Händler bereit ist zu kaufen (Briefkurs – engl.: Ask) oder zu verkaufen (Geldkurs – engl. Bid).[184] Die Spanne zwischen diesen beiden Kursen (Bid/Ask-Spread) besteht aus der Höhe der Kosten, die der Händler zu tragen hat zuzüglich seiner Gewinnmarge.[185] Die Händler sind darauf bedacht, solche Preise anzubieten, zu denen sie ein Gleichgewicht aus Kaufs- und Verkaufsangeboten generieren können, da sie auf diesem Wege einen sicheren Gewinn erhalten und das Inventarrisiko auf ein Minimum reduzieren.[186] Da sie zu diesem Zweck den Markt sondieren müssen, um das Gleichgewicht zwischen Angebot und Nachfrage zu finden, kommt ihnen ferner eine Preisfindungsfunktion zu; sie „entdecken" fortlaufend den Marktpreis.[187]

b) *Auktionsmärkte*

aa) Allgemeines

Die meisten Handelsplätze auf dem Kapitalmarkt werden als Auktionsmärkte[188] betrieben.[189] Zentrales Element eines Auktionsmarkts ist das Orderbuch. Hier werden alle Kauf- und Verkaufsorder, die nicht sofort ausführbar sind,

---

181 Siehe in diesem Kapitel im Abschnitt A.II.3.

182 *Harris*, Trading and Exchanges, S. 401.

183 *Schwartz/Francioni*, Equity Markets in Action, S. 191; *Gerke/Rapp*, DBW 54 (1994), S. 1, 7; *Bösch*, Derivate, S. 9.

184 *Rudolph/Röhrl*, in: Hopt/Rudolph/Baum, Börsenreform, S. 143, 174f; *Franke*, in: Assmann/Schütze, Handbuch des Kapitalanlagerechts, 3. Aufl., § 2, Rn. 79.

185 Konkret setzt sich der Bid/Ask-Spread aus Inventar- und Insiderkosten zusammen sowie dem Gewinn. Inventarkosten sind diejenigen Kosten, die durch das fortlaufende Vorhalten der angebotenen Wertpapiere entstehen. Insiderkosten werden durch den Handel mit besser informierten Marktteilnehmern verursacht.

186 *Rudolph/Röhrl*, in: in: Hopt/Rudolph/Baum, Börsenreform, S. 143, 175f.

187 *Rudolph/Röhrl*, in: in: Hopt/Rudolph/Baum, Börsenreform, S. 143, 195f.

188 Synonym zu dem Begriff der Auktionsmärkte werden auch die Begriffe Order-Markt oder order-driven market und auction market verwendet, Stoll, in: *Constantinides/Harris/Stulz*, Handbook of the Economics of Finance, Vol. 1A, S. 553, 557.

189 *Harris*, Trading and Exchanges, S. 112ff.; *Klöhn*, Kapitalmarkt, Spekulation und Behavorial Finance, S. 43; *Schwartz/Francioni*, Equity Markets in Action, S. 156ff.

in elektronischer Form gesammelt.[190] Den Kauf- und Verkaufsinteressenten ist es dabei gestattet, untereinander direkt zu handeln, ohne dass sie auf einen HandelsFinanzintermediär wie z.B. einem Market Maker angewiesen sind.[191] Der Handel wird durch die Wertpapierkauf- und Verkaufsaufträge (Orders oder Handelsaufträge) der Handelsteilnehmer und den Handelsregeln, nach denen die Handelsaufträge zusammengeführt (sog. order matching rules, Ausführungsregeln) werden, ermöglicht. Die Orders im Orderbuch werden nach bestimmten Regeln geordnet (z.B. Limit-Preis, Zeitstempel, Volumen – sog. order precedence rules) und dementsprechend der Preis für die Transaktion festgestellt wird (sog. trade pricing rules, Preisregeln).[192] Auktionsmärkte unterscheiden sich in Abhängigkeit zur Ausgestaltung der Ausführungs- und Preisregeln, die auf dem Handelsplatz zum Einsatz kommen.

In elektronischen Börsensystemen kommen zentrale Limit-Orderbücher (Central Limit Order Books – CLOB) zum Einsatz, die Kauf- und Verkaufsaufträge annehmen und mit bereits im Orderbuch befindlichen korrespondierenden Handelsaufträge elektronisch zusammenführt.[193] Zwar wird eine Vielzahl von Ordertypen im elektronischen Handel unterstützt, die beiden Grundtypen, auf denen weitere Ordertypen basieren, sind der Bestensauftrag (sog. Market Order) und der Limitauftrag (sog. Limit Order).[194] Ein Limitauftrag besteht aus der Spezifikation der gewünschten Quantität zu einem maximalen Preis (Limitauftrag gerichtet auf Kauf) oder zu einem Minimumpreis (Limitauftrag gerichtet auf Verkauf). Die Festsetzung des Limits garantiert eine Ausführung zu dem definierten Preis (oder besser). Der Investor trägt allerdings das Ausführungsrisiko, da die Ausführung eine korrespondierende Order auf der

---

190 *Rudolph/Röhrl*, in: Hopt/Rudolph/Baum, Börsenreform, S. 143, 208; *Büschgen*, Börsen-Lexikon, 22. Aufl., S. 1130. Das Orderbuch aggregiert alle limitierten und unlimitierten Orders und listet diese nach vordefinierten Prioritätsregeln auf. Vgl. *Schenk*, Informationstechnologie und Börsensysteme, S. 112f.; *Gomber*, Elektronische Handelssysteme, S. 19. Man spricht insofern auch von einem *Liquiditätspool*, da das Orderbuch eine Auflistung sofort ausführbarer Orders enthält, *Schwartz/Francioni*, Equity Markets in Action, S. 157ff.

191 *Harris*, Trading and Exchanges, S. 112; *Schwartz/Francioni*, Equity Markets in Action, S. 191ff.

192 Vgl. *Harris*, Trading and Exchanges, S. 156ff; *Klöhn*, Kapitalmarkt, Spekulation und Behavorial Finance, S. 43; *Schwartz/Francioni*, Equity Markets in Action, S. 156ff.

193 *Ende/Muntermann*, MKWI 2010, 1897, 1898; *Gomber*, Elektronische Handelssysteme, S. 19f.

194 siehe ausführlich *Harris*, Trading and Exchanges, S. 82ff.; *Schwartz/Francioni*, Equity Markets in Action, S. 157ff; *Abergel et al.*, Market Microstructure, S. 41f.

Gegenseite bedingt.[195] Ist keine korrespondierende Order vorhanden, wird der Limitauftrag in das Orderbuch übertragen und versorgt den Markt mit Liquidität[196]. Eine Bestensauftrag hingegen spezifiziert nur die Quantität und wird zum am Markt bestmöglichen Preis ausgeführt. Sie wird in jedem Falle ausgeführt werden, sofern genügend Liquidität vorhanden ist. Allerdings trägt der Investor das Preisrisiko des Marktes.

CLOBs können zwei unterschiedliche Handelsmodelle einsetzen. Als fortlaufend (continuous) wird der Auktionsmarkt bezeichnet, wenn es den Handelsteilnehmern während einer festgelegten Handelsperiode möglich ist, beliebig Handelsaufträge zu senden, die vom Handelssystem zusammengeführt werden.[197] Handelt es sich hingegen um einen Auktionsmarkt, der Handelsaufträge nur zu vorher festgelegten Zeitpunkten (sog. Calls) zusammenführt, handelt es sich um einen Call-Markt.[198]

bb) Crossing Networks

Crossing Networks (oder BCNs) sind order-basierte Märkte[199], die sich nicht der Kategorie der Auktionsmärkte zuordnen lassen.[200] Im Unterschied zu Auktionsmärkten findet in einem BCN keine Preisfeststellung statt.[201] Die Wertpapierpreise werden von preisfeststellenden Märkten, meist Börsen, importiert (sog. Referenzmärkte).[202] Dieses Marktmodell hat sich besonders für Blockhandelstransaktionen bewährt, da der Transaktionspreis schon vorher bekannt und damit unabhängig von der Ordergröße ist.[203] Eine Ausführung

---

195 *Schwartz/Francioni*, Equity Markets in Action, S. 159; *Harris*, Trading and Exchanges, S. 82ff.

196 Insofern spricht man auch von einem Liquiditätspool, siehe Fn. 191.

197 *Schwartz/Francioni*, Equity Markets in Action, S. 157.

198 *Harris*, Trading and Exchanges, S. 90f.

199 Teilweise werden sie auch den bilateralen Systemen zugerechnet. Dies ist jedoch für die Untersuchung nicht von Relevanz.

200 Vgl. ausführlich zu Crossing-Systemen *Harris*, Trading and Exchanges, S. 132ff.; *De Jong/Rindi*, Microstructure of Financial Markets, S. 11.;

201 *Degyrse*, Competition between financial markets in Europe, S. 97. Die SEC definiert Crossing Networks daher wie folgt: "systems that allow participants to enter orders to buy and sell securities, these orders are crossed at a specified time at a price derived from another market", Regulation of Exchanges and Alternative Trading Systems, Release Number 34-40760.

202 Diese Art der Preisfeststellung wird derivative Preisfeststellung genannt.

203 *Gomber/Gvozdevskiy*, in: Regulation of the EU Financial Markets, Rn. 14.19. *Degryse/Van Achter/Wuyts*, Crossing Networks, TILEC Discussion Paper, S. 1.

wird in den Systemen allerdings nicht garantiert, was zu Opportunitätskosten führen kann.[204]

Aus marktstruktureller Sicht stehen BCNs erheblich in der Kritik. Referenzpreissysteme ziehen den preisfeststellenden Märkten Handelsaufträge ab und führen damit zu einer Fragmentierung des Orderflusses.[205] Handelsaufträge sind für die Preisfeststellung von entscheidender Bedeutung, da sie die wesentlichen Informationen enthalten, die das Angebots und die Nachfrage in einem bestimmten Wert widerspiegeln. Je fragmentierter die Marktlandschaft und je weniger preisfeststellende Institutionen im Markt vorhanden sind, desto ungenauer werden die Wertpapierpreise.[206] Eine starke Verbreitung von Referenzpreissystemen kann für eine Kapitalmarktinfrastruktur daher „selbstzerstörerisch“[207] sein.

2. Handelssysteme im europäischen Marktordnungsrecht

Während Handelsplätze die Marktveranstaltung gewährleisten, ermöglichen Handelssysteme den individuellen Handel mit Wertpapieren. Der Begriff des Handelssystems erfasst alle Handelsregeln, die bestimmen, wie ein Wertpapierhandelsgeschäft zustande kommt.[208] Im EU-Kapitalmarktrecht werden dabei vier Typen von Handelssystemen unterschieden, Orderbuch-Handelssysteme, Market-Maker-Handelssysteme, Handelssysteme basierend auf periodischen Auktionen und hybride Systeme, Art. 17 MiFID-DVO i.V.m. Anhang II Tabelle 1 MiFID-DVO. Die zu veröffentlichenden Informationen im Rahmen der Vorhandelstransparenzanforderungen der MiFID I variieren je nach im Einsatz befindlichen Marktmodell.

a) Orderbuch-Handelssysteme

Ein Orderbuch-Handelssystem ist ein System, das mittels eines Orderbuchs und eines Handelsalgorithmus ohne menschliche Intervention Verkaufsorder mit Kaufordern auf der Grundlage des bestmöglichen Preises zusammenführt.[209]

---

204 *Degryse/Van Achter/Wuyts*, Crossing Networks, TILEC Discussion Paper, S. 14.

205 *Picot/Bortenlänger/Röhrl*, Börsen im Wandel, S. 134ff.; *Bortenlänger*, Börsenautomatisierung, S. 52f.

206 Zu den negativen Auswirkungen von Referenzpreissystemen siehe im 2. Kapitel unter B.II.

207 *Gomber*, Elektronische Handelssysteme, S. 71.

208 Erwägungsgrund Nr. 6 MiFID; ferner *Klöhn*, in: Langenbucher, Europarechtliche Bezüge des Privatrechts, § 6, Rn. 27.

209 Anhang II, Tabelle 1 MiFID-DVO.

b) *Handelssysteme basierend auf periodischen Auktionen*

Als Handelssysteme, die auf periodischen Auktionen basieren, versteht die MiFID-DVO ein System, das Aufträge auf der Grundlage einer periodischen Auktion und eines Handelsalgorithmus ohne menschliche Interaktion zusammenführt.[210]

c) *Market-Maker Handelssysteme*

Market-Maker-Handelssysteme knüpfen an die Kategorie der Händlermärkte an. Hierunter wird ein System verstanden, bei dem die Geschäfte auf der Grundlageverbindlicher Kursofferten abgeschlossen werden, die denTeilnehmern kontinuierlich zur Verfügung gestellt werden,was die Market-Maker dazu anhält, ständig Kursofferten in einer Größenordnung zu halten, die das Erfordernis für Mitglieder und Teilnehmer, in einer kommerziellen Größenordnung zu handeln, mit den Risiken für die Market-Maker selbst in Einklang bringt.[211]

d) *Hybridsysteme*

Schließlich können die vorgenannten Handelssysteme und ihre Eigenschaften in einem Hybridsystem zur Anwendung gelangen. Definiert wird es als hybrides System, das unter zwei oder mehr der drei obigen Rubriken fällt oder bei dem der Preisbildungsprozess anders geartet ist als bei den Systemtypen in den drei obigen Rubriken.[212]

IV. Blockhandel im Rahmen der kapitalmarktrechtlichen Infrastruktur

Die Signifikanz des außerbörslichen Handels wird darin gesehen, dass Handelsplätze, die bestimmte aufsichtsrechtliche Anforderungen an den Handel vorsehen, für bestimmte Formen des Wertpapierhandels schlicht ungeeignet sind. Hierzu gehört der Blockhandel. Eine einheitliche Definition des Begriffs des Blockhandels existiert, soweit ersichtlich, in der juristischen Literatur nicht, geschweige denn kann auf eine Legaldefinition zurückgegriffen werden. Ganz allgemein umfasst der Begriff des Blockhandels den Handel mit großen Wertpapierorders (sog. Blockorders), die in den aufsichtsrechtlich erfassten Marktkategorien oder im außerbörslichen Handel zur Ausführung gebracht werden.[213] Eine Blockorder ist eine, in Relation zu

210 Anhang II, Tabelle 1 MiFID-DVO.

211 Anhang II, Tabelle 1 MiFID-DVO.

212 Anhang II, Tabelle 1 MiFID-DVO.

213 Beim sog. Pakethandel steht der strategische Charakter des Erwerbs von Beteiligungen im Vordergrund, um eine Kontrolle auf das Unternehmen ausüben zu

den üblichen Tagesumsätzen eines Handelsplatzes, große Order, die aufgrund ihrer schieren Größe nicht mithilfe von alltäglichen Handelsmechanismen ausgeführt werden kann, ohne dass sie zu adversen Preisschwankungen führt.[214] Der Blockhandel wird in diesem Kontext vom übrigen Wertpapierhandel abgegrenzt, indem eine Mindeststückzahl festgelegt wird, ab der eine Transaktion als Blockhandelstransaktion einzustufen ist. Die Berechnungsfaktoren und Bezugsgrößen variieren dabei je nach Handelsplatz und können Kriterien zum Gegenstand haben, wie z.B. der Anteil eines einzelnen Auftrags am gesamten Handelsbestand des jeweiligen Wertpapiers, ein wertmäßiger pauschaler Mindestbetrag der Kauf-/Verkaufsorder oder die konkreten Stückumsätze.[215] Als allgemeiner Richtwert wird auf einem liquiden Markt ein Volumen von einem Viertel des Tagesvolumens, das auf diesem Markt gehandelt wurde am jeweiligen Tag, als Block aufgefasst.[216] Absolute Größen hingegen werden regelmäßig nicht als Bezugsgröße gewählt, da die Preiseffekte in Abhängigkeit zu der relativen Größe einer Order zu den durchschnittlichen Tagesumsätzen und der Liquidität des Marktes stehen.[217] Abzugrenzen ist der Blockhandel ferner vom Secondary Offering.[218] Hierunter wird der Verkauf eines größeren Aktienpakets im Zuge eines öffentlichen Angebots verstanden, das mithilfe eines umfangreichen Vertriebsnetzes, besonderen Marketingmaßnahmen (z.B. Roadshows) und der Erstellung eines prospektähnlichen Informationsmemorandums einhergeht.[219] Da der gesamte Transaktionsprozess des Secondary Offerings außerhalb der Handelsmöglichkeiten eines Wertpapiermarktes geschieht, soll diese Art des Blockhandels im Folgenden außer Betracht bleiben.

---

können; wirtschaftlich liegt daher eher ein Unternehmenskauf als eine Wertpapiertransaktion vor. Vgl. hierzu *Liersch*, Regulierung des Blockhandels, S. 30f. Keine Differenzierung zwischen Block- und Pakethandel unternehmen *Gerke/Rasch*, Die Bank 1992, S. 193ff., gleichwohl bietet sich eine derartige Differenzierung an, da es im vorliegenden Kontext um Blocktransaktionen geht, die keinen kontrollrelevanten Hintergrund haben. Vgl. zu Blocktransaktionen, die im Rahmen des Unternehmenskaufs geschehen, siehe *Wolf*, in: Habersack/Mülbert/Schlitt, Unternehmensfinanzierung am Kapitalmarkt, § 6, Rn. 1ff.

214 *Lenenbach*, Kapitalmarktrecht, 2. Aufl., Rn. 3.165; *Harris*, Trading and Exchanges, S. 322; *Gerke/Rasch*, Die Bank 1992, S. 193.

215 *Stenzel*, Außerbörslicher Aktienhandel, Teilband I, S. 44ff.

216 *Harris*, Trading and Exchanges, S. 322.

217 *Stenzel*, Außerbörslicher Aktienhandel, Teilband I, S. 44; *Harris*, Trading and Exchanges, S. 322.

218 *Wolf*, in: Habersack/Mülbert/Schlitt, Unternehmensfinanzierung am Kapitalmarkt, § 6, Rn. 1ff. *Stenzel*, Außerbörslicher Aktienhandel, S. 47.

219 *Schlitt/Schäfer*, AG 2004, 346.

V. Besonderheiten des elektronischen Wertpapierhandels

In den vorherigen Abschnitten wurde der aufsichtsrechtliche Rahmen gebildet, innerhalb dessen die Akteure des Sekundärmarkts Wertpapiere handeln. Die MiFID I gibt im Rahmen des Marktordnungsrechts eine klare Architektur der aufsichtsrechtlich erfassten Kapitalmarktinstitutionen vor, auf denen entweder gehandelt wird (die drei Marktkategorien) oder die den Handel auf Teilnehmerseite durchführen (die Wertpapierfirmen). Neben der aufsichtsrechtlichen Dimension des Wertpapierhandels kommt dem tatsächlichen Ablauf des Wertpapierhandels eine besondere Bedeutung zu. Im Zuge der Elektronisierung des Wertpapierhandels wurden auf Basis technischer Systeme Infrastrukturen geschaffen, die parallel zu der aufsichtsrechtlichen etablierten Marktarchitektur stehen und teilweise nicht aufsichtsrechtlich erfasst werden.

1. Herstellung einer Marktinfrastruktur durch Kapitalmarktinformationssysteme

Unabhängig von der Marktinfrastruktur, die durch das Marktordnungsrecht der MiFID I geschaffen wurde, besteht in tatsächlicher Hinsicht ein Netzwerk von Kapitalmarktinformationssystemen, das seinerseits eine Marktinfrastruktur schafft. Der Begriff der Kapitalmarktinformationssysteme ist ein wirtschaftswissenschaftlicher Begriff, der alle IT-Systeme umfasst, die am Kapitalmarkt im Rahmen des Wertpapierhandelsprozesses zum Einsatz kommen und diesen beeinflussen.[220] Für die Zwecke dieser Untersuchung sollen Kapitalmarktinformationssysteme wie folgt differenziert werden: Sie können zunächst nach ihren jeweiligen Betreibern unterschieden werden. Auf Marktbetreiberseite werden elektronische Börsensysteme eingesetzt, um die Marktveranstaltung als solche auf elektronischer Basis durchführen zu können. Die Marktteilnehmer benötigen zur Teilnahme am Marktgeschehen elektronische Systeme, die mit den Börsensystemen kompatibel sind, darüber hinaus aber auch weitergehende Funktionen, wie z.B. den algorithmischen Handel oder eine automatisierte Portfolioverwaltung unterstützen (sog. automatisierte Transaktionssysteme).[221] Ferner sammeln Datenbereitstellungsdienstleister mittels Datenbereitstellungssystemen Marktdaten von den Marktbetreibern und bereiten diese für die Marktteilnehmer auf.

---

220 *Dabous/Rabhi*, in: Seese/Weinhardt/Schlotmann, Handbook on Information Technology in Finance, S. 29, 37; *Gomolka*, Algorithmic Trading, S. 45; ähnlich *Harris*, Trading and Exchanges, S. 90.

221 *Gerke/Rapp*, DBW 54 (1994), 5, 16.

Das gesamte Geschehen auf den europäischen Kapitalmärkten wird durch Kapitalmarktinformationssystemen erfasst, gesteuert und beeinflusst.[222]

a) Elektronische Börsensysteme

Kapitalmarktinformationssysteme in der Gattung der elektronischen Börsensysteme unterstützen nicht nur den Wertpapierhandel, sie ermöglichen ihn erst. Maßgeblich charakterisierte *Gomber* elektronische Börsensysteme, nach dem es sich hierbei um ein „Computersystem [handelt], das eine elektronische Orderspezifikation und -weiterleitung sowie die elektronische Zusammenführung kompatibler Orders ermöglicht".[223] Mittelpunkt dieser Systeme sei die elektronische Preisfindung, die als zentrales Element eines Börsensystems angesehen werde.[224] Dies ist jedoch für den Zweck dieser Untersuchung zu eng. Um alle Interaktionsmöglichkeiten zwischen den Systemen der Marktbetreiber und denen der Marktteilnehmer zu erfassen, soll eine abstraktere Definition bemüht werden, welche auch schon die Begrifflichkeiten des Marktordnungsrechts berücksichtigt. Ein elektronisches Börsensystem ist ein elektronisches Handelssystem, das alle Phasen des Wertpapierhandelsprozesses auf Marktbetreiberseite durch Computerisierung und Automatisierung abbilden kann, wozu die elektronische Orderspezifikation und -weiterleitung, das Betreiben der Marktveranstaltung durch unterstützende Systeme wie z.B. eines Orderbuchs, die elektronische Zusammenführung kompatibler Orders sowie Abwicklung der jeweiligen Transaktion gehören können.[225]

Standardmäßig unterhalten die Marktbetreiber elektronische Börsensysteme mit dem folgenden Funktionsumfang:

- Das Bereitstellen von Marktdaten durch das Börsensystem, das eine computergestützte Abfrage durch die Systeme der Marktteilnehmer erlaubt;
- Die computergestützte Eingabe oder Generierung von Handelsaufträgen, ermöglicht durch ein Orderausführungssystem, das anschließend die Order elektronisch an das Börsensystem sendet (Order Routing);

---

222 *Dabous/Rabhi*, in: Seese/Weinhardt/Schlotmann, Handbook on Information Technology in Finance, S. 29, 37; *Gomolka*, Algorithmic Trading, S. 45; ähnlich *Harris*, der zwischen IT-Systemen zur Orderpräsentation, Orderbücher, Marktdatensystemen und Orderroutingsysteme unterscheidet, *Harris*, Trading and Exchanges, S. 90.

223 *Gomber*, Elektronische Handelssysteme, S. 3ff, 119.

224 Ebda.

225 *Gerke/Rapp*, DBW 54 (1994), 5, 14; *Picot/Bortenlänger/Röhrl*, Börsen im Wandel, S. 17; teilweise werden diese Systeme auch allein unter dem Begriff der Softwareagenten behandelt, vgl. *Gomolka*, Algorithmic Trading, S. 96ff. mwN.

- Den Betrieb eines marktveranstaltenden Systems, das die Preisfindung und den Betrieb eines korrespondierenden Marktmodells gewährleistet;
- Die automatische Zusammenführung korrespondierender Handelsaufträge zu einem Preis, der durch einen Algorithmus festgestellt wird;
- Die automatische Weiterleitung der Transaktionsdaten zur Ermöglichung des Clearing und Settlements.

Picot et al. sehen die wesentlichen Merkmale eines Börsensystems in der direkten Anbindung der Entscheidungsträger, ohne Medien- und Schnittstellenbruch, sowie in der vollständigen computerbasierten Koordinierung des Handelsgeschehens, das systemendogen durchgeführt wird.[226] Die folgende Abbildung fasst die wesentlichen Elemente eines Computerbörsensystems nach heutiger Auffassung in der Wissenschaft zusammen.[227]

Abbildung 2: Systematische Darstellung eines Computerbörsensystems (in Anlehnung an Gerke/Rapp)[228].

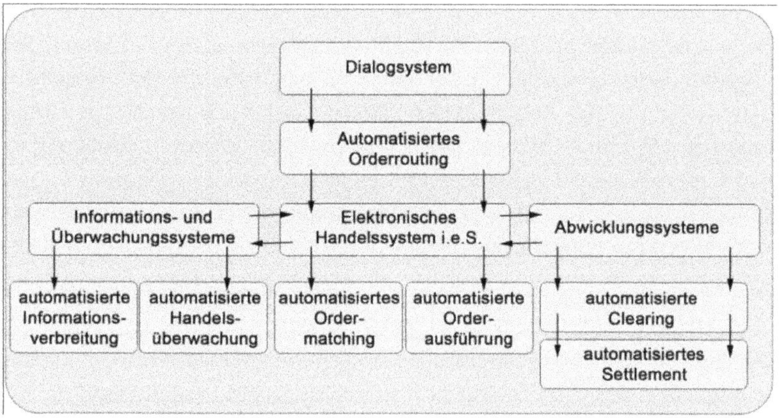

In Deutschland hat die Deutsche Börse AG mit dem XETRA-System eine schrittweise Umstellung vom Parketthandel zum elektronischen Handel durchgeführt.[229] Aufsichtsrechtlich werden elektronische Börsensysteme nur mittelbar

226 *Picot, et al.*, Börsen im Wandel. S. 20.

227 Die Darstellung der Merkmale geht dabei auf *Gerke/Rapp*, DBW 54 (1994), S. 5, 15 zurück. Vgl. zur weiteren Systematisierung von Computerbörsensystemen *Gomber*, Elektronische Handelssysteme, S. 27; *Gomolka*, Algorithmic Trading, S. 87ff.; *Gerke*, DBW 53 (1993), S. 727ff.

228 *Gerke/Rapp*, DBW 54 (1994), S. 5, 15.

229 Der Parketthandel wurde an der FWB im Mai 2012 vollständig eingestellt.

erfasst – je nach der Marktkategorie, die der Marktbetreiber mit dem Betrieb des Systems anstrebt, also den Betrieb eines geregelten Markts, eines multilateralen Handelssystems oder einer systematischen Internalisierung. Erfüllen die Marktveranstaltungen der Börsensysteme nicht die Anforderungen an den Betrieb einer der drei Kategorien, sind sie dem außerbörslichen Bereich zuzuordnen. Dies ist vor allem mit Blick auf den Betrieb eines BCNs denkbar.

b) Automatisierte Transaktionssysteme

Während elektronische Börsensysteme von Marktbetreibern eingesetzt werden, um den Handel mit Wertpapieren überhaupt erst zu ermöglichen, zeichnen sich automatisierte Transaktionssysteme durch die Funktionalität aus, Marktteilnehmern die Teilnahme am Kapitalmarktgeschehen überhaupt erst zu ermöglichen. Mithilfe dieser Systeme organisieren die Marktteilnehmer ihren Bestand an Wertpapieren und führen Transaktionen durch. Charakteristisch ist dabei, dass wesentliche Entscheidungs- und Handlungsprozesse nach vordefinierten Regeln (automatisiert) und damit ohne menschliche Interaktion ablaufen können. Ferner können automatisierte Transaktionssysteme unabhängig von der technischen Ausgestaltung des Börsensystems funktionieren. Die nachfolgende Abbildung verdeutlicht dies.

Abbildung 3: Interaktion zwischen automatisierten Transaktionssystemen und Computerbörsensystemen (in Anlehnung an Gerke/Rapp)[230].

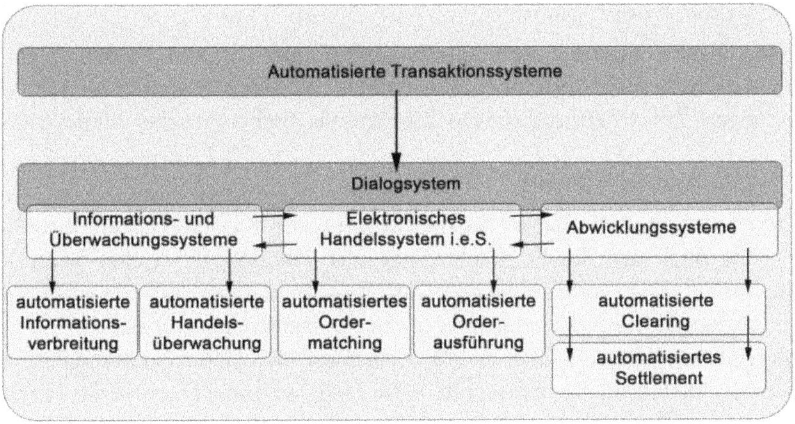

230 *Gerke/Rapp*, DBW 54 (1994), S. 5, 15.

Eine wissenschaftliche Untersuchung automatisierter Transaktionssysteme wird durch Begriffsprobleme erschwert. Eine vollständige wissenschaftliche Aufarbeitung ist bisher nur fraktal und in Bezug auf einzelne Themengebiete beschränkt, erfolgt. Bei diesen IT-Systemen wird abstrakt zwischen Systemen zur Informationssammlung und –Verteilung (*information collection and distribution systems*), zur Orderzusammenführung (*trading engines*), zum Orderrouting (*order routing systems*), zur Orderpräsentation (*order presentation systems*), zur Orderabwicklung (*settlement and registry systems*) sowie zur Handelsüberwachung (*surveillance systems*) unterschieden.[231] Jedes dieser Subsysteme kann man einer oder mehreren Handelsphasen zuordnen.[232] Teilweise überschneiden sich Funktionen von einzelnen Subsystemen miteinander, sodass eine trennscharfe Abgrenzung kaum möglich ist. Der folgende Überblick soll die wesentlichen Funktionen und Systeme darstellen, die zu den automatisierten Transaktionssystemen gehören. Die Darstellung orientiert sich an den Handelsphasen im Wertpapierhandelsprozess, die von den jeweiligen Systemen erfasst werden. Elektronische Handelssysteme in der Gattung der automatisierten Transaktionssysteme können demnach in die Kategorien Marktanalyseprogramme, automatisierte Orderweiterleitung und –Durchführung (Orderrouting-Systeme und einige Aspekte des Hochfrequenzhandels), automatisierte Handelsstrategien (algorithmischer Handel) und computergestützte Portfolioverwaltung unterteilt werden.

aa) Marktanalyseprogramme

Marktanalyseprogramme sammeln Informationen, die von Börsensystemen, Informationsdienstleistern oder allgemeinen Nachrichtenagenturen zur Verfügung gestellt werden, und werten diese mittels mathematischer Modelle aus.

bb) Orderrouting-Systeme

Orderrouting-Systeme haben für die Struktur von Kapitalmärkten, insbesondere mit Blick auf die Fragmentierung der Handelsplätze, eine besondere Bedeutung.[233] Das Orderrouting umfasst die gezielte Übermittlung eines Kauf- oder Verkaufauftrags an eine oder mehrere Handelsplattformen. Bei einem Orderrouting-System handelt es sich um ein von den Handelsteilnehmern eingesetztes Leitsystem, das insbesondere die Eingabe, Änderung und das Löschen

---

231 *Harris*, Trading and Exchanges, S. 97ff.; *Gomolka*, Algorithmic Trading, S. 96ff. mwN.
232 *Dabous/Rabhi*, in: Seese/Weinhardt/Schlotmann, Handbook on Information Technology in Finance, S. 29, 37ff.; *Gomolka*, Algorithmic Trading, S. 46.
233 Vgl. *Harris*, Trading and Exchanges, S. 102ff.

von Handelsaufträgen ermöglicht und an eine Schnittstelle des Börsensystems angebunden ist, was eine direkte Übermittlung in das Handelssystem gewährleistet.[234]

Eine besondere Kategorie von Orderrouting-Systemen bilden Smart Order Routers (SORs).[235] Dies sind automatisierte Routingprogramme, die von Händlern und Marktbetreibern gleichermaßen eingesetzt werden, um eine optimale Ausführung von Ordern zu gewährleisten. SORs sind Softwaresysteme, die mit verschiedenen Handelsplattformen vernetzt sind und von dort Informationen sammeln und auswerten. Diese Daten sind sodann in einer konsolidierten Fassung im SOR vorhanden und abrufbar. Sie ermöglichen ferner den Zugang zu verschiedenen Handelsplätzen und –Plattformen gleichzeitig und optimieren den Prozess der Orderausführung, indem sie helfen die Effekte zu mildern, die durch fragmentierte Märkte hervorgerufen werden.[236]

SORs setzen zwei Verfahren ein, um die gewünschte Quantität an Handelsaufträgen effizient an die jeweiligen Handelsplätze zu versenden, das serielle Verfahren und das parallele Verfahren. Das serielle Verfahren sendet eine Order zu einer Handelsplattform mit dem besten Kauf- oder Verkaufspreis (*best bid and offer* – BBO). Das Volumen, das zu diesem Preis nicht zur Ausführung gebracht werden konnte, wird vom SOR nochmals als eigenständige Order an die gleiche Handelsplattform gesendet. Dieses Verfahren wird solange wiederholt, bis das ursprüngliche Ordervolumen vollständig ausgeführt werden konnte. Im parallelen Verfahren wird eine Order in mehrere kleinere Handelsaufträge aufgesplittet (sog. Child Orders), die an verschiedene Handelsplattformen simultan gesendet werden. Möglich ist auch, dass die Child-Orders an eine Handelsplattform gesendet werden, aber verschiedene Preisstufen durchlaufen, um die höchstmögliche Liquidität ausschöpfen zu können. Ferner ist es nicht unüblich die beiden Verfahren zu kombinieren, um einen größtmöglichen Nutzen aus ihnen ziehen.

Eine häufig gewählte Konfiguration eines SORs ist folgendes zweistufiges Verfahren: (1) Bei Ordereingang in das System überwacht der SOR die Orderbuchlage der verbundenen Handelsplätze und –Plattformen hinsichtlich Preissituation und Tiefe, um sodann (2) aus den gewonnen Informationen für die

---

234 *Büschgen*, Börsenlexikon, 23. Aufl., „Orderrouting-System“, S. 772.

235 *Gomolka*, Algorithmic Trading, S. 144ff.

236 “SOR targets to optimize execution particularly in fragmented markets. SOR primarily applies real-time order book data from fragmented markets without a need for timing or slicing algorithms or additional mathematical models…”, vgl. *Gomber, et al*, High Frequency Trading, S. 19f.

Order den Gesamtausführungspreis zu berechnen, der sich aus den Gebühren für die Orderausführung bei verschiedenen Handelsplätzen und –Plattformen, Gebühren für das Clearing und Settlement sowie möglichen Steuern zusammensetzt.[237]

SORs bieten für die Handelsteilnehmer den Vorteil, dass sie eine transaktionskostengünstige Ausführung der Handelsaufträge ermöglichen, indem Blockaufträge automatisch an verschiedene Handelsplattformen zur Ausführung gebracht werden können und dadurch marktbeeinflussenden Faktoren entgegen gewirkt wird. Orderrouting-Systemen wird generell die Eigenschaft zugeschrieben, die negativen Effekte der Marktfragmentierung[238] kompensieren zu können, da sie in einer durch Fragmentierung geprägten Marktlandschaft im Wege einer informationellen Konsolidierung als Marktintegratoren wirken.[239]

Eine weitere Handelstechnik, die in die Orderroutingphase eingeordnet werden kann, ist der Hochfrequenzhandel. Dieser umfasst nur die *Ausführung* von automatisierten Handelsstrategien und setzt die durch die jeweilige Handelsstrategie generierte Order im Teilsekundenbereich um, indem diese mit Hochgeschwindigkeit an eine oder mehrere Handelsplattformen gesendet wird.[240]

cc) Algorithmische Handelsstrategien

Algorithmischen Handelsstrategien sind Programme, die auf Basis von programmierten algorithmischen mathematischen Modellen Kauf- und Verkaufsaufträge generieren und eigenständig über ihr Tätigwerden am Kapitalmarkt entscheiden, ohne dass Menschen hierauf Einfluss nehmen.[241] Den automatisierten Handelsstrategien sind der algorithmische Handel und der Programmhandel zuzuordnen, zwischen denen es zu differenzieren gilt.

Der Programmhandel ist ein seit Jahrzehnten bestehender Begriff des Kapitalmarkts, der im engeren Sinne eine spezielle Form der Indexarbitrage erfasst, bei der temporäre Ungleichgewichte zwischen den Kassa- und Terminmärkten durch den Aufbau gegenläufiger Positionen genutzt werden.[242] Als Arbitrage

---

237 *Gomber et al.*, High Frequency Trading, S. 20.

238 Zum Begriff der Marktfragmentierung ausführlich im 2. Kapitel Abschnitt A.

239 Siehe hierzu im 2. Kapitel Abschnitt A. und B.

240 Vgl. zum Hochfrequenzhandel *Gomber, et al*, High Frequency Trading, S. 1 ff.; *Bundesbank*, Monatsbericht Oktober 2016, S. 37ff.

241 "Handel ohne menschliches Eingreifen mit starker Abhängigkeit zu aktuellen Marktdaten ist der Kernaspekt des algorithmischen Handels." *Gomber/Zimmermann*, in: Everling/Lempka, Finanzdienstleister der nächsten Generation, S. 363, 366.

242 *Büschgen*, Börsenlexikon, 22. Aufl., „Programmhandel im engeren Sinne", S. 1201.

wird generell die Ausnutzung von Preisunterschieden bezeichnet, die zur gleichen Zeit in denselben Finanzinstrumenten an verschiedenen Orten auftreten können.[243] Die Ungleichgewichte werden beim Programmhandel i.e.S. durch Computerprogramme identifiziert, die automatisch entsprechende Kauf- oder Verkaufsorder senden.[244] Der Programmhandel im weiteren Sinne erfasst schlicht den automatisierten Wertpapierhandel, bei dem Kauf- oder Verkaufsentscheidungen eigenständig durch Computerprogramme getroffen werden.

Der algorithmische Handel basiert auf Handelsalgorithmen[245], die in Form von Computerprogrammen vorgefertigten Handlungsentscheidungen folgen, nach Auswertung der gegenwärtigen Marktlage diesbezüglich angemessene Handelsaufträge generieren und zu den Börsensystemen senden, mit denen das Transaktionssystem verbunden ist.[246] Algorithmen führen vordefinierte Anweisungen zur Erfüllung einer gegebenen Anweisung aus. „Im Kontext des Wertpapierhandels spricht man von Algorithmen als eine Abfolge von Anweisungen zur Verarbeitung und Modifizierung einer oder mehrerer Wertpapieraufträge mit wenigen oder gänzlich ohne menschliche/n Eingriffe/n."[247] Die Handelsparameter wie z.B. Preis, Quantität oder Zeitpunkt der Ausführung der generierten Handelsaufträge werden selbstständig durch die algorithmische Handelsstrategie bestimmt. Teilweise gehört das Management bereits gesendeter Handelsaufträge ebenfalls zu den Funktionalitäten von algorithmischen Handelsstrategien. Die Rechengeschwindigkeit ist nur durch die Leistung der Computer im Rechenzentrum der Wertpapierfirma beschränkt und kann eine Ausführung im Milli-, Mikro- oder sogar im Nanosekundenbereich umfassen.[248] Der Nutzen einer derartig schnellen Rechengeschwindigkeit wird durch eine gleichwertig schnelle Ausführungsgeschwindigkeit im Rahmen des Hochfrequenzhandels komplettiert; algorithmischer Handel und Hochfrequenzhandel besitzen in der Praxis daher viele gemeinsame Schnittpunkte.

Eine trennscharfe Abgrenzung des algorithmischen Handels und des Programmhandels im weiteren Sinne lässt sich aufgrund der Überschneidungen

---

243 Vgl. *Harris*, Trading and Exhanges, S. 347ff.

244 *Büschgen*, Börsenlexikon, 22. Aufl., „Programmhandel im engeren Sinne", S. 1201.

245 Ein Algorithmus ist eine aus endlich vielen Schritten bestehende Handlungsregel, der einen bestimmten Zweck verfolgt.

246 Eine ausführliche Übersicht über die verschiedenen Begriffe des algorithmischen Handels liefern *Gomber/Arndt/Lutat/Uhle*, High Frequency Trading, S. 74f.

247 *Gomber/Zimmermann*, in: Everling/Lempka, Finanzdienstleister der nächsten Generation, S. 363, 366.

248 *Kasiske*, WM 2014, 1933f; *Mattig*, WM 2014, 1940ff.

der Begriffe nicht durchführen. Es scheint eher, dass der – noch relativ junge – Begriff des algorithmischen Handels den des Programmhandels abgelöst hat.[249] Anders sieht dies bei der Abgrenzung des algorithmischen Handels vom Hochfrequenzhandel aus. Hier bestehen klare Unterscheidungsmerkmale. Der Hochfrequenzhandel ist zunächst als Unterkategorie des algorithmischen Handels zu qualifizieren, da Hochfrequenzhandelsstrategien sich auf eine extrem schnelle Orderausführung konzentrieren.[250] Das Wesen des Hochfrequenzhandels ist daher eher als Technologie zu bezeichnen als dass es eine Handelsstrategie an sich darstellt.[251] Der Hochfrequenzhandel ist für die vorliegende Arbeit allerdings nicht von besonderer Relevanz.

dd) Elektronische Portfolioverwaltung und -Optimierung

Die computergestützte Portfolioverwaltung ist eine weitere Gattung der automatisierten Transaktionssysteme. Anleger haben ein natürliches Interesse daran, ihre Portfolios im Rahmen einer Diversifikation der Vermögensanlagen umzuschichten und dadurch zu optimieren, um Klumpenrisiken zu vermeiden. Diese Erkenntnis basiert auf der von *Markowitz* begründeten Portfoliotheorie.[252] Demnach gilt ein Portfolio dann als risikoeffizient, wenn es kein anderes Portfolio gibt, das bei (mindestens) gleich hohem Ertrag ein geringeres Risiko oder bei (höchstens) gleichem Risiko einen höheren Ertrag aufweist.[253] Der einzelne Anleger kann aus einer Vielzahl von unterschiedlichen Instrumenten ein Portfolio zusammenstellen, das seiner Risikoneigung am ehesten entspricht. Dabei wird ein rational handelnder Anleger bestrebt sein, sein Portfolio nach dem Gesichtspunkt der Risikoeffizienz kontinuierlich zu optimieren, was Umschichtungen im Portfolio zur Folge hat.[254]

---

249 Zu den vielfältigen Facetten des Begriffs des algorithmischen Handels haben *Gomber, et al.*, High Frequency Trading, S. 74ff. (Anhang II) einen Überblick geliefert. Ferner siehe *Aldridge*, High Frequency Trading, S. 1ff.

250 *Hendershot/Riordan*, Algorithmic Trading and Information, NET Institute Working Paper No. 09-08, S. 1ff.; *Gomber* et al., High Frequency Trading, S. 13ff.

251 *Gomber/Zimmermann*, in: Everling/Lempka, Finanzdienstleister der nächsten Generation, S. 363, 367.

252 Grundlegend *Markowitz*, 7 Journal of Finance (1952), S. 77. Eine umfassende Gesamtdarstellung liefern *Elton, et al.*, Modern Portfolio Theory and Investment Analysis, 2003.

253 *Schmidt/Terberger*, Investitions- und Finanzierungstheorie, S. 326.

254 Eine praxisnahe Darstellung von Vermögensanlagestrategien siehe *von Metzler*, in: Cramer/Rudolph, Anlageberatung und Vermögensverwaltung, S. 325, 327ff., 332ff.

Anlageberatung und Portfolioverwaltung sind klassische Bankdienstleistungen. Heutzutage werden diese Dienstleistungen auf automatisierter Basis von Algorithmen durchgeführt, die die Gesamtsituation am Markt beobachten und in Anlehnung an die individuelle Risikoneigung des Anlegers sein Portfolio an die Marktgegebenheiten anpasst.[255]

ee) Hybridsysteme

In der Praxis ist eine trennscharfe Zuordnung der eingesetzten Transaktionssysteme nicht möglich. Es werden Hybridsysteme eingesetzt, die die verschiedenen vorgenannten Kategorien symbiotisch in einem System vereinen.

c) Systeme von Datenbereitstellungsdienstleistern

Schließlich spielen im Kapitalmarktgeschehen auch Datenbereitstellungsdienstleister eine wichtige Rolle. Diese Unternehmen handeln mit Transaktions- und Marktdaten und stellen diese auf konsolidierte Basis den Marktteilnehmer zur Verfügung. Sie fungieren damit als InformationsFinanzintermediäre und katalysieren das Transaktionsinteresse der Marktteilnehmer, in dem sie das Transparenzniveau des Kapitalmarkts erhöhen. Die Systeme von Datenbereitstellungsdienstleistern lassen sich mit automatisierten Transaktionssystemen verbinden und erlauben es, Informationen in Echtzeit abzurufen.

Ein in der Praxis oft genutztes Programm, ist BOAT von Markit, das es den Marktteilnehmern erlaubt, den Transparenzvorschriften der MiFID I auf automatisierter Basis nachzukommen, indem das Reporting in die Transaktionssysteme eingebunden wird und im Falle des Vertragsschlusses die entsprechenden Meldungen sendet.[256] Diese Daten werden allerdings nur dezentral von den jeweiligen Marktbetreibern vorgehalten, die ihrerseits zur Veröffentlichung verpflichtet sind. Aus diesem Grunde sind Marktteilnehmer darauf angewiesen Datenbereitstellungsdienstleister in Anspruch zu nehmen, die auf elektronischem Wege Datensets einer Vielzahl von Handelsplätzen auf konsolidierter Basis bereitstellen, um Such- und Transaktionskosten zu sparen. Thomson Reuters bietet u.a. für den Aktienhandel derartige Dienstleistungen an.[257]

---

255 Eine Übersicht über Unternehmen, die auf automatisierter Basis Anlageberatung und Vermögensverwaltung erbringen (inkl. Schilderung der Geschäftsmodelle) ist zu finden bei *Everling/Lempka*, Finanzdienstleister der nächsten Generation, 2013.

256 Für mehr Informationen siehe Markit, http://www.markit.com.

257 Für mehr Informationen siehe Thomson Reuters, http://www.thomsonreuters.com.

2. *Auswirkungen von Kapitalmarktinformationssystemen auf die Ausführung von Wertpapierhandelsaufträgen*

Die Implementierung von Kapitalmarktinformationssystemen in den Wertpapierhandelsprozess hat zu einer Wesensveränderung des Sekundärmarkts geführt. Wertpapiere werden nicht mehr durch physisch anwesende Händler auf einem Börsenparkett gehandelt; der Handel geschieht vielmehr in den elektronischen Börsensystemen der Marktbetreiber.[258] Diese Systeme stellen jedoch nicht die einzigen Knotenpunkte innerhalb des elektronischen Netzwerks ‚Sekundärmarkt' dar. Die automatisierten Transaktionssysteme der Marktteilnehmer analysieren Marktdaten, entscheiden eigenständig über ihr Tätigwerden, generieren und versenden Handelsaufträge und kontrollieren den Status der Handelsaufträge sowie die generelle Marktlage. Dies führt zu einer symbiotischen Beziehung von Börsen- und Transaktionssystemen, die in ihrer Gesamtheit ein eigenes Netzwerksystem formen.[259]

Die Implikationen für das Marktordnungsrecht sind im Spiegel der einzelnen Attribute eines vollelektronischen Kapitalmarkts, wie sie hier vorgestellt werden, zu sehen. Es bietet sich an diese Implikationen anhand der Theorie der komplexen adaptiven Systeme zu analysieren, bei der es sich um einen besonderen Forschungszweig der Systemtheorie handelt.[260] Diese Theorie zeichnet sich dadurch aus, dass ein System nicht als eine statische Entität betrachtet wird, deren Reaktionen auf bestimmte Beeinflussungen deterministisch vorhersagbar sind, sondern dadurch, dass ein System eine vielschichtige und heterogene Entität ist, die sich durch ihre zahlreichen Wechselbeziehungen zu anderen Systemen oder eigenen Untersystemen auszeichnet. Ein *komplexes System*[261] zeichnet sich durch eine Vielzahl von Elementen aus, die vielfältig miteinander verknüpft sind.[262] *Adaptiv* ist ein System, wenn es sich an

---

258 Instruktiv *Stoll*, Electronic Trading in Stock Markets, Working Paper 05-04, S. 1ff.

259 *Cliff/Northrop*, The Global Financial Markets: an Ultra-Large-Scale Systems perspective, S. 4; *Beunzer/MacKenzie/MilloPardo-Guerra*, Impersonal efficiency and the dangers of a fully automated exchange, S. 3ff.

260 Während ältere systemtheoretische Ansätze im Wesentlichen mit den Begriffen "Gleichgewicht", linear", "statisch", "stationär", "deterministisch" und "homogen" arbeiten, werden heute die jeweiligen Gegenteile betont, *Ibrahim*, in: Matthies, Komplexe Adaptive Systeme, S. 5. Instruktiv und einführend in die wesentlichen Begrifflichkeiten der Systemtheorie und Kybernetik Bischof, Struktur und Bedeutung, 2. Aufl., S. 1ff.

261 *Ibrahim*, in: Matthies, Komplexe Adaptive Systeme, S. 5.

262 *Grote*, in: Weyer/Schulz-Schaeffer, Management komplexer Systeme, S. 149, 149.

die Gegebenheiten seiner Umwelt anpassen bzw. reagieren kann. Bilden die einzelnen Elemente ihrerseits ein System, handelt es sich um ein System von Systemen (*System of Systems* – SoS)[263].[264] Die Komplexität wird dabei nicht nur von der Anzahl der einzelnen Subsysteme determiniert, sondern auch von der Interkonnektivität und der tatsächlichen Interaktion der einzelnen Systeme untereinander. Diese Attribute treffen auf den Sekundärmarkt zu, da der Wertpapierhandel dezentral auf einer Vielzahl von Handelsplattformen stattfindet, die jeweils Knotenpunkte für die Interaktion der automatisierten Transaktionssysteme der Marktteilnehmer darstellen. Jedes einzelne System besitzt einen eigenen Komplexitätsgrad, der durch die Palette an Funktionen, die das System gewährleistet, vorgegeben wird. Durch die Automatisierung des Informationsaustauschs und -Analyse sind diese Systeme ferner als adaptiv einzustufen; in den allermeisten Fällen sind sie dazu geeignet, zumindest auf Basis von marktendogenen Informationen zu agieren. Unabhängig des Automatisierungsgrades des jeweiligen Systems sind die Systeme *soziotechnischer Art*, da in letzter Instanz diese Systeme von Menschen für Menschen designt worden sind; „generell sind deshalb technische Systeme niemals isoliert zu betrachten, sondern immer als Teil eines soziotechnischen Systems, zu dem auch die das technische System betreibenden Menschen und die formalen und informellen Strukturen und Abläufe, in denen sie arbeiten gehören."[265]

Die Interaktionsvarianten der Elemente des Gesamtsystems, die in ihrer Auftretenswahrscheinlichkeit und in ihren Effekten nur begrenzt vorhergesagt werden können, führen regelmäßig zu mangelnder Transparenz und damit zu einer geringen Kontrollfähigkeit des Gesamtsystems.[266] Die Beeinflussbarkeit

---

263 Ab einem gewissen Komplexitätsgrad des Gesamtsystems, der insbesondere durch die Größe determiniert sein kann, spricht man von einem ultra-large-scale System, das wie folgt definiert ist: "A system at least one of whose dimensions is of such large scale that constructing the system using development processes and techniques prevailing at the start of the 21st century is problematic. ULS systems exhibit the following characteristics: decentralization; conflicting, unknowable, and diverse requirements; continuous evolution and deployment; heterogeneous and changing elements; erosion of the people/System boundary; and normal failures as part of the system." Software Engineering Institute, Ultra-Large-Scale Systems, 2006, S. 134.

264 Ein System zeichnet sich dadurch aus, dass es aus Elementen besteht, die ihrerseits Aufgaben erfüllen und mit anderen Elementen des Systems wechselwirken.

265 *Grote*, in: Weyer/Schulz-Schaeffer, Management komplexer Systeme, S. 149, 154.

266 *Grote*, in: Weyer/Schulz-Schaeffer, Management komplexer Systeme, S. 149, 149.

des technischen Systems und damit die Kontrolle über das System sind jedoch wesentliche Voraussetzung für die Verantwortungsübernahme.

a) *Aufteilung von Handelsinteresse auf mehrere Handelsplattformen*

Dass die Perspektive auf den Sekundärmarkt als komplexes, adaptives Netzwerksystem kein theoretisches Gedankenexperiment ist, zeigt die gegenwärtige Praxis der Order-Ausführung im europäischen Kassamarkt. Handelsaufträge werden von institutionellen Investoren oder Wertpapiermaklern, die für ihre Kunden handeln, u.a. auf Basis von Algorithmen an Börsen, MTFs, intransparente Handelsplattformen, BCNs oder anderen Auftragsausführungssystemen gesendet.[267] Mittels Order Routing-Systemen werden die Handelsaufträge aufgeteilt und an die mit dem System verbundenen Handelsplattformen (parallel) versendet, um die größtmögliche Liquidität einzufangen.[268]

Ob institutionelle Investoren ihr Orderaufkommen zu einem Wertpapiermakler senden, hängt von der eigenen Handelsmöglichkeit und dem Stand ihrer IT-Handelsinfrastruktur ab. In den meisten Fällen wird das Orderaufkommen zu einem Finanzintermediär gesendet, der über die konkrete Art der Auftragsausführung entscheidet. Dies kann auch eine Auftragsausführung über Telefon einschließen. Große institutionelle Investoren sind in der Lage mittels ihrer eigenen IT-Infrastruktur ihr Orderaufkommen zu verwalten und benötigen nur einen direkten Marktzugang (Direct Market Access), der von einem Finanzintermediär bereitgestellt wird, der bei den jeweiligen Handelsplattformen als Teilnehmer zugelassen ist. Nachfolgende Abbildung illustriert diesen Prozess. *Gomber/Pierron* illustrieren dies anhand folgender Grafik.

---

267 *Gomber/Pierron*, MiFID, S. 39.

268 TheTradeNews, Issue 27 – Smart Order Routing (abrufbar unter: http://www.thetradenews.com/GuidesCompany.aspx?id=7066. zuletzt abgerufen am 02.04.2017).

Abbildung 4: Auftragsausführung im europäischen Kassamarkt, Quelle: Gomber/Pierron, *MiFID, S. 40.*

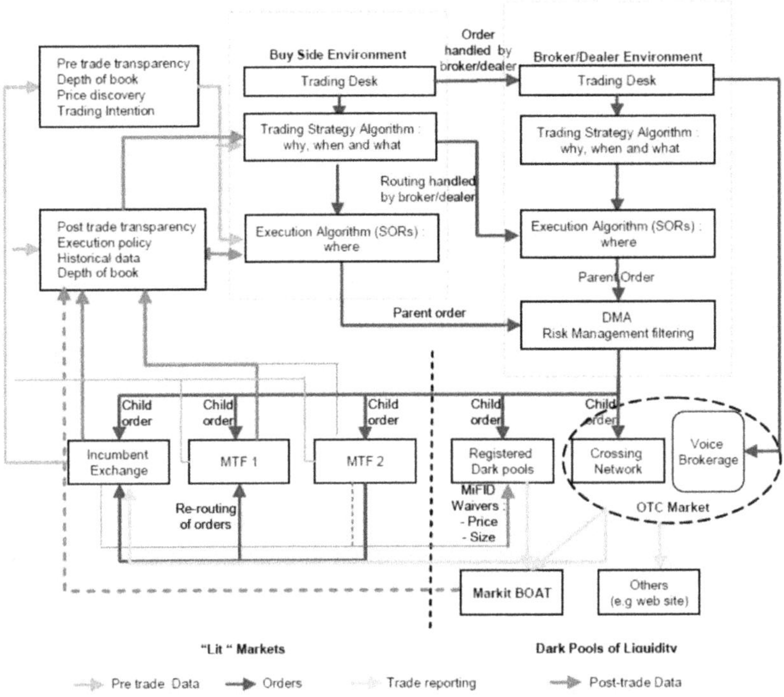

Order Routing-Systeme werden auch von MTF-Marktbetreibern eingesetzt, die um die Präferenz ihrer Kunden nach der größtmöglichen Liquiditätsabschöpfung wissen. Ist die Tiefe des Orderbuchs zum gegenwärtigen Zeitpunkt nicht gegeben, werden Aufträge nur teilweise ausgeführt und der verbleibende Rest wird kaskadenartig an andere Liquiditätspools weitergereicht. Ein Beispiel hierfür ist Instinets BlockMatch MTF, der über sein Smart Order Routing-System neben Börsen auch andere Handelsplattformen wie solche von BATS Europe, Chi-X Europe, Turquoise und Nasdaq OMX Stockholm ansteuern kann und auf diesem Wege ein virtuelles europäisches CLOB anbietet.[269]

269 Instinet, BlockMatch MTF, abrufbar unter: http://www.instinet.com/liquidity_blockmatch.html, zuletzt abgerufen am 02.04.2017.

b) Informationsarbitrage

Die Informationen, die Orders enthalten und die Aufschluss über das konkrete Handelsinteresse geben, stehen im besonderen Fokus einiger Finanzintermediäre, namentlich der Hochfrequenzhändler. Hochfrequenzhändler besitzen eine technische Infrastruktur, die es ihnen erlaubt, im Mikro- oder Nanosekundenbereich zu handeln.[270] Wie im vorherigen Abschnitt erläutert, splitten einige Wertpapiermakler bzw. -händler großvolumige Orders auf, um die Liquidität an mehreren Handelsplattformen abzuschöpfen und damit eine möglichst hohe Ausführungswahrscheinlichkeit zu erreichen. Mittels algorithmischer Handelsstrategien und der niedrigen Latenzzeit des Hochfrequenzhandels ist es Hochfrequenzhändlern möglich, Rückschlüsse zu ziehen auf das Vorhandensein von großvolumigen Handelsinteresses.

Hochfrequenzhändler sind an mehreren Märkten gleichzeitig aktiv und überwachen die Aktivität an diesen Märkten mittels ihrer automatisierten Transaktionssysteme. Entscheidet sich ein Finanzintermediär dafür sein großvolumiges Handelsinteresse auf mehreren Märkten zu streuen, werden verschieden große Orders an die von ihm ausgewählten Märkte gesandt. Hochfrequenzhändler haben ihrerseits an den wichtigsten Aktienmärkten eine gewisse Anzahl kleinvolumiger Orders platziert, bei deren Ausführung sie auf das tatsächliche Handelsinteresse des Finanzintermediärs schließen können.[271] Aufgrund der Latenzzeit können sie sogar ermitteln, welcher konkrete Finanzintermediär hinter den Orders steht.[272]

Hochfrequenzhändler stehen im Verdacht, die Möglichkeiten ihrer technischen Infrastruktur für marktmissbräuchliche Handelsstrategien zu nutzen. Aufgrund der niedrigen Latenzzeit mit der Hochfrequenzhändler handeln können, können sie aufgrund von Orders, die an einem Markt ausgeführt werden, Rückschlüsse darauf ziehen, ob auf einem anderen Markt ebenfalls Orders bezüglich des gleichen Finanzinstruments eingehen werden und stellen sich „zwischen" den Transaktionen, die an den verschiedenen Märkten ausgeführt werden.[273] Dies gelingt ihnen, weil sie die Informationen über die Orderausführung an einem Markt dazu nutzen, darauf zu spekulieren, dass an einem anderen Markt ebenfalls Aufträge über dasselbe Finanzinstrument platziert werden. Sie kaufen daher die dort vorhanden Volumen auf und bieten sie dem jeweiligen

---

270 *Kasiske*, WM 2014, 1933; *Mattig*, WM 2014, 1940.

271 *Lewis*, Flash Boys, S. 84f.; *Kasiske*, WM 2014, 1933, 1937.

272 *Kasiske*, WM 2014, 1933; 1937; *Lewis*, Flash Boys, S. 85f.

273 *Lewis*, Flash Boys, S. 86f.

Finanzintermediär teurer zum Kauf an – dies alles innerhalb weniger Mikrosekunden.[274]

c) Fragmentierung von Marktdaten

Die Informationen, die im Netzwerksystem ‚Sekundärmarkt' ausgetauscht werden, bestehen nicht nur aus Handelsaufträgen. Vielmehr werden auch Marktdaten wie Vor- und Nachhandelstransparenzdaten oder allgemeine Berichterstattung über Transaktionen (Trade Reporting) im Markt veröffentlicht. Dies hat zur Folge, dass aufgrund der Vielzahl von im Sekundärmarkt vorhandenen Marktinstitutionen nicht nur die Liquidität fragmentiert ist, sondern auch die für die Handelsentscheidungen der Marktteilnehmer relevanten Handelsdaten. Die Fragmentierung von Handelsdaten besitzt ferner eine aufsichtsrechtliche Komponente, da nur dort verpflichtend Handelsdaten anfallen und an den Markt kommuniziert werden, wo der Handel auf aufsichtsrechtlich erfassten Handelsplattformen stattfindet. Außerbörslich operierende Handelsplattformen und Marktteilnehmer, die bilateral im außerbörslichen Bereich tätig sind, sind nicht verpflichtet, Handelsdaten an den Markt zu kommunizieren.

d) Teilweise Nachvollziehbarkeit des tatsächlichen Handelsinteresses

Dies hat zur Folge, dass Handelsinteresse, das über mehrere Handelsplattformen, die jeweils entweder im aufsichtsrechtlich erfassten oder im außerbörslichen Bereich operieren, auch nur fragmentiert und nur teilweise an den Markt kommuniziert werden. Handelsinteresse, das über außerbörslich operierende Handelsplattformen oder im bilateralen Handel ausgeführt wird, wird nur unzureichend an den Markt kommuniziert, obwohl diese Aufträge zu einem größeren Kreis von Handelsinteresse gehören können (siehe oben unter lit. a).

274 Ebda.

2. Kapitel: Die Entstehung verborgener Liquidität

So unheilvoll der Begriff der ‚Dark Liquidity' auch klingen mag, im Kapitalmarkt erfüllt diese Art der Liquiditätsbereitstellung eine einfach Aufgabe: Es minimiert die negativen Effekte, die bei der Ausführung von großen Ordervolumen im Rahmen des Blockhandels an einer regulären Börse entstehen können, da diese Orders grundsätzlich den Vorhandelstransparenzpflichten der Börse unterfallen und damit dem Markt offengelegt werden müssten.[275] Regelmäßig kommt es daher bei großen Ordervolumen zu erheblichen adversen Preisschwankungen, wodurch dem Orderinitiator erhebliche Transaktionskosten in Form höherer Kauf- bzw. niedrigerer Verkaufskurse entstehen können.[276]

A. Marktfragmentierung durch das Marktordnungsrecht der EU

Aufsichtsrechtlich wurden Marktbetreiber und Unternehmen, die Wertpapierdienstleistungen erbringen, erstmals von der Wertpapierdienstleistungsrichtlinie[277] aus dem Jahr 1993 erfasst. Kernelement des Marktordnungsrechts der Wertpapierdienstleistungsrichtlinie war eine Konzentrationsregel in Form eines Börsenvorrangs i.S.v. Art. 14 der Wertpapierdienstleistungsrichtlinie.[278] Die Mitgliedstaaten konnten vorschreiben, dass unter bestimmten Voraussetzungen die Geschäfte, die der Richtlinie unterfielen, auf einem geregelten Markt zur Ausführung gebracht werden mussten. Die gesetzgeberische Entscheidung zugunsten eines Börsenvorrangs basierte auf der wirtschaftswissenschaftlichen Annahme, dass Märkte nur dann funktionsfähig seien, wenn es ihnen gelingen würde, eine kritische Masse an Liquidität zu konzentrieren (Paradigma der Marktkonsolidierung).[279] Die Einführung eines Börsenvorrangs war gem. Art. 14 der Wertpapierdienstleistungsrichtlinie

---

275 *Gomber/Gvozdevskiy*, in: Busch/Ferrarini, Regulation of Financial Markets, Rn. 14.12.

276 *Gerke/Rasch*, Die Bank 1992, S. 193.

277 Richtlinie 93/22/EWG des Rates vom 10.05.1993 über Wertpapierdienstleistungen, ABl. v. 11.06.1993, L 141/27.

278 *Hopt/Baum*, in: Hopt/Rudolph/Baum, Börsenreform, S. 287, 321.

279 *Schmidt*, Kredit und Kapital 1992, S. 110, 120ff.; *Schuster/Rudolph*, Börsenlandschaft, in: Hummel/Breuer, Hdb. Europäischer Kapitalmarkt, S. 371, 376f.; *Schlüter*, Börsenhandelsrecht, Kapitel G. Rn. 1ff.; *Rudolph/Röhrl*, in: Hopt/Rudolph/Baum, Börsenreform, S. 143, 249; *Hopt/Baum*, in: Hopt/Rudolph/Baum, Börsenreform, S. 287, 429f; *Mendelson*, 22 J. Finan. Quant. Anal. (1987), S. 189ff.; *Pagano*, 104 Quarterly Journal of

zwar in das Ermessen der Mitgliedstaaten gestellt. § 22 BörsG a.F. ordnete allerdings an, dass Wertpapieraufträge, die an einer inländischen Börse gehandelt wurden, über die Börse auszuführen waren, es sei denn, dass der Auftraggeber eine andere Weisung erteilt hatte (sog. Börsenvorrang).[280] Der Börsenvorrang war bis zum Inkrafttreten des 4. Finanzmarktförderungsgesetzes[281] (4. FMFG) doppelt gestaffelt: Bei Wertpapieren, die an einer inländischen Börse zugelassen waren, hatte diese den Vorrang vor dem außerbörslichen Handel und Auslandsbörsenhandel; sodann hatte der Präsenzhandel vor dem elektronischen Handel bei der Ausführung Vorrang. Das 4. FMFG änderte die Börsenvorrangsregeln zugunsten der Weisung des Kunden ab, der einen Vorrang bezüglich Ausführungsplatz und Handelsart anordnen konnte.

Der Begriff des Börsenvorrangs ist von dem des Börsenzwanges abzugrenzen. Börsenzwang bedeutet, dass bestimmte Finanzinstrumente grundsätzlich nur auf einer Börse und nicht außerhalb gehandelt werden dürfen – der außerbörsliche Handel ist damit untersagt.[282] Mit einem Börsenzwang wird ein generelles Verbot festgelegt. Der Begriff des Börsenvorrangs bezieht sich hingegen auf das Verhältnis zwischen Investor und dem Finanzintermediär, der seine Kauf- oder Verkaufsaufträge von Wertpapieren ausführt.[283] Börsenvorrangsregeln konstituieren kein Verbot des außerbörslichen Handels, sondern verpflichten den Finanzintermediär die Handelsaufträge bezüglich Wertpapiere, die zum Handel an einer inländischen Börse zugelassen sind, über eine inländische Börse auszuführen, es sei denn, dass der Auftraggeber ausdrücklich eine andere Weisung erteilt.[284] Der Börsenzwang war in Frankreich umgesetzt worden.[285]

Mit dem Inkrafttreten der MiFID I ist im EU-Marktordnungsrecht ein Paradigmenwechsel eingetreten. Die Konzentrationsregel der Wertpapierdienstleistungsrichtlinie wurde abgeschafft, um einen Wettbewerb zwischen traditionellen

Economics (1989), S. 255, 280f.; *ders.*, 56 Rev. Econ. Stud. (1989), S. 269ff.; *Chowdhry/Nanda*, 4 Rev. Finan. Stud. (1991), S. 483ff.; *Harris*, Trading and Exchanges, S. 524.

280 Zur damaligen Rechtslage, *Schlüter*, Börsenhandelsrecht, 2. Aufl., B.234.

281 BGBl. 2002 I Nr. 39, S. 2010; das Gesetz ist am 01.07.2002 in Kraft getreten.

282 *Baums/Segna*, Börsenreform, S. 72; *Pense/Puttfarken*, in: Hopt/Rudolph/Baum, Börsenreform, S. 1040; *Ekkenga*, in: Claussen, Bank- und Börsenrecht, § 6, Rn. 231.

283 Ebda.

284 *Ekkenga*, in: Claussen, Bank- und Börsenrecht, § 6, Rn. 23; *Baums/Segna*, Börsenreform, S. 73.

285 *Pense/Puttfarken*, in: Hopt/Rudolph/Baum, Börsenreform, S. 1040.

Börsen und anderen (elektronischen) Handelsplattformen zu ermöglichen.[286] Börsen besitzen seit dem Inkrafttreten der MiFID I nicht mehr das Monopol bei der Auftragsausführung und konkurrieren mit privaten Dienstleistern um Orders. Dies hat eine Aufteilung der Liquidität auf verschiedene Handelsplätze zur Folge, die zuvor auf der Börse konzentriert war – in diesem Sinne spricht man von Marktfragmentierung. Ein Markt wird als fragmentiert angesehen, wenn dasselbe Wertpapier auf verschiedenen Handelsplätzen zum Handel zugelassen ist.[287] Die MiFID I folgt damit nicht mehr dem Paradigma der Marktkonsolidierung, sondern dem Paradigma der Marktfragmentierung.

Der gesetzgeberischen Entscheidung zugunsten eines Wettbewerbs der Marktbetreiber untereinander und zugunsten der Marktfragmentierung, liegt die Annahme zugrunde, dass die Konzentration der Auftragsausführung auf Börsen die Markteffizienz nicht erhöhe.[288] Im Gegenteil geht der EU-Gesetzgeber davon aus, dass aufgrund des Paradigmenwechsels „Transaktionskosten gesenkt, die Märkte mit zusätzlicher Liquidität ausgestattet, leistungsfähige Handelsstrategien ermöglicht und die Abrechnungsverfahren der Transaktionen gestrafft werden“[289]. Tatsächlich reagierte der EU-Gesetzgeber auf technologische Entwicklungen, die einer Marktkonsolidierung durch Börsenvorrangsregeln zuwiderliefen. So bestand zum damaligen Zeitpunkt längst ein *Wettbewerb zwischen Börsen*, der zum Wandel der Börseninstitution von der „nationalen Liquiditätsquelle, die Dienstleistungen im Sinne eines öffentlichen Dienstes erbrachte“[290] zur gewinnorientierten Veranstaltung, die mit ihren Wettbewerbern um Handelsaufträge und damit um den Orderfluss als solchen konkurrierte.[291] Durch das Hinzutreten neuer, privatrechtlich organisierter Marktteilnehmer, die durch alternative, elektronische Auftragsausführungssysteme den Börsen Konkurrenz machten, entstand ein *Wettbewerb durch alternative Handelssysteme*, der

---

286 Europäische Kommission, KOM(2002), 625 endgültig, S. 10ff.; *Hopt/Baum*, in: Hopt/Rudolph/Baum, Börsenreform, S. 287, 429f.; kritisch *Schwark*, in: Schwark/Zimmer, KMRK, 4. Aufl., WpHG, § 31f, Rn. 7ff.; *Spindler*, WM 2002, 1325, 1328ff.; *Spindler/Kasten*, WM 2006, 1749, 1755; *Schwark*, FS Immenga (70), S. 723, 727ff. Zur vorherigen Rechtslage *Cohn*, ZBB 2002, 365ff.

287 *Davis/Dufour/Scott-Quinn*, in: Ferrarini/Wymeersch, Investor Protection in Europe, S. 163, 166f.; *Harris*, Trading and Exchanges, S. 524.

288 Europäische Kommission, KOM(2002), 625 endgültig, S. 7.

289 Ebda.

290 *Europäische Kommission*, KOM(2002), 625 endgültig, S. 10.

291 *Europäische Kommission*, KOM(2002), 625 endgültig, S. 7.; eingehend zum Börsenwettbewerb und den damit verbunden Effekten *Rudolph/Röhrl*, in: Hopt/Rudolph/Baum, Börsenreform, S. 143, 222ff.

den Wettbewerbsdruck auf Seite der Marktbetreiber nochmals verschärfte.[292] Ferner begannen Wertpapierfirmen, die Kundenaufträge intern auszuführen, ohne dass sie Aufträge zu Börsen oder alternativen Handelssystemen senden mussten und konnten dadurch Kosten einsparen (*Internalisierung des Orderflusses*[293]).[294] Die Grenze zwischen Marktbetreiber und Marktteilnehmer wurde durch den technologischen Wandel aufgehoben, weswegen Börsenvorrangsregeln aus dem Marktordnungsrecht verschwanden.

Trotz des Paradigmenwechsels bestand bei dem EU-Gesetzgeber ein Bestreben zur Zentralisierung der Sekundärmärkte – allerdings nicht im Wege eines Börsenvorrangs oder gar Börsenzwangs.[295] Ein Markt ist für ein bestimmtes Gut erst dann vollkommen zentralisiert, wenn alle Kaufs- und Verkaufsangebote bzgl. dieses Gutes miteinander interagieren können, ohne Rücksicht darauf, wer diese Angebote zu welchem Zeitpunkt an welchem Ort abgegeben hat.[296] Das Mittel, das in einer fragmentierten Marktlandschaft für Zentralisierung sorgen sollte, hieß Transparenz: Die erhöhte Transparenz soll die potentiell negativen Effekte Marktfragmentierung auf eine Vielzahl von Märkten kompensieren.[297] Das aufsichtsrechtliche Ziel des Transparenzregimes der MiFID I besteht konkret darin, alle Handelsdaten verfügbar zu machen, um Suchkosten für einen handelswilligen Partner zu reduzieren, die Orderausführung zu kontrollieren und die Preisfindung effizienter zu gestalten.[298]

In diesem Zusammenhang ist klärungsbedürftig, an welches Konzept der Begriff „Marktfragmentierung" eigentlich anknüpft. Denkbar ist zunächst, dass der „Markt für Wertpapiere" gemeint sei. Diese Betrachtung nimmt eine Makro-Perspektive ein und stellt darauf ab, dass der Orderfluss fragmentiert, indem mit dem Vorhandensein von mehreren Handelsplätzen auch mehrfach dasselbe Wertpapier zum Handel zugelassen wurde (sog. Listing) mit der Konsequenz, dass in einem pluralistisch geprägten Marktumfeld die Handelsaufträge miteinander interagieren

---

292 Europäische Kommission, KOM(2002), 625 endgültig, S. 7, 9; vgl. zu den Hintergründen Government Office for Science/Foresight: The Future of Computer Trading in Financial Markets, S. 28ff.

293 Vgl. *Davis/Dufour/Scott-Quinn*, in: Ferrarini/Wymeersch, Investor Protection in Europe, S. 163ff.; *Köndgen*, in: FS H. Schmidt, S. 281ff.

294 *Europäische Kommission*, KOM(2002), 625 endgültig, S. 9f.

295 Ebda., S. 9f, 12.

296 *Kumpan*, Regulierung außerbörslicher Wertpapierhandelssysteme, S. 76, Fn. 383.

297 *Europäische Kommission*, KOM(2011), 651 endgültig, S. 9, 12f.

298 *Europäische Kommission*, KOM(2011), 651 endgültig, S. 8; *Gomber/Jäger*, ZBB 2014, 40, 42.

können – z.B. über ein Dachskontro[299]. Fragmentierung bedeutet in diesem Kontext, dass dorthin Liquidität abwandert, wo die meisten Handelsopportunitäten mit Blick auf die Interaktion von Handelsaufträgen vorhanden sind – es würde sich stets um einen großen Liquiditätspool handeln.[300] Die Perspektive des „Marktes für Handelsplätze“ (MiFID-Ansatz) fokussiert hingegen den einzelnen Handelsplatz und stellt auf eine grundsätzliche Trennung der Orderflüsse des jeweiligen betrachteten Handelsplatzes im Vergleich zu anderen Handelsplätzen ab; die Handelsaufträge eines Handelsplatzes interagieren grundsätzlich nicht mit denen eines anderen Handelsplatzes – es ist von einer Liquiditätsfragmentierung zu sprechen.[301] Im Folgenden soll von der letzteren Marktkonzeption ausgegangen werden.

B. Auswirkungen der Fragmentierung auf die Liquidität

Die gesetzgeberische Entscheidung zugunsten der Marktfragmentierung stellt einen erheblichen Eingriff in die Struktur der europäischen Kapitalmarktlandschaft dar. Der EU-Gesetzgeber identifiziert zwei potentielle negative Effekte, die durch die Einführung der Marktfragmentierung die europäischen Kapitalmärkte beeinträchtigen könnten.[302] Es drohe durch die Aufsplitterung der Liquidität ein Abfluss zu einer Vielzahl von Handelsplätzen, was insgesamt eine Liquiditätsreduzierung zur Folge haben könnte.[303] Ebenfalls drohe eine negative Beeinträchtigung des Preisfeststellungsverfahrens, das eng mit der Liquidität an den jeweiligen preisfeststellenden Handelsplätzen korreliert.[304]

I. Liquiditätsreduzierung bei dem Vorhandensein von Dark Pools im Markt

Marktteilnehmer bewerten die Qualität eines Handelsplatzes primär nach Liquiditätsgesichtspunkten. Werden ihre Orders nur unzureichend gefüllt, stark zeitlich verzögert oder zu schlechten Preisen ausgeführt, werden sie andere Handelsplätze, die eine bessere Liquidität aufweisen, bevorzugen.[305] Im Schrifttum wird der Verdacht

---

299 *Hopt/Baum*, in: Hopt/Rudolph/Baum, Börsenreform, S. 287, 427f.

300 *Kumpan*, Regulierung außerbörslicher Wertpapierhandelssysteme, S. 76.

301 *Klöhn*, in: Langenbucher, Europäisierung des Europäischen Privatrechts, § 6, Rn. 29.

302 *Europäische Kommission*, KOM(2002), 625 endgültig, S. 6f.

303 Ebda.

304 Ebda, S. 12.

305 *Bortenlänger*, Börsenautomatisierung, S. 49ff. A.A. Keynes: Keynes war hingegen anderer Ansicht: „Of the maxims of orthodox finance, none, surely, is more anti-social than the fetish of liquidity, the doctrine that it is a positive virtue on the part of investment

geäußert, dass eine Marktordnung, die auf dem Paradigma der Marktfragmentierung basiere, zu einer Aufsplitterung der Liquidität auf dem Kapitalmarkt führe.[306] Begründet wird dies damit, dass Handelsplätze um Orders konkurrieren und Börsen, die noch von einem Börsenvorrang profitierten, nun einen teilweisen Abfluss des Orderstroms zu verzeichnen hätten. Ferner würde die Wahrscheinlichkeit sinken, korrespondierende Orders zu finden.[307] Liquidität setzt sich – in diesem Kontext – aus der Anzahl der (passiven) Orders in einem Orderbuch zusammen. Je höher die Anzahl der (passiven) Orders, desto wahrscheinlicher und schneller kann ein Handelsinteresse umgesetzt werden. Marktkonsolidierung und die damit einhergehende Aggregation von (passiven) Handelsaufträgen erhöhe die Wahrscheinlichkeit einer Auftragsausführung zu dem gewünschten Preis.[308] Eine Liquiditätsreduzierung an einem Handelsplatz führe damit zu einer Beeinträchtigung der Markteffizienz.[309]

Verstärkt werde der Effekt der Liquiditätsreduzierung durch Internalisierungssysteme, die Kundenaufträge zusammenführen bevor diese an Börsen oder alternative Handelssysteme gesendet werden – Liquidität erreiche damit erst gar nicht die Handelsplätze.[310] Präferiert man Liquidität über andere Kriterien, sei die Marktkonsolidierung mithin deutlich der Marktfragmentierung vorzuziehen.[311] Denn nur ein konsolidierter Markt konzentriere Handelsaufträge und schafft den für die Liquiditätsgenerierung notwendigen Netzwerkeffekt.[312]

---

institutions to concentrate their resources on the holding of "liquid" securities." *Keynes*, General Theory of Employment, Interest and Money, S. 155.

306 *IOSCO*, Transparency and Market Fragmentation, S. 3; *dies.*, Regulation of Cross-Border Proprietary Screen-Based Trading Systems, Abs. 70; *Schwark*, WM 1997, 293, 297; *Kumpan*, Regulierung außerbörslicher Wertpapierhandelssysteme, S. 76; *Schlüter*, Internalisierungssysteme, S. 5f.; *Gomber*, Elektronische Handelssysteme, S. 64; *Mülbert*, JZ 2002, 826, 828f.; *Liersch*, WM 2003, 473, 474; *Amihud/Mendelson*, 71 N.Y.U. L. Rev. (1996), S. 1411, 1434.

307 *Arnold, et al.*, 4 J. Finance (1999), S. 1083ff.; *Jain*, Institutional Design and Liquidity at Stock Exchanges around the World, 2003.

308 *IOSCO*, Regulation of Cross-Border Proprietary Screen-Based Trading Systems, Abs. 70; *Kumpan*, Regulierung außerbörslicher Wertpapierhandelssysteme, S. 76; *Beny*, Colum. Bus. L. Rev. (2002) 339, 418; *Amihud/Mendelson*, 71 N.Y.U. L. Rev. (1996), S. 1411, 1434; *Nyquist*, 13 Yale L. & Pol'y Rev. (1995) 281, 283; *Gomber*, Elektronische Handelssysteme, S. 65; *Spindler*, WM 2002, 1325, 1328.

309 *Stoll*, 5 J. of Applied Corporate Finance (1993), S. 89, 91.

310 *Köndgen*, in: FS H. Schmidt 65, S. 281ff.; *Davies/Dufour/Scott-Quinn*, in: Ferrarini/Wymeersch, Investor Protection in Europe, S. 163, 166f.

311 *Rudolph/Röhrl*, in: Hopt/Rudolph/Baum, Börsenreform, S. 143, 256; *Kumpan*, Regulierung außerbörslicher Wertpapierhandelssysteme, S. 76; *Liersch*, WM 2003, 473, 478.

312 Ebda.

Abbildung 5: Fragmentierung des Orderstroms, eigene Darstellung.

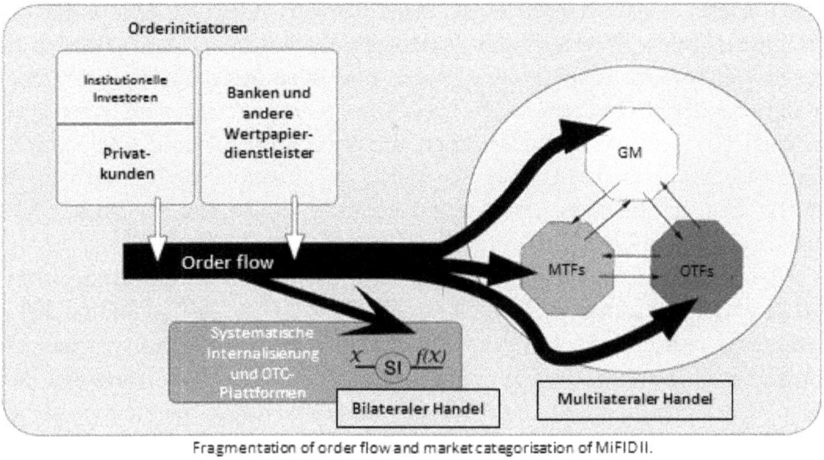

Ferner wird der Verdacht geäußert, dass eine Liquiditätsreduzierung sich auch auf die Transaktionskosten einzelner Marktteilnehmer auswirke, nämlich in Form von höheren Informations- und Suchkosten.[313] Um die Effekte einer Liquiditätsreduzierung zu kompensieren, müssen Marktteilnehmer Liquidität zunächst suchen, was einen Zugang zu mehreren Handelsplätzen gleichzeitig voraussetzt. Ferner müssen sie sodann Ausführungs- und Wertpapierpreise der Handelsplätze miteinander vergleichen, was ebenfalls Kosten verursacht.[314]

In der Kapitalmarktforschung wurde sich intensiv mit den Effekten der Marktfragmentierung in Bezug auf eine potentielle Liquiditätsreduzierung auseinandergesetzt.[315] Erste Untersuchungen der europäischen Kapitalmarktordnung nach Inkrafttreten der MiFID I legen den Schluss nahe, dass keine Liquiditätsreduzierung eingetreten ist. Vielmehr sei das Gegenteil der Fall – es

313 *Rudolph/Röhrl*, in: Hopt/Rudolph/Baum, Börsenreform, S. 143, 256.

314 *Kumpan*, Regulierung außerbörslicher Wertpapierhandelssysteme, S. 76; *Klöhn*, in: Langenbucher, Europäisierung des Privatrechts, § 6, Rn. 29.

315 Vgl. die Übersicht zu den Stand der Forschungsergebnisse bei *Degryse*, Financ. Mark. Portf. Manag. (2009), S. 93, 95f.; *Davies/Dufour/Scott-Quinn*, in: Ferrarini/Wymeersch, Investor Protection in Europe, S. 163, 170; *Gomber/Gsell/Lutat*, Competition among electronic markets and market quality, S. 4ff; *Gresse*, Effects of Lit and Dark Trading Venue Competition on Liquidity, 2012, S. 31ff.; *Degryse*, Competition between financial markets in Europe, 2009, S. 93, 95; *Gomber/Jäger*, MiFID: Eine systematische Analyse der Zielerreichung, SAFE 2014, S. 18f. mwN.

sei eine Liquiditätssteigerung festzustellen.[316] Zur Begründung wird angeführt, dass zunächst allein durch die Existenz der neuen Handelsplätze Liquidität dort gesammelt werde.[317] Ferner seien Wertpapierhändler darauf bedacht, sich der neuen Wettbewerbssituation an zupassen und seien ferner interessiert, Orders an den Handelsplatz zu senden, bei dem eine sofortige Ausführung einer Order möglich ist – die Wahrscheinlichkeit der Zusammenführung korrespondierender Orders sei angestiegen im Vergleich zur Situation vor Inkrafttreten der MiFID I.[318] Dies ziehe weitere Marktteilnehmer an, die eine sofortige Orderausführung präferieren.

Allerdings ergeben wirtschaftswissenschaftliche Untersuchungen auch, dass intransparente Handelsplattformen negative Effekte auf die Liquidität haben können. So reduziere der Handel auf Handelsplattformen, die ohne Vorhandelstransparenz operieren, die Liquidität im Gesamtmarkt.[319] Zwar kommen auch diese Untersuchungen zu dem Schluss, dass eine Marktfragmentierung die Liquidität des Gesamtmarkts erheblich steigern kann (ca. 30 %), vor allem aus dem Grund des Wettbewerbs zwischen Liquiditätssponsoren.[320] Jedoch hätten intransparente Handelsplattformen eine liquiditätsreduzierende Wirkung, da Limit-Aufträge in diese Handelsplattformen migrieren.[321]

Gomber/Pierron untersuchten außerbörslich abgeschlossene Aktiengeschäfte und stellen fest, dass die Volumen der untersuchten Geschäfte nicht einem Blockhandel zugeordnet werden können, sondern im Gegenteil unterhalb des MiFID-Schwellenwerts für die standardmäßige Marktgröße (Standard Market Size – SMS) liege.[322] Ferner hätten ein Großteil der untersuchten Transaktionen (2008: 68 %, 2010: 80 %) der Transaktionen keine negative Marktbeeinflussung gehabt, wären diese in einem offenen Orderbuch ausgeführt worden.[323]

---

316 *Gomber/Gsell/Lutat*, Competition among electronic markets and market quality, S. 21. *Gresse*, Effects of Lit and Dark Trading Venue Competition on Liquidity, 2012; *Riordan/Storkenmaier/Wagener*, Do Multilateral Trading Facilities Contribute To Market Quality?, 2011.

317 *Gomber/Gsell/Lutat*, Competition among electronic markets and market quality, S. 20.

318 Ebda.

319 *Degryse/De Jong/Van Kervel*, The Impact of Dark Trading and Visible Fragmentation on Market Quality, 2011, TILEC Discussion Paper Nr. 2011-026.

320 Ebda, S. 27.

321 Ebda.

322 *Gomber/Pierron*, MiFID, S.

323 Ebda.

Zwar zeigen insgesamt wirtschaftswissenschaftliche Untersuchungen, dass eine Liquiditätsreduzierung seit dem Inkrafttreten der MiFID I nicht eingetreten sei[324], *Gomber/Jäger* untersuchten im Rahmen einer Meta-Studie 453 wissenschaftliche Artikel[325] und kommen zu dem Ergebnis, dass die MiFID I nicht für alle Marktteilnehmer gleichermaßen die Liquidität verbessere.[326] *Degryse* zeigt in einer Studie, dass das Vorhandensein von intransparenten Handelsplatfformen wie BCNs zu einer Liquiditätsreduzierung auf Börsen führen kann.[327] Dies ist auch damit zu erklären, dass nicht alle Marktteilnehmer gleichen Zugriff auf Liquidität und Informationen haben. So wird in der Studie von *Degryse/de Jong/van Kervel* zwischen drei Arten von Marktteilnehmern unterschieden, die jeweils unterschiedlich auf Marktinformationen zugreifen: (i) Marktteilnehmer, die alle Märkte, an denen ein Finanzinstrument zum Handel angeboten wird, beobachten, für sich ein virtuelles konsolidiertes Orderbuch zusammenstellen und ihre Orders aufteilen und entsprechend der günstigsten Ausführung zu den jeweiligen Märkten verteilen[328], (ii) Marktteilnehmer, die lediglich den günstigsten Ausführungsort bestimmen und dort ihre Order zur Ausführung bringen, ohne dass auf andere Märkte parallel zugegriffen wird[329] und (iii) Marktteilnehmern, die ausschließlich an ihrem Heimatmarkt handeln. Die Studie zeigt auf, dass ausschließlich die erste Gruppe von der Marktfragmentierung profitiert beim Handel von Ordergrößen jeder Art.[330] Die zweite Gruppe profitiert lediglich beim Handel von kleinen Ordergrößen.[331]

II. Störung der effizienten Preisbildung an Referenzmärkten

Im Schrifttum wird der Verdacht geäußert, dass eine Marktordnung nach dem Paradigma der Marktfragmentierung zu einer Störung der effizienten Preisbildung an Referenzmärkten führe.[332] Es ist nicht allen Märkten gemein, dass eine

324 Siehe nur *Gomber/Jäger*, ZBB 2014, 40, 48.

325 *Gomber/Jäger*, MiFID: Eine systematische Analyse der Zielerreichung, SAFE 2014, S. 14, 15f.

326 Ebda, S. 18.

327 *Degryse*, Competition between financial markets in Europe, S. 97.

328 *Degryse/De Jong/Van Kervel*, The Impact of Dark Trading and Visible Fragmentation on Market Quality, 2011, TILEC Discussion Paper Nr. 2011-026, S. 18ff.

329 Ebda, S. 20.

330 Ebda, S. 18.

331 Ebda, S. 20.

332 *Mülbert*, JZ 2002, 826, 828f.; *Köndgen*, in: FS H. Schmidt 65, S. 281, 286; *Theissen*, Kredit und Kapital 2002, S. 550, 552ff.

eigene Preisfeststellung betrieben wird. Referenzpreissysteme basieren auf dem Prinzip, dass Wertpapierpreise von einem anderen Markt importiert werden, der eine eigene Preisfeststellung durchführt (sog. Referenzmarkt).[333]

Es sind vor allem Internalisierungssysteme, BCNs und (andere) intransparente Handelsplattformen, die Referenzpreissysteme betreiben.[334]

In den Wirtschaftswissenschaften wird angenommen, dass eine effiziente Preisbildung eng mit der Liquidität eines Marktes zusammenhänge. Wertpapierpreise seien nur dann akkurat, wenn das gesamte Angebots- und Nachfragepotential eines Wertpapieres der Preisfeststellung zugänglich ist, also auf einem preisfeststellenden Markt konzentriert werde.[335] Je mehr Liquidität von preisfeststellenden Märkten zu Märkten mit Referenzpreissystemen abwandert, desto ungenauer seien die Wertpapierpreise des Referenzmarktes, da dieser nicht mehr das gesamte Angebots- und Nachfragepotential bewerten könne.[336] Konsequenz sei, dass die Geld-/Brief-Spanne sich am Referenzmarkt erhöhe und die Transaktionskosten steigen.[337]

Störungen bei der effizienten Preisbildung an Referenzmärkten werden auf das Bestehen von Informationsasymmetrien zurückgeführt.[338] Grundsätzlich bestehen zwischen den Marktteilnehmern Informationsasymmetrien aufgrund verschiedener Informationsniveaus.[339] Transaktionen mit anderen Marktteilnehmern können riskant und kostspielig sein, wenn diese bessere Informationen besitzen als man selbst.[340] Als schlecht informierte Marktteilnehmer gelten Privatanleger im Vergleich zu professionellen Händlern, wie z.B. institutionelle Investoren, Banken oder anderen Wertpapierdienstleistungsunternehmen. Für diese professionellen Händler entstehen aufgrund des geringen Risikos keine wesentlichen Kosten. Typischerweise bevorzugen Privatanleger die Internalisierung vor einer börslichen Ausführung ihrer Wertpapieraufträge, da ihnen ein

333 *Harris*, Trading and Exchanges, S. 514ff.

334 *Harris*, Trading and Exchanges, S. 514ff.; *Degryse*, 23 Financ. Mark. Portf. Manag. (2009), S. 93, 97 (Crossing Networks).

335 *Harris*, 5 Financ. Mark. Inst. Instrum. (1993), S. 1, 4ff.; Rezeption in der juristischen Literatur: *Schwark*, FS Steindorff, 473, 477f.; *Schmidt/Iversen/Treske*, ZBB 1993, 209, 211; *Cohn-Heeren*, Regulierungskonzepte für Alternative Handelssysteme, S. 160.

336 *Gomber*, Elektronische Handelssysteme, S. 71 („selbstzerstörerisches System").

337 *Köndgen*, in: FS H. Schmidt 65, S. 281, 286 mwN.

338 Die folgende Argumentation ist eine Zusammenfassung der ausführlichen Darstellung von *Theissen*, Kredit und Kapital 35 (2002), S. 550, 552f.

339 *Harris*, Trading and Exchanges, S. 222ff.

340 *Köndgen*, in: FS H. Schmidt 65, S. 281, 286.

Preis zugesichert wird, der marginal besser ist als der an einer Börse.[341] Wenn nun der wenig risikoreiche Orderstrom von Privatanlegern internalisiert wird, wird sich im Gegenzug der Wertpapierhandel von professionellen Anlegern, der eher risikoreich ist, tendenziell zu den Referenzmärkten bewegen und dort konzentriert sein.[342] Das höhere Risiko wird von den Market Makern in dem von ihnen gestellten Geld-/Briefkurs eingepreist werden, da sie mögliche Verluste antizipieren wollen. Diese Preiserhöhung beeinflusst auch den Kurs des jeweiligen Wertpapiers am Referenzmarkt, der wiederum durch den Preisimport auch Märkte beeinflusst, die Referenzpreissysteme betreiben.[343]

Es ist bisher nicht abschließend geklärt, ob die Marktfragmentierung tatsächlich die Preisfeststellung von Referenzmärkten negativ beeinträchtigt. Es ist jedoch gesichert, dass ein Abfluss von Liquidität von einem preisfeststellenden Markt zu anderen preisfeststellenden Märkten nicht zu einer negativen Beeinträchtigung des Preisfeststellungsverfahrens führen muss. *Riordan* et al. zeigen auf, dass das britische multilaterale Handelssystem Chi-X mehr zur Preisfindung beiträgt als der Heimatmarkt der London Stock Exchange (LSE), da der Informationsgehalt der Preise und Quotes bei Chi-X höher ist als bei der LSE.[344] Insgesamt ist der Informationsgehalt von Handelsaufträgen jedoch nur vereinzelt Gegenstand von wirtschaftswissenschaftlichen Untersuchungen. *Spankowski* et al. weisen darauf hin, dass Investoren zumindest für den Zeitpunkt des Handelsauftakts auf die Börse (hier: LSE) vertrauen, da dort der Informationsgehalt am höchsten sei.[345] Ob dies tatsächlich der Fall ist, wird nicht bestätigt.

Zumindest die Internalisierung soll nach wirtschaftswissenschaftlichen Untersuchungen eine effiziente Preisfeststellung nicht negativ beeinflussen. Dies sei schon deswegen ausgeschlossen, weil es nur eine geringe Anzahl von systematischen Internalisierern überhaupt gebe und diese ein – im Vergleich zu den Referenzmärkten – nur niedriges Handelsvolumen aufweisen und damit die Geld-/Brief-Spanne an den Referenzmärkten nicht ausweiten können.[346] Eine mögliche negative Beeinträchtigung des Preisfeststellungsverfahrens durch

---

341 Ebda., 286f.

342 Ebda.

343 Ebda.

344 *Riordan/Storkenmaier/Wagener*, Do Multilateral Trading Facilities Contribute To Market Quality?, 2011, SSRN Working Paper.

345 *Spankowski/Wagener/Burghof*, The Role of Traditional Exchanges in Fragmented Markets, 2012.

346 *Gomber/Zimmermann*, Off-Exchange Market Making Price Aggressiveness of Systematic Internalisers, 2012, SSRN Working Paper.

Referenzpreissysteme insgesamt werde insbesondere mit Blick auf den außerbörslichen Handel in der wirtschaftswissenschaftlichen Literatur zumindest vermutet.[347]

C. Transparenz- und Best Execution-Vorschriften als Steuerungsmechanismen für Liquidität

Der EU-Gesetzgeber erkannte schon bei der Ausarbeitung der ersten Entwürfe für die MiFID I die potentiellen negativen Effekte, die das Paradigma der Marktfragmentierung mit sich bringen könnte.[348] Um einer möglichen Liquiditätsreduzierung sowie einer möglichen Störung der effizienten Preisbildung vorzubeugen, bedarf es zwei wesentlicher Regelungsbereiche innerhalb eines Marktordnungsrechts: (i) umfassendes Transparenzvorschriften und (ii) Regelungen zur kundengünstigsten Ausführung (Best Execution). Das Marktordnungsrecht setzt zunächst *umfassende Transparenzvorschriften* voraus, um eine fragmentierte Marktlandschaft durch „eine allgemeine Verfügbarkeit von Informationen zu aktuellen Handelsmöglichkeiten und zu den letzten Geschäftsabschlüssen“[349] zu konsolidieren.[350] „Umfassend“ bedeutet in diesem Kontext, dass alle Auftragsausführungssysteme erfasst werden müssen – ungeachtet, ob sie aufsichtsrechtlich einer MiFID-Marktkategorie zugeordnet werden können: „Eine Transparenzregelung, die nur die geregelten Märkte betrifft und außerbörsliche (over-the-counter – OTC) Geschäfte ausschließt, wäre in ihrer Tragweite beschränkt und nur bedingt wirksam“[351]. Best Execution-Regeln sehen vor, dass die verfügbaren Handelsinformationen einer Vielzahl von Handelsplätzen stets zu prüfen sind und dass angemessene Vorkehrungen getroffen werden, um zu gewährleisten, dass Kundenaufträge dorthin geleitet werden, wo mit der Erzielung des bestmöglichen Ergebnisses zu rechnen ist, Art. 21 MiFID I, Art. 44ff. MiFID-DRL. Best Execution heißt in diesem Kontext dezentrale Steuerung des Orderflusses dorthin, wo der Kunde den bestmöglichen Wertpapierpreis erhält und die niedrigsten Transaktionskosten tragen muss.[352]

---

347 *Gomber/Pierron*, MiFID, S. 50.

348 *Europäische Kommission*, KOM(2002), 625 endg., S. 8.

349 Ebda, S. 12.

350 Ebda.

351 Ebda, S. 13.

352 *Klöhn*, in: Langenbucher, Europäisierung des Privatrechts, 2. Aufl., § 6, Rn. 31; KOM(2002), 625 endg. S. 17.

Umfassende Transparenzvorschriften alleine genügen noch nicht, um eine bestmögliche Ausführung für die Marktteilnehmer zu gewährleisten. Vielmehr wird ein Mechanismus benötigt, „der sicherstellt, dass die im Rahmen der Transparenzverpflichtungen erhaltenen Handelsinformationen zu Veränderungen bei den Order-Routing-Entscheidungen der Wertpapierhäuser führen".[353] Dieser Mechanismus wird durch Regeln zur kundengünstigsten Ausführung (Best Execution) im Rahmen des Marktordnungsrechts der MiFID umgesetzt.[354] Diese Regeln sehen vor, dass die verfügbaren Handelsinformationen einer Vielzahl von Handelsplätzen stets zu prüfen sind und dass angemessene Vorkehrungen getroffen werden, um zu gewährleisten, dass Kundenaufträge dorthin geleitet werden, wo mit der Erzielung des bestmöglichen Ergebnisses zu rechnen ist. Insbesondere sind die Preise der Finanzinstrumente, die mit der Auftragsausführung verbundenen Kosten, die Geschwindigkeit, die Wahrscheinlichkeit der Ausführung und die Abwicklung des Auftrags sowie den Umfang und die Art des Auftrags zu berücksichtigen, Art. 21 MiFID, Art. 44ff. MiFID-DRL. Vorrang genießt jedoch der Ausführungspreis bei der Bewertung einer Orderausführung gegenüber allen anderen Kriterien.[355] Best Execution heißt in diesem Kontext dezentrale Steuerung des Orderflusses dorthin, wo der Kunde den bestmöglichen Wertpapierpreis erhält und die niedrigsten Transaktionskosten tragen muss.[356] „Damit wird gewährleistet, dass sich der Wettbewerb zwischen den Marktplätzen in Kursverbesserungen für den Endanleger niederschlägt."[357]

Transparenz bedeutet in diesem Kontext Offenlegung von Liquidität. Damit Marktteilnehmer überhaupt einen Vorteil aus der Angebotspalette einer Vielzahl von konkurrierenden Märkten ziehen können, müssen sie Kenntnis von den verschiedenen Ausführungsmodalitäten haben. Transparenz soll damit die potentiell bestehenden negativen Effekte der Liquiditätszersplitterung auf

353 Begründung zum Richtlinienvorschlag der MiFID, KOM(2002), 625, ABl. C 71/62, S. 17.

354 Vgl. *Schmitt/Schielke*, Die Bank 2006, 32; *Zingel*, BKR 2007, 173; *Bracht*, Die Pflicht von Wertpapierdienstleistungsunternehmen zur bestmöglichen Ausführung von Kundenaufträgen (Bext Execution), 2009; zur deutschen Rechtslage, vgl. von *Hein*, in: Schwark/Zimmer, Kapitalmarktrechtskommentar, WpHG, § 33a, Rz. 1ff.

355 Erwägungsgrund Nr. 67 MiFID-DRL.

356 *Klöhn*, in: Langenbucher, Europäisierung des Privatrechts, 2. Aufl., § 6, Rz. 31; KOM(2002), 625 endg. S. 17.

357 Begründung zum Richtlinienvorschlag der MiFID, KOM(2002), 625, ABl. C 71/62, S. 17.

eine Vielzahl von Märkten kompensieren.[358] Das aufsichtsrechtliche Ziel der Transparenzvorschriften der MiFID I bestand konkret darin, alle Handelsdaten verfügbar zu machen, um Suchkosten für einen handelswilligen Partner zu reduzieren, die Orderausführung zu kontrollieren und die Preisfindung effizienter zu gestalten.[359] Die MiFID I gewährleistete keine absolute Transparenz auf den Wertpapiermärkten, sondern ließ Ausnahmen in den Fällen zu, in denen die vorgenannten Ziele nicht beeinträchtigt waren.[360]

D. Die Bedeutung für den Blockhandel

Die Realisierung umfassender und absoluter Transparenz kann selbst auf Märkten, die auf dem Paradigma der Marktfragmentierung aufbauen, schädigend wirken und dazu führen, dass weniger Liquidität für die Marktteilnehmer zur Verfügung steht.[361] Insbesondere Liquiditätsbereitsteller wie z.B. Market Maker haben kein Interesse daran, ihre Bedingungen für den Kauf und Verkauf von Wertpapieren offenzulegen, da sie möglicherweise dann nicht mehr so gewinnbringend abschließen und sich nicht vor strategischem Handel von Seiten anderer Marktteilnehmer schützen könnten. Eine Durchführung von Blockhandelstransaktionen würde so unmöglich gemacht.

I. Blockhandel in einem transparenten Marktumfeld

Der Blockhandel in einem transparenten Marktumfeld ist mit erheblichen Problemen behaftet. Die Ausführung von Blockhandelsaufträgen z.B. an einer Börse ist aufgrund der dortigen Preisbildungsverfahren sowie durch das Verhalten von anderen Marktteilnehmern üblicherweise mit Preisausschlägen verbunden.[362] Diese sind auf den sog. Mengen-Preis-Effekt (Market Impact)[363] zurückzuführen, der bereits eintritt, bevor die Order vollständig zur Ausführung gebracht worden ist. Angesichts der Größe des angebotenen Blocks gerät der

358 Ebda, S. 12f.

359 Ebda, S. 8; *Gomber/Jäger*, ZBB 2014, 40, 42.

360 *Europäische Kommission*, KOM(2002), 625 endg., S. 13.

361 Ebda.

362 *Schwartz/Whitcomb*, Transaction Costs and Institutional Investor Trading Strategies, S. 31; *Kraus/Stoll*, Journal of Finance 27 (1972), S. 569ff.; *Holthausen/Leftwich/Mayers*, Journal of Financial Economics 19 (1987), S. 237; *Wastl*, NZG 2000, 505, 513; *Wolf*, in: Habersack/Mülbert/Schlitt, Unternehmensfinanzierung am Kapitalmarkt, § 6, Rn. 6.

363 *Liersch*, Regulierung des Blockhandels, S. 58ff.

Kurs des jeweiligen Wertpapiers bei Kenntnis der anderen Marktteilnehmer von dem erheblichen Transaktionsinteresses des Blockinitiators unter Druck, wenn im börslichen Handel keine angemessene Liquidität bereitgestellt wird und es sodann zu einem Ungleichgewicht zwischen Angebot und Nachfrage kommt.[364] Der Mengen-Preis-Effekt kann beziffert werden und besteht aus der Differenz zwischen dem Kurs, den eine Blockorder tatsächlich im Markt verursacht und dem Kurs, der im Markt fortbestehen würde, wenn kein Mengen-Preis-Effekt eingetreten wäre.[365] Die Initiatoren einer Blockorder werden wegen der adversen Preisausschläge, die die Order verursachen kann, die größtmögliche Verschwiegenheit und Anonymität bei der Ausführung begehren.[366]

1. Adverse Effekte bei der Ausführung von Blockorders

Insgesamt lassen sich die Probleme, die in einem transparenten Handelsumfeld bestehen, in vier Kategorien unterteilen. Die Initiatoren von Blockaufträgen haben mit einem *latenten Nachfrageproblem* bei großen Handelsvolumen zu kämpfen.[367] Wertpapierhändler, Wertpapiermakler und andere potentielle Vertragspartner, die in der Lage sind große Handelsaufträge zu füllen, sind schwer zu finden. Ferner kann eine große Order auch wenig beworben werden, um potentielle Bereitsteller von Liquidität zu finden, da allein die *Diffusion von Informationen an den Markt* über eine große Order den Preis negativ beeinflusst.[368] Diejenigen, die sich bereit erklären könnten, große Handelsaufträge auszuführen, fürchten jedoch, dass es sich bei dem konkreten Blockhandel um eine aufgesplittete Order handeln könnte und weitere große Handelsaufträge folgen könnten, nachdem sie ein Geschäft getätigt haben.[369] Als erste in der Kette einer aufgesplitteten Blockorder würden sie massive Verluste erleiden und der Preis des gehandelten Papiers würde sich zu ihren Lasten entwickeln (*Problem der Preisbenachteiligung*).[370] Schließlich besteht generell die Befürchtung, dass man aufgrund des Bestehens von kapitalmarkttypischen *Informationsasymmetrien* mit einem gut informierten Marktteilnehmer ein Geschäft zum eigenen wirtschaftlichen Nachteil abschließen könnte, weil man selbst weniger gut informiert ist als der Handelspartner.[371]

---

364 *Liersch*, Regulierung des Blockhandels, S. 58; *Gerke/Rasch*, Die Bank 1992, S. 194.
365 *Rudolph/Hopt*, in: Hopt/Rudolph/Baum, Börsenreform, S. 147, 172.
366 Vgl. *Gerke/Rasch*, Die Bank 1994, 193.
367 *Harris*, Trading and Exchanges, S. 323.
368 Ebda, S. 324.
369 Ebda.
370 Ebda, S. 325f.
371 Ebda, S. 326f.

a) *Das latente Nachfrageproblem*

Wesentlich für das Zustandekommen einer Blocktransaktion ist das Wissen um die Existenz eines Handelspartners, der bereit ist, das gesamte Ordervolumen oder zumindest einen Teil davon zu übernehmen und damit die Gegenseite des Geschäfts darzustellen.[372] Das Auffinden von korrespondierenden Handelsinteressen ist rein auf den börslichen Handel beschränkt betrachtet, nahezu unmöglich.[373]

In einem offenen Orderbuch werden die zur Ausführung bereitstehenden Handelsaufträge (sog. passive Handelsaufträge) aller Marktteilnehmer gespeichert und es ist ersichtlich, welche Transaktionen zu welchen Preisen gegenwärtig durchführbar sind.[374] In Handelssystemen, die mit einem offenen Orderbuch operieren, erhalten die anderen Marktteilnehmer Kenntnis von einer bevorstehenden Blocktransaktion in dem Zeitpunkt, in dem die Blockorder im Orderbuch platziert wird.[375] Dort werden sich allerdings keine Handelsaufträge in Blockgröße finden lassen – es kommt zu einem Angebotsüberhang.[376] Das kann für den Auftraggeber zu erhebliche Kosten führen, die darauf zurückzuführen sind, dass das Bereitstellen von passiver Liquidität (in Form von Orders, die im Orderbuch verwaltet werden) für andere Marktteilnehmer eine kostenlose Handelsmöglichkeit in Form einer Option darstellt.[377]

Bei der Veröffentlichung von neuen, positiven Informationen wird der Preis des Instruments steigen und bei einer limitierten Verkaufsorder damit über das Limit steigen.[378] Üben andere Marktteilnehmer die Option (Limit-Order) aus, realisiert der Order-Initiator nur das Limit anstatt des neuen, höheren Preises.[379] Fällt der Preis hingegen im Zuge der Veröffentlichung einer neuen, negativen Information, trägt er das volle Kursrisiko.[380] Zwar betrifft dieses Phänomen Limit-Orders generell; die Effekte sind allerdings bei limitierten Blockaufträgen am gravierendsten.

---

372 *Liersch*, Regulierung des Blockhandels, S. 69.

373 *Liersch*, Regulierung des Blockhandels, S. 60ff.

374 *Schlag/Mönch/Schurba*, in: FS für H. Schmidt (65), S. 109.

375 *Schlag/Mönch/Schurba*, in: FS für H. Schmidt (65), S. 109; *Harris*, Trading and Exchanges, S. 324.

376 Ebda.

377 *Gerke/Rasch*, Die Bank 1992, 193, 194.

378 Ebda.

379 Ebda., S. 195.

380 Ebda.

Institutionelle Anleger fürchten, dass die Übermittlung bestimmter Handelsaufträge in einem offenen Orderbuch für andere Marktteilnehmer Rückschlüsse über die eigene Handelsstrategie zulässt.[381] Da offene Orderbücher regelmäßig in anonymiserter Form betrieben werden, die keine Rückschlüsse über den jeweiligen Initiator des Auftrags zulassen, wird davon ausgegangen, dass der jeweilige Handelspartner ein besser informierten Investor sein könnte, weswegen die eigene Handelsstrategie entsprechend angepasst wird.[382] Um Transaktionsrisiken[383] zu reduzieren, splitten institutionelle Investoren große Handelsaufträge in kleinere.[384] In der Praxis platzieren Initiatoren die Teilaufträge entweder parallel in mehreren Märkten oder sequentiell (in verschiedenen Preisstufen) in einem Markt.[385] Dies geschah in der Vergangenheit manuell, heutzutage bieten Marktbetreiber den Teilnehmern Ordertypen an, die diese Strategien automatisiert umsetzen und damit Aufwand und Kosten der Kunden zu reduzieren.[386]

b) *Informationsdiffusion und asymmetrische Informationsverteilung*

Ein weiterer Umstand, der gegen die Platzierung von Blockaufträgen in einem offenen Orderbuch spricht, ist der Informationsgehalt der Blockorder an sich und der Wert, der diesem seitens der Marktteilnehmer beigemessen wird.[387] Diese vermuten, dass derartige Handelsaufträge durch Insiderinformationen oder einer zumindest geänderten Fundamentalbewertung des jeweiligen Unternehmens motiviert sind.[388] Daraus wird geschlossen, dass die Initiatoren besser informiert sind als der restliche Markt.[389] Einem Verkaufsauftrag wird dabei ein negativer Informationsgehalt zugesprochen, wohingegen Kaufaufträge positiv

381 *Harris*, Trading and Exchanges, S. 324.
382 Ebda.
383 Risiken bestehen z.B. durch das Auslesen der eigenen Handelsstrategie durch andere Marktteilnehmer. Eine derartige Strategie ist das Frontrunning, bei dem das Limit einer Blockorder um kleinste Einheiten über- oder unterboten wird, was die eigene Ausführungswahrscheinlichkeit erhöht. Zum Frontrunning als Informationsmissbrauch siehe im 3. Kapitel im Abschnitt C.III.
384 *Gomber/Pierron*, MiFID, S. 39f.
385 *Gomber*, Elektronische Handelssysteme, S. 46.
386 *Gomber/Pierron*, MiFID, S. 39f.
387 *Liersch*, Regulierung des Blockhandels, S. 62ff.; *Gerke/Rasch*, Die Bank 1992, 193, 194f.
388 *Harris*, Trading and Exchanges, S. 324.
389 *Burdett/O'Hara*, 11 Journal of Banking and Finance (1987), 193, 195.

wahrgenommen werden. Generell gilt, dass je größer das Volumen der Order ist, desto bedeutender wird der dahinterstehende Informationsgehalt bewertet.[390]

Der Informationsgehalt kann zum Auslösen oder zur Perpetuierung von Markttrends führen, wenn die Information der Existenz einer Blockorder an den Markt diffundiert.[391] Marktteilnehmer, die im Orderbuch eine Blockorder entdecken, werden zunächst ihre eigenen Handelsaufträge zurückziehen und gleichlautende Orders senden, weil sie von einem Informationsvorsprung des Initiators ausgehen und ihre eigene Informationsgrundlage hinterfragen – der Markt geht folglich von einer asymmetrischen Informationsverteilung aus.[392] Es kommt zu einem prozyklischen Effekts in Form eines adversen Preiseffekts aufgrund der Annahme einer asymmetrischen Informationsverteilung durch die Marktteilnehmer (sog. Informationseffekt)[393]. Dies gilt selbst dann, wenn die Marktteilnehmer nicht von einem Informationsvorsprung des Initiators ausgehen; sie werden ihr Verhalten anpassen, weil sie davon ausgehen, dass andere Marktteilnehmer sich ebenso verhalten werden.[394]

Aus diesen Gründen sind potentielle Handelspartner jedoch vorsichtig, ihr Handelsinteresse frühzeitig zu enthüllen und Opportunitäten bereitzustellen, die sich im Zweifel negativ für sie auswirken können. Andere Marktteilnehmer werden versuchen „gegen" die Blockorder zu handeln. Sie werden ihr Wissen um die Effekte, die eine Blockorder in der Lage ist auszulösen, nutzen, um aus dieser Situation einen Vorteil zu ziehen.[395] Aufgrund der Zeit-/Preispriorisierung des Orderbuchs weiß z.B. ein Verkäufer, dass seine Handelsaufträge erst dann zur Ausführung gebracht werden, wenn die zeitlich vorher platzierte Blockorder ausgeführt wurde.[396] Limitiert der Verkäufer nun niedriger als die Blockorder, kann er seine Handelsaufträge vor der Blockorder platzieren und es kommt zu einer Beschleunigung des adversen Preiseffekts der Blockorder auf der Angebotsseite.[397] Blockhändler werden davon absehen eine Blockorder als eine Limitorder zu senden, da die Marktgegenseite die limitierte Blockorder als eine unentgeltliche Option ansehen wird, weil die Blockorder bis zu ihrer vollständigen Ausführung

390 *Scholes*, Journal of Business 1972, S. 179, 183.

391 *Harris*, Trading and Exchanges, S. 324.

392 Ebda.

393 *Liersch*, Regulierung des Blockhandels, S. 66.

394 Vgl. *Gerke/Rasch*, Die Bank 1992, 193, 194f.

395 *Schwartz*, Equity Markets in Action, S. 107f.; *Gerke/Rasch*, Die Bank 1992, 193, 195; *Harris*, Trading and Exchanges, S. 324.

396 *Harris*, Trading and Exchanges, S. 324.

397 Ebda.

ein Handelsangebot darstellt, das verhindert, dass sich der Kurs ungünstiger entwickelt als die Limitierung der Blockorder (sog. faktisch unentgeltlichen Option oder free trading option).[398] Aufgrund dessen verhindert sie gleichzeitig, dass der Kurs über den von ihr bestimmten Limitpreis steigt, da andere Marktteilnehmer sich dem Markttrend anschließen werden.[399] In Erwartung eines potentiellen Preisdrucks werden Käufer nun geneigt sein, ihre Kauflimits zu senken. Ist dies tatsächlich der Fall, schließen sie zu einem für sie günstigeren Kurs ab. Sie bezahlen weniger, als sie ursprünglich bereit gewesen wären, zu zahlen.[400] Läuft der Kurs in die entgegengesetzte Richtung, können sie immer noch die kostenlose Kaufoption der Blockorder ausüben.[401]

c) Das Preisbenachteiligungsproblem

Durch den Mengen-Preis-Effekt entstehen Blockhändlern Liquiditäts- und Suchkosten.[402] Diese Kosten entstehen dadurch, dass man Liquidität nachfragt und/oder einen potentiellen Vertragspartner für eine Transaktion sucht. Man wird regelmäßig einen Preisaufschlag, der auf den aktuellen Kurs des jeweiligen Wertpapiers hinzugerechnet wird, akzeptieren müssen, um zusätzliche Liquidität zu aktivieren. Dies schlägt sich in höheren Ausführungspreisen der Blockorder nieder, wenn sie in einem transparenten Marktumfeld zur Ausführung gebracht wird.[403] In der Praxis ist es daher nicht unüblich, eine Blockorder in mehrere kleinere Handelsaufträge zu splitten, um die Marktbeeinflussung zu verringern.[404] Viele Handelsplätze stellen hierfür bestimmte Orderformen zur Verfügung, die eine automatische Aufsplittung im Handelssystem durchführen.[405] Die prominenteste unter ihnen ist die sog. Eisberg-Order oder Reserve-Order. Der Initiator kann in das Handelssystem das Gesamtvolumen der Order eingeben und spezifizieren,

---

398 *Liersch*, Regulierung des Blockhandels, S. 68f.; *Gerke/Rasch*, Die Bank 1992, 193, 195. Die Blockorder als Market Order zu senden kommt ebenso wenig in Betracht, da diese Art der Ausführung aufgrund der eingeschränkten Liquidität des Orderbuchs zu exorbitanten Ausführungspreisen führen würde.

399 *Schwartz*, Equity Markets in Action, S. 107f.; *Gerke/Rasch*, Die Bank 1992, 193, 195; *Harris*, Trading and Exchanges, S. 324.

400 *Schwartz*, Equity Markets in Action, S. 107f.; *Gerke/Rasch*, Die Bank 1992, 193, 195; *Harris*, Trading and Exchanges, S. 324.

401 Ebda.

402 *Schwartz/Whitcomb*, Transaction Costs and Institutional Investor Strategies, S. 31f.

403 *O'Hara*, Market Microstructure Theory, S. 233.

404 *Gomber*/Pierron, MiFID, S. 39; *Harris*, Trading and Exchanges, S. 325; *Gomber*, Elektronische Handelssysteme, S. 46.

405 Vgl. *Schlag/Mönch/Schurba*, in: FS für H. Schmidt (65), S. 109ff.

welches Volumen der Order für den Markt sichtbar ist (der sog. Eisberg).[406] Der verbleibende Teil bleibt unsichtbar.[407] Wird der sichtbare Teil ausgeführt, wird eine neue Order generiert mit der gleichen Quantität wie die vorherige, sichtbare Order.[408] Dies widerholt sich solange bis das Gesamtvolumen ausgeführt wurde.

Andere Marktteilnehmer sondieren den Markt nach aufgesplitteten Blockaufträgen, um diese zu antizipieren und die durch sie entstehenden Effekte zu profitieren.[409] Potentielle Handelspartner werden daher vorsichtig sein, Liquidität bereitzustellen, da sie befürchten müssen, dass sie als Gegenpartei einer größeren Blockorder fungieren und weitere folgen könnten, dies von anderen Marktteilnehmern bemerkt wird und dass sich der Preis des jeweiligen Wertpapiers zum Nachteil für den Liquiditätsbereitsteller wendet.[410] Auf diese Weise erstrecken sich die negativen Effekte des Mengen-Preis-Effekts auch auf Dritte. Potentielle Handelspartner werden mögliche adverse Preiseffekte, die sich in Form einer Preisbenachteiligung nach Durchführung der Transaktion einstellen werden, daher zusätzlich Liquiditätsbereitstellungskosten verlangen.[411]

Die Ausweitung des Effekts der adversen Preisausschläge in Form der Preisbenachteiligung auf Dritte erschwert die Suche nach Liquidität und erhöht – im Falle des Ordersplittings – die Liquiditäts- und Suchkosten des Initiators.[412] Es ist dabei irrelevant, ob sich im Markt tatsächlich aufgesplittete Handelsaufträge befinden, allein die Skepsis potentieller Handelspartner, dass man der erste in einer Reihe von Kettentransaktionen ist, die in Verbindung mit der Ausführung einer Blockorder stehen könnte, wird zu einem Preisaufschlag führen.[413]

2. Bedeutung von Transparenzregeln für den Blockhandel

Der Wirkungsgrad des im Blockhandel auftretenden Informationseffekts ist davon abhängig, wie umfassend der Markt über potentielle Blocktransaktionen informiert ist. Die Regeln der Markttransparenz eines Handelsplatzes sind daher

406 *Deutsche Börse AG*, Marktmodell Aktien, S. 14f.
407 Ebda.
408 Ebda.
409 *Harris*, Trading and Exchanges, S. 324.
410 Ebda.
411 *Liersch*, Regulierung des Blockhandels, S. 65.
412 Ebda.
413 Der Initiator wird ferner bereit sein, den Preisaufschlag zu akzeptieren, um die Zeit, die seine Blockorder im Markt sichtbar ist, zu minimieren und das Risiko der Marktbewegung (sog. Exposure) zu vermeiden. Vgl. *Liersch*, Regulierung des Blockhandels, S. 65.

für die am Blockhandel Beteiligten von entscheidender Bedeutung und sind im Folgenden zu untersuchen.

a) Regeln zur Vorhandelstransparenz

Blockorderinitiatoren werden die Wahl ihrer Handelsstrategie zum Einen davon abhängig machen, ob und inwieweit die Blockorder von den restlichen Marktteilnehmern wahrgenommen werden kann. Zum Anderen ist relevant, inwieweit der Blockinitiator in der Lage ist, die am Markt verfügbare Liquidität abzuschätzen und ob hierzu eine Aufdeckung seiner Handelsabsichten notwendig ist. Die Entscheidung hängt regelmäßig von der Ausgestaltung des Orderbuchs (geschlossen oder offen)[414] sowie von der Ausgestaltung der (gesetzlichen) Handelsregeln ab.

Vorhandelstransparenzregeln müssen nicht für alle Marktteilnehmer gleich ausgestaltet sein. Ein bestimmter Kreis von Marktteilnehmern kann gar von dem Anwendungsbereich vollständig ausgenommen werden. Derartige Ausnahmetatbestände sind z.B. für einen physischen Blockhandel (den sog. Upstairs-Handel)[415] vorgesehen worden, damit die die Transaktion einleitenden Finanzintermediäre unter Ausschluss anderer Marktteilnehmer miteinander Handeln können; die Marktöffentlichkeit ist dabei die Möglichkeit des separaten Aushandels verwehrt und erfährt auch nichts über die dort ausgehandelten Preise.[416] Denkbar ist auch, dass bestimmte Transaktionen schlicht von der Pflicht zur Offenlegung gegenüber dem Markt befreit sind – z.B. bei Überschreiten eines bestimmten Volumens.[417]

Eine andere Möglichkeit die Vorhandelstransparenz zu beeinflussen, besteht über die Möglichkeit, bei der Definition von Limitaufträgen bestimmte Attribute spezifizieren zu können, wie z.B. die Sichtbarkeit der Größe der Order, sodass die Order entweder teilweise oder insgesamt nicht sichtbar ist, obwohl sie im Orderbuch platziert ist.[418] Denkbar ist, dass eine große Order sich Stück für Stück aufdeckt, wenn korrespondierende Gegenaufträge eintreffen oder dass eine große Order nur teilweise sichtbar im Orderbuch platziert ist und ein Teil der unsichtbaren Liquidität nachgeschossen wird, wenn der sichtbare Teil zur Ausführung gebracht wurde. Aus Gesichtspunkten der

---

414 Siehe hierzu 1. Kapitel Abschnitt B.II.

415 Hierzu sogleich in diesem Kapitel Abschnitt D.II.2.

416 *Liersch*, Regulierung des Blockhandels, S. 75ff.

417 Siehe zu den Ausnahmen im Bereich der Vorhandelstransparenzanforderungen im 3. Kapitel im Abschnitt B.I.4.

418 So z.B. die Eisberg-Order. Vgl. hierzu *Schlag/Mönch/Schurba*, in: FS für H. Schmidt (65), S. 109ff.

Marktfairness ist dabei die Frage relevant, welchen Zeitstempel die aufgedeckten Teilaufträge haben, den Stempel der Aufdeckung oder den Stempel der Ordereinstellung. Letzteres würde mit einer erheblichen Beeinträchtigung der Marktteilnehmer einhergehen, da diese nicht mehr die Orderlage einschätzen könnten.[419]

An der FWB werden verschiedene Ordertypen unterstützt. Hierzu gehören auch Eisberg-Orders, die es den Marktteilnehmern ermöglichen großvolumige Handelsaufträge in das Orderbuch zu setzen, die für andere Marktteilnehmer nur teilweise sichtbar sind.[420] Auch eine Vielzahl von MTFs, wie z.B. das von BATS Europe, gewähren diese Ordertypen.

b) Regeln zur Nachhandelstransparenz

Der durch den Mengen-Preis-Effekt verursachte Informationseffekt einer Blockorder hängt mit Blick auf seine Entstehung und des Wirkungsgrades nicht allein von der Vorhandelstransparenz eines Marktes ab. Auch Nachhandelstransparenzregeln können sich auf die Kosten einer Blocktransaktion niederschlagen.

Naturgemäß beschränkt sich das Interesse der an einer Blocktransaktion beteiligten Parteien auf die Durchführung *dieser konkreten* Transaktion. Die Reaktion des Marktes auf die Durchführung einer Blocktransaktion könnte für die Beteiligten aus dieser Perspektive unbedenklich sein, sodass diese in Bezug auf die Nachhandelstransparenz kein erhöhtes Maß an Diskretion fordern würden. Diese Annahme ist allerdings nur solange korrekt, wie davon ausgegangen werden kann, dass unmittelbar nach der Blocktransaktion keine weiteren Transaktionen durchgeführt werden. Die Ausgangssituation ist in den Fällen anders zu bewerten, wenn ein Händler den Block (ganz oder teilweise) durch Aufwenden eigenen Kapitals aufs eigene Buch nimmt, um die Transaktion zu ermöglichen.[421] Im Gegensatz zu einem Investor hat der Händler nicht das Ziel eine Anlage zu tätigen und wird versuchen, die Position schnellstmöglich glattzustellen.[422] Ferner wird ein Blockinitiator ein Interesse an einer geringen Nachhandelstransparenz haben, der die Handelsstrategie des Ordersplittings verfolgt.[423] Eine der beiden Handelspartner wird unmittelbar nach der Transaktion wieder auf derselben Marktseite stehen und nach Handelsopportunitäten suchen, sodass

419 *Liersch*, Regulierung des Blockhandels, S. 75.
420 Deutsche Börse AG, Marktmodell Aktien, S. 13f.
421 Siehe zur Rolle von Wertpapierhändlern 1. Kapitel Abschnitt A.II.3.
422 *Harris*, Trading and Exchanges, S. 328f.
423 Siehe hierzu in diesem Kapitel im Abschnitt D.II.1.

sich der Informationseffekt für ihn negativ auswirken würde.[424] Diese Situation endet erst dann, wenn die Blockorder bei einem Investor angelangt ist, der ein ernsthaftes Halteinteresse besitzt; alle zwischengeschalteten Finanzintermediäre tragen ein Kursänderungsrisiko.[425] Letztere haben daher auch im Nachhandelsbereich ein großes Interesse an einer diskreten Durchführung der (jeweiligen) Blocktransaktion.[426]

Nichtsdestotrotz bietet ein gewisser Grad an Nachhandelstransparenz Vorteile für die am Blockhandel beteiligten Parteien. Nachhandelstransparenzdaten gewähren einen Einblick in vergangene Marktsituationen: Sie geben Aufschluss über die Identität derjenigen Marktteilnehmer, die am gleichen Wertpapier interessiert waren oder generell in der Lage sind, große Ordervolumen schnell umzusetzen.[427] Dies erleichtert eine zukünftige Suche nach geeigneten Handelspartnern, da gezielt Händler angesprochen werden können, die nach denselben Wertpapieren suchen wie der Initiator.[428] Ferner können Initiatoren die vergangene Liquidität anhand der Anzahl und Volumen der bereits getätigten Geschäfte in einem jeweiligen Wertpapier einschätzen und dies bei der Wahl ihrer Handelsstrategie berücksichtigen.[429] Dies ist insbesondere für Händler relevant, da es ihre Aufgabe ist, Kenntnis darüber zu erlangen, ob gleichgerichtete Transaktionen ausgeführt worden sind. Für sie besteht in dieser Situation die Gefahr, dass sie einen Teil einer noch größeren Blockorder annehmen (d.h. gegenwärtig werden die anderen Teile bei anderen Marktteilnehmern ebenfalls angeboten) und es zu einer erheblichen Kursreaktion kommt, sobald die Gegenparteien anfangen, die jeweiligen Positionen auszugleichen.[430] Nachhandelstransparenzdaten verringern folglich das Kursänderungsrisiko für Blockhändler, da sie sich über mögliche Parallelgeschäfte informieren können.[431]

---

424 *Harris*, Trading and Exchanges, S. 328f.

425 "Da sich die Vergütung des Händlers – unabhängig davon, ob diese explizit ausgewiesen wird oder sich als Kursauf- oder -abschlag darstellt – an der Höhe des zu übernehmenden Risikos orientiert, äußert sich die Gefahr, dass die Glattstellung von Informationseffekten erschwert wird, bereits in höheren Transaktionskosten für den Initiator des Blockgeschäfts." *Liersch*, Regulierung des Blockhandels, S. 97.

426 *Harris*, Trading and Exchanges, S. 328f.

427 *Liersch*, Regulierung des Blockhandels, S. 98.

428 Ebda.

429 Ebda.

430 Siehe zu diesem Effekt in diesem Kapitel im Abschnitt D.II.1.

431 *Liersch*, Regulierung des Blockhandels, S. 98.

In der Praxis wird die Nachhandelstransparenz allerdings ambivalent beurteilt. Zwar besteht aufgrund vorgenannter Gesichtspunkte immer ein grundsätzliches Bedürfnis über die Geschäfte und Orders anderer Marktteilnehmer informiert zu sein, aber die Preisgabe von Informationen über die eigene Tätigkeit kann mit Nachteilen verbunden sein.[432] Es besteht folglich ein Trade-Off zwischen dem Informationsbedürfnis im Nachhandelsbereich und der Gefahr der Informationspreisgabe des individuellen Marktteilnehmers.[433] Da der natürliche Anreiz zur zeitnahen Veröffentlichung von getätigten Geschäften damit nicht besteht, müssen staatliche Vorschriften oder die Regeln des Handelsplatzes eine effiziente Gewährleistung der Nachhandelstransparenz vorsehen.

II. Blockhandel in einem intransparenten Bereich

Das Bestehen von Informationseffekten führt in der Praxis dazu, dass eine direkte Verhandlung auf bilateraler Ebene mit potentiellen Handelspartnern durchgeführt wird, sofern die Blockorder „en bloc", also vollständig, ausgeführt werden soll.[434]

1. Außerbörslicher Telefonhandel

Ein großer Teil des Handels geschieht außerbörslich mittels Telefon.[435] Die gesamte Ausführungsdauer beträgt ca. 45 – 60 Minuten.[436] Die auf den Blockhandel spezialisierten Finanzintermediäre wie Banken oder andere Wertpapierdienstleister unterhalten Beziehungen zu bekannten institutionellen Investoren, um ihr Transaktionsinteresse zu eroieren und gegebenenfalls größere Positionen anzubieten.

Wertpapierhändler werden eine Blockverkaufsorder zu einem Preisabschlag vom aktuellen Marktpreis in Höhe von ca. 1 – 10 % übernehmen; für eine Blockkauforder wird ein Preisaufschlag zum jeweiligen Marktpreis gefordert.[437] Kaufgesuche sind aufgrund des damit verbundenen Informationsgehalts recht selten, weil die Marktteilnehmer einen Informationsvorsprung des Initiators erwarten und davon ausgehen, dass sich der Marktpreis nach der Transaktion negativ verändern wird.[438] Die Höhe des konkreten Preisauf- oder -Abschlags richtet sich

---

432 Siehe oben unter b).
433 *Liersch*, Regulierung des Blockhandels, S. 98.
434 *Stenzel*, Außerbörslicher Aktienhandel, S. 45.
435 Ebda.
436 Ebda.
437 *Stenzel*, Außerbörslicher Aktienhandel, S. 45.
438 *Harris*, Liquidity, Trading Rules, and Electronic Trading Systems, S. 19.

nach der Quantität der Order, der Liquidität des jeweiligen Wertpapiers, der aktuellen Marktsituation und der Einschätzung der Marktteilnehmer und Analysten für das jeweilige Wertpapier.[439] Im Gegenzug trägt der Wertpapierhändler das Marktpreisänderungsrisiko.[440] Um dieses so gering wie möglich zu halten, wird direkt nach der Transaktion ein großer Kreis von potentiellen Abnehmern kontaktiert, um den Block ganz oder teilweise weiterzuveräußern.

Alternativ kann eine Blockorder mithilfe eines Wertpapiermaklers vermittelt werden. Aufgrund der bloßen Vermittlungsfunktion verbleibt das Marktpreisänderungsrisiko hingegen beim Initiator bis die Blockorder vollständig erfüllt wurde. Die Wertpapiermaklerdienstleistung besteht lediglich in der Kontaktvermittlung und in der Nutzbarmachung der Marktkenntnisse des Wertpapiermaklers – ein Handel auf eigene Rechnung findet folglich nicht statt.[441] Ferner können im außerbörslichen Wertpapierhandel Blocktransaktionen auch direkt, ohne Zwischenschaltung eines Finanzintermediärs, zwischen institutionellen Investoren durchgeführt werden.[442]

2. *Bilateraler Handel und börsliche Ausführung*

Trotz der negativen Effekte, die durch eine transparente Ausführung über eine Börse auftreten, haben Marktbetreiber nach Wegen gesucht, den Blockhandel innerhalb der Institution ‚Börse' zu integrieren. Zunächst wurde dies über die Schaffung von Ausnahmeregelungen oder durch gestaffelte Transaktionsgebühren versucht, um Anreize für die Ausführung von Blockaufträgen in einem börslichen Handelsumfeld zu schaffen.[443] Durchgesetzt hat sich das sog. Upstairs-Trading.[444] Bevor es die Möglichkeiten des elektronischen Handels gab, verhandelten die Wertpapiermakler und -Händler der Käufer und Verkäufer die Konditionen der Blocktransaktion diskret in den Obergeschossräumen eines Wertpapierdienstleisters.[445] Bezüglich des Marktpreises orientierten sich die

---

439 Vgl. *Holthausen/Leftwich/Mayers*, 19 Journal of Financial Economics (1987), S. 237, 240.

440 Siehe hierzu in diesem Kapitel im Abschnitt D.II.1.

441 *Harris*, Trading and Echanges, S. 328f.

442 *Schwartz/Whitcomb*, Transaction Costs and Institutional Trading Strategies, S. 8.

443 *Stenzel*, Außerbörslicher Aktienhandel, S. 45.

444 Siehe nur *Harris*, Trading and Exchanges, S. 328ff.

445 *Stenzel*, Außerbörslicher Aktienhandel, S. 45ff.; *Gomber*, Elektronische Handelssysteme, Fn. 69.

Handelspartner an den aktuellen Preisen einer Börse.[446] Einigten sich die Parteien auf die wesentlichen Vertragsbestandteile, geschah die Ausführung über die Börse – damals noch auf dem Parkett durch Market Maker.[447] Bei einem derartigen Geschäft bestand keine Garantie, dass das angestrebte Volumen auch umgesetzt werden konnte. Es handelte sich hier lediglich um eine vorverhandelte Transaktion (pre-arranged oder negotiated Trade), sodass andere Marktteilnehmer die Möglichkeit hatten, bis zum Zeitpunkt der vollständigen Durchführung der Geschäfte Einfluss auf diese Transaktion zu nehmen. Dieses Geschäft ist daher immer mit einem Opportunitätsrisiko behaftet gewesen.[448]

Bevor es zu einer bilateralen Verhandlung zwischen den Parteien kommt, können sich auch schon die typischen Probleme des Blockhandels realisieren, nämlich in Form von Liquiditäts- und Suchkosten.[449] Denn die Inanspruchnahme eines auf Blocktransaktionen spezialisierten Wertpapiermaklers oder die Gewährung eines Kursauf- oder –Abschlags der Gegenseite, um Liquidität zu aktivieren, sind Kosten, die auch im Blockhandel auf bilateraler Ebene entstehen können – und insbesondere mit dem Mengen-Preis-Effekt korrelieren.[450] Dieser tritt unmittelbar während der Suche nach einem Handelspartner auf, also zeitlich bevor es überhaupt auf bilateraler Ebene zu einer Verhandlung kommt.[451] Gleiches gilt für die Nachhandelsperiode. Hier kommt es für den Vertragspartner zu einem Mengen-Preis-Effekt, wenn er die Position im Anschluss an die Transaktion ausgleichen möchte.[452] Das Modell des Upstairs Trading ist daher nicht die optimale Lösung für die Durchführung von Blockhandelstransaktionen.

---

446 Dabei kann der beauftragte Händler angewiesen werden in Personalunion sowohl Kauf- und Verkaufsseite zu repräsentieren, vgl *Rudolph/Röhrl*, in: Hopt/Rudolph/Baum, Börsenreform, S. 143, 239f.; *Gerke/Rasch*, Die Bank 1992, 193, 197.

447 *Stenzel*, Außerbörslicher Aktienhandel, S. 48.

448 Opportunitätskosten bezeichnen diejenigen Kosten, die durch einen Fehlschlag der Orderausführung entstehen.

449 *Liersch*, Regulierung des Blockhandels, S. 118f.

450 Ebda.

451 Ebda.

452 Dies ist vor allem dann der Fall, wenn es sich um einen Market Maker handelt, der nur kurzfristig Liquidität bereitstellt und am Ende des Handelstages seine Positionen glatt stellen möchte.

3. *Verborgene Liquidität als Phänomen des elektronischen Wertpapierhandels*

Eine vielversprechende Lösung für die Durchführung von Blockhandelstransaktionen bietet der elektronische Wertpapierhandel. Eine Weiterentwicklung des Upstairs Trading stellen intransparente Handelsplattformen dar, die als elektronische Börsensysteme unter Ausschaltung von Vorhandelstransparenz einen anonymisierten Handel ermöglichen. Intransparente Ordertypen erlauben es sogar, in einem transparenten Marktumfeld, anonymisiert zu handeln.

a) Intransparente Handelsplattformen - Dark Pools

aa) Marktplatzfunktion für den Blockhandel

Intransparente Handelsplattformen sind Handelsplattformen, die unter Ausschaltung der Vorhandelstransparenz einen anonymen und grundsätzlich exklusiven Wertpapierhandel ermöglichen, d.h. es wird nicht öffentlich angezeigt, wie viele Wertpapiere zu welchen Preis angeboten oder nachgefragt werden.[453] Es ist dabei unerheblich, ob die Handelsplattform als eine aufsichtsrechtlich erfasste Marktkategorie (wie z.B. als geregelter Markt oder MTF) betrieben wird oder im außerbörslichen Bereich operiert. Der Mehrwert von intransparenten Handelsplattformen liegt nicht nur in der Ausschaltung des Informationseffekts, sondern schlägt sich auch in signifikant besseren Ausführungspreisen im Vergleich zu einer regulären Börse nieder.[454]

Während in der Vergangenheit versucht wurde, den Informationseffekt des Blockhandels durch den Handel auf bilateraler Ebene oder durch die Einschaltung von Finanzintermediären zu umgehen, ist dies im elektronischen Blockhandel hingegen nicht mehr notwendig.[455] Adverse Effekte bei der Durchführung von Blockhandelstransaktionen werden vermieden, indem ein Handelsumfeld geschaffen wird, in dem der individuelle Marktteilnehmer nur eingeschränkt über die Aktivitäten der anderen Marktteilnehmer Bescheid weiß - Diskretion und Anonymität stehen im Rahmen einer intransparenten Handelsplattform im Vordergrund.[456] Der Schlüssel zur Vermeidung des Informationseffekts liegt

---

453 Ähnlich *Gomber/Nassauer*, SAFE Policy Papers, White Paper Series No. 20, Fn. 24.

454 *Gomber/Gvozdevskiy*, in: Busch/Ferrarine, Regulation of Financial Markets, Rn. 14.12; *Ende/Muntermann*, MKWI 2010, 1897, 1906.

455 *Ende/Muntermann*, MKWI 2010, 1897ff.

456 *Gomber/Gvozdevskiy*, in: Busch/Ferrarine, Regulation of Financial Markets, Rn. 14.12, 14.13; *Swinburne*, Bericht über die Regulierung des Handels mit Finanzinstrumenten, A7-0326/2010, S. 5.

primär in einer stark reduzierten oder gar gänzlich nicht vorhandenen Vorhandelstransparenz[457], sekundär in einem nahezu vollständigen Verzicht auf Intermediation (wie z.B. der Verzicht auf Wertpapiermakler) durch Inanspruchnahme von elektronischen Handelsmöglichkeiten (Disintermediation)[458] sowie tertiär in einer Zugangsbeschränkung zur Handelsplattform (Exklusivität)[459].

Wertpapierblöcke auf einer intransparenten Handelsplattform zu handeln, hat aus Sicht der Marktteilnehmer allerdings noch einen anderen Vorteil gegenüber dem bilateralen Handel. Intransparente Handelsplattformen schaffen wie Börsen einen Markt und führen so Angebot und Nachfrage möglichst vieler Teilnehmer zusammen. Aus der Konzentration von Angebot und Nachfrage folgt zugleich, dass die Wahrscheinlichkeit einen geeigneten Handelspartner zu finden, höher ist als wenn man sich auf den bilateralen Handel beschränkt. Transaktions-, Such- und Liquiditätskosten werden durch einen marktplatzbasierten Handel verringert und es findet – in funktionaler Hinsicht – ein *börsenähnlicher* Wertpapierhandel statt, zugleich werden die – aus Sicht der Blockhändler – negativen Effekte, die durch ein transparentes Marktumfeld des Börsenhandels entstehen, (nahezu) ausgeschaltet.

bb) Marktstruktur von intransparenten Handelsplattformen

Aufgrund der zahlreichen marktstrukturellen Veränderungen, die auf den Einsatz von elektronischen Börsensystemen zurückzuführen sind und der damit verbundenen Vielfalt an Handelssystemen[460], lassen sich die elektronischen Blockhandelsplattformen *per se* nicht einer bestimmten Marktinstitution zuordnen: Aufsichtsrechtlich können intransparente Handelsplattformen in der Form eines geregelten Marktes oder eines MTFs operiert werden, wenn das hierfür vorgesehene Ausnahmeregime der MiFID I genutzt wird.[461] Gleiches gilt für den Betrieb in der Form der Systematischen Internalisierung, wenn Handelsaufträge, die den MiFID-Schwellenwert des Standard Market Size (SMS) überschreiten, zur Ausführung gebracht werden.[462] Prädestiniert für den

---

457 *O'Hara*, Market Microstructure, S. 258; *Harris*, Trading and Exchanges, S. 328; *IOSCO*, Principles for Dark Liquidity, S. 4.

458 *IOSCO*, Principles for Dark Liquidity, S. 11.

459 Siehe *Ende/Muntermann*, MKWI 2010, 1897ff.

460 Für eine Übersicht der gegenwärtigen Marktstruktur siehe im 1. Kapitel Abschnitt B.I. Ferner zu den Problemen, die durch das Phänomen der Marktfragmentierung hervorgerufen werden, siehe im 2. Kapitel Abschnitt A. und B.

461 Hierzu sogleich unter IV.

462 Siehe hierzu 1. Kapitel Abschnitt B.I.3.

Betrieb einer intransparenten Handelsplattform ist der außerbörsliche Handel, da hier keine Anforderungen an die Vorhandelstransparenz gelten.

Intransparente Handelsplattformen, die im außerbörslichen Bereich angesiedelt sind, werden regelmäßig als BCNs betrieben oder internalisieren institutionellen Orderstrom.[463] Dies liegt vor allem daran, dass die beiden Formen keine Preisfeststellung durchführen und auf Basis von Referenzpreissystemen betrieben werden.[464] Die Durchführung eines Preisfeststellungsverfahrens ist für den (elektronischen) Blockhandel nur hinderlich. Die Situation wäre vergleichbar mit der Ausführung einer Blockorder in einem geschlossenen Orderbuch[465]. Damit die Blockorder gefüllt werden kann, muss kostenintensive Liquidität in Form von marktfernen Limitaufträgen aktiviert werden, da die Blockorder im Vergleich zum täglichen Handelsvolumen einen deutlichen Marktüberhang generiert. Kommen marktferne Limitaufträge zur Ausführung, beeinflusst dies den Kurs (der in Abhängigkeit steht zu den bereits getätigten Geschäften; Nachhandelsbereich) als auch die im Orderbuch verbleibenden Handelsaufträge, da diese von den jeweiligen Initiatoren angepasst werden.[466] Es kommt zu einem Durchschlag des Informationseffekts. Um diesen Effekt auszuschalten, nutzt man die Preisfeststellung eines transparenten Marktes, der ohne Auftreten adverser Effekte Wertpapierpreise ermittelt.[467] Indem Blockaufträge entfernt von preisfeststellenden Marktinstitutionen zur Ausführung gebracht werden und somit ein Auftreten des Informationseffekts dort vermieden wird, wird die Marktintegrität und die Preisfeststellungsfunktion von Referenzmärkten nicht negativ beeinflusst.[468]

b) Intransparenz als Orderattribut – Dark Orders

Bei intransparenten Orders handelt es sich um Handelsaufträge, die auf elektronischem Wege an ein Handelssystem gesendet werden und die keine oder nur geringe Informationen im Bereich der Vorhandelstransparenz offenlegen

463 *Gomber/Pierron*, MiFID, S. 33f.

464 Siehe hierzu 1. Kapitel Abschnitt B.I.3.

465 Ein geschlossenes Orderbuch zeichnet sich dadurch aus, dass jeweils nur der beste Kaufs- und Verkaufskurs angezeigt wird.

466 *Liersch*, Regulierung des Blockhandels, S. 68.

467 *Gomber/Pierron*, MiFID, S. 32.

468 Ausführlich werden die marktstrukturellen Gesichtspunkte des elektronischen Blockhandels in diesem Kapitel im Abschnitt D.II.3. diskutiert.

sowie automatisch zur Ausführung gebracht werden.[469] Intransparente Ordertypen können nur in Handelssystemen zum Einsatz kommen, die ein Orderbuch betreiben. Sie basieren auf dem Grundtyp des Limitauftrags, der mit weiteren Attributen versehen werden kann, die die Art und Weise der Ausführung bestimmen.[470]

Die prominentesten intransparenten Ordertypen sind die Eisberg-Order[471] und die Hidden/Undisclosed Order. Der Initiator einer Eisberg-Order kann in das Handelssystem das Gesamtvolumen der Order eingeben und spezifizieren, welches Volumen der Order für den Markt sichtbar ist (die „Spitze des Eisberges" – sog. „Peak") sowie einen Limitpreis festsetzen.[472] Im Orderbuch ist dann nur die Spitze sichtbar mit dem ursprünglichen Zeitstempel der Eisberg-Order. Platziert wird die Spitze nach den Preis- und Zeitprioritätsregeln des Orderbuchs.[473] Wird der sichtbare Teil ausgeführt, wird eine neue Order generiert mit der gleichen Quantität wie die Spitze, allerdings mit einem neuen Zeitstempel. Mithin besitzt die neu generierte Spitze eine ungünstigere Zeitpriorität im Vergleich zu einer limitierten Order mit dem gleichen Volumen. Dieses Verfahren wiederholt sich solange, bis das Gesamtvolumen der Eisberg-Order vollständig ausgeführt wurde. Bevor allerdings eine neue Spitze ausgeführt werden kann, müssen – aufgrund der Prioritätsregeln – alle limitierten Handelsaufträge der gleichen Seite des Orderbuches zur Ausführung gebracht werden, die in der Zwischenzeit in das Orderbuch eingestellt worden sind.[474]

In der Praxis haben sich eine Vielzahl von Ordertypen durchgesetzt, die auf diesem Ordertyp basieren und auf die Interessen von Blockorderinitiatoren zugeschnitten sind, wie z.B. die diskretionäre Eisberg-Order (discretionary order)[475] oder die Volume Discovery Order[476]. Diskretionäre Eisberg-Orders ermöglichen es dem Initiator, alternative Preise oder einen Preiskorridor festzusetzen, zu dem

---

469 *Europäische Kommission*, SEC(2011), 1226 final, S. 81; *IOSCO*, Principles for Dark Liquidity, S. 4f.

470 *Harris*, Trading and Exchanges, S. 112f.

471 Auch Reserve Order genannt, da dem sichtbaren Teil der Order ein unsichtbarer quasi in Reserve folgt.

472 *Deutsche Börse AG*, Xetra Release 16 – Marktmodell Aktien, S. 13f.

473 *Schlag/Mönch/Schurba*, in: FS für H. Schmidt (65), S. 109, 110.

474 *Schlag/Mönch/Schurba*, in: FS für H. Schmidt (65), S. 109, 110.

475 Dieser Ordertyp wird z.B. auf der US-amerikanischen Börse DirectEdge eingesetzt, siehe *DirectEdge*, Order Type Guide, S. 24.

476 *Deutsche Börse AG*, Xetra Release 16 – Marktmodell Aktien, S. 14.

der unsichtbare Teil der Order ausgeführt werden kann.[477] Volume Discovery Orders partizipieren nicht an der Preisfeststellung und sind vollständig unsichtbar im Orderbuch.[478] Das eingestellte Volumen wird ausschließlich gegen andere, unsichtbare Volume Discovery Orders ausgeführt zu einem festen Preis.[479]

Versteckte oder unsichtbare Handelsaufträge (Hidden oder Undisclosed Orders) sind vollständig unsichtbar im Orderbuch und der Markt erfährt erst im Rahmen der Nachhandelsberichterstattung von ihrer Existenz.[480] Aufsichtsrechtlich müssen unsichtbare Handelsaufträge unter einem der vier Ausnahmetatbestände zur Vorhandelstransparenz der MiFID I fallen (z.B. dem Large-In-Scale (LIS)-Ausnahmetatbestand oder dem Ausnahmetatbestand für Auftragsverwaltungssysteme), damit sie in das Orderbuch eingestellt werden dürfen, sofern diese an einem beaufsichtigten Handelsplatz angeboten werden.[481] Versteckte Orders bleiben auch dann unsichtbar, wenn aufgrund von Teilausführungen das jeweilige Restvolumen unter den LIS-Schwellenwert fällt.[482]

aa) Umsetzung von Ordersplitting-Handelsstrategien

Die wichtigste Handelsstrategie, die mittels intransparenten Ordertypen umgesetzt wird, ist die des Ordersplittings.[483] Diese Handelsstrategie verfolgt das Ziel, eine große Order in mehrere kleinere Orders zu splitten, damit die adversen Effekte einer Blockhandelstransaktion nicht auftreten. Intransparente Ordertypen bieten mehrere Möglichkeiten eine Blockorder zu splitten. Indem Teile der Order (wie Preis und/oder Volumen) für den Markt intransparent sind oder die Order vollständig unsichtbar im Orderbuch enthalten ist, wird der Informationseffekt der Blockorder reduziert. Ziel ist es, die Nachteile des börslichen Blockhandels[484], die zum Entstehen des Informationseffektes führen, zu

477 *DirectEdge*, Order Type Guide, S. 24; *NASDAQ OMX*, Order Types and Modifiers, S. 2.

478 *Deutsche Börse AG*, Xetra Release 16 – Marktmodell Aktien, S. 14.

479 Ebda.

480 *Deutsche Börse AG*, Xetra Release 16 – Marktmodell Aktien, S. 16; *Joint CSA/IIROC*, Consultation Paper 23-404, S. 2.

481 Ebda. Eine Übersicht zu den verschiedenen Ausnahmetatbeständen der MiFID I findet sich im 3. Kapitel Abschnitt B.I.4.

482 *Deutsche Börse AG*, Xetra Release 16 – Marktmodell Aktien, S. 16.

483 *Ende/Muntermann*, MKWI 2010, 1897, 1900; *Schlag/Mönch/Schurba*, in: FS für H. Schmidt (65), S. 109f.

484 Siehe 2. Kapitel Abschnitt D.I.1.

kompensieren und Liquidität, die zu alternativen Handelssystemen abgewandert ist, wieder zu beaufsichtigten Handelsplätzen zurückzuführen.

bb) Zeit-/Preispriorisierung im Orderbuch

Intransparente Ordertypen können mit Blick auf die Ausgestaltung der Zeit-/Prioritätsregeln eines Handelssystems einigen Marktteilnehmern einen Vorteil gegenüber anderen verschaffen. In einem Handelssystem, das nach dem Marktmodell eines Auktionsmarktes betrieben wird, legen Prioritätsregeln fest, in welcher Reihenfolge eine Zusammenführung von korrespondierenden Orders geschieht.[485] Auf den meisten Handelsplätzen kommen primäre und sekundäre Prioritätsregeln zum Einsatz. In der Regel wird als primäre Prioritätsregel der Preis festgelegt (sog. Preispriorität). Nach dieser Priorisierung werden Kaufaufträge, die den höchsten Preis und Verkaufsaufträge, die den niedrigsten Preis bieten, vorrangig behandelt.[486] Die höchste Priorität besitzen Market Orders, da diese keine Preislimitierung kennen. Wenn zwei oder mehr Handelsaufträge, die primäre Prioritätsregel erfüllen, geschieht eine Priorisierung anhand der sekundären Regel.[487] Eine Priorisierung kann nach Zeitstempel, Sichtbarkeit im Handelssystem oder ihrer Quantität erfolgen.[488]

Eine Interaktion von transparenten mit intransparenten Orders ist nicht ausgeschlossen. Aufsichtsbehörden kritisieren daher, dass dies transparente Orders benachteiligen könnte.[489] Im Handel an der FWB ist daher geregelt, dass transparente Orders immer bevorzugt ausgeführt werden.[490] Fehlt eine derartige Regelung, kann es zu einer Benachteiligung von transparenten Handelsinteresses kommen. Ist der Preiskorridor einer diskretionären Eisberg-Order beispielsweise bei einer Kauforder höher angesetzt als der transparente Teil der Order, können die Prioritätsregeln des Orderbuches den intransparenten Teil der Order bevorzugen und vor der Order mit dem höchsten Geldkurs zur Ausführung bringen.[491] Dies kann für Händler einen Anreiz darstellen, intransparente Ordertypen zu nutzen und für den Markt negative Effekte mit sich bringen, wenn intransparente Orders nicht an der Preisfeststellung partizipieren. Ferner

485 *Harris*, Trading and Exchanges, S. 117.

486 Ebda.

487 Ebda.

488 *Harris*, Trading and Exchanges, S. 117; *Schwartz/Francioni*, Equity Markets in Action, S. 156ff.

489 *IOSCO*, Principles for Dark Liquidity, S. 5f., 20f., 28f.

490 *Deutsche Börse AG*, Xetra Release 16 – Marktmodell Aktien, S. 16.

491 *Joint CSA/IIROC*, Consultation Paper 23-404, S. 9.

wird seitens der Aufsichtsbehörden argumentiert, dass intransparente Ordertypen eine negative Wahrnehmung über die Marktfairness bewirken könne, da Marktteilnehmer eher dazu tendieren werden, ihre Handelsabsichten mittels intransparenten Ordertypen zu verschleiern und weniger transparente Orders zu nutzen, was auch einen Einfluss auf die Liquidität haben könnte.[492]

cc) Interessenbekundungen

Ein weiteres Phänomen, das ebenfalls dem Gebiet der intransparenten Ordertypen zugeordnet werden kann, sind Interessenbekundungen (Indications of Interest – IOI). Hierunter versteht man die Anzeige eines Marktteilnehmers in Form einer *invitatio ad offerendum* an die übrigen Marktteilnehmer einer Handelsplattform, die in der Regel durch den Marktbetreiber versendet wird. Die konstituierenden Merkmale einer Order (wie z.B. Preis und Volumen), sind Gegenstand von noch durchzuführenden Verhandlungen zwischen den handelswilligen Partnern.[493] Obwohl Interessenbekundungen nicht als Handelsaufträge eingestuft werden können, besitzen sie faktisch die Eigenschaft, eine (mittelbare) Ausführung bewirken zu können, wenn ein handelswilliger Marktteilnehmer eine marktfähige Order als Antwort zurücksendet.[494] Interessenbekundungen sind nicht Gegenstand von Vorhandelstransparenzanforderungen.

In der Regel beinhaltet eine Interessenbekundung den Namen des Wertpapiers und die Information, ob der Initiator Käufer oder Verkäufer ist. Es ist möglich, dass auch ein Preis angegeben wird, dieser steht dann grundsätzlich zur Disposition. Interessenbekundungen sind daher als Vorstufe einer Order

492 *Joint CSA/IIROC*, Consultation Paper 23-404, S. 9.

493 *Harris*, Trading and Exchanges, S. 107.

494 Die SEC führt zu diesem Verfahren aus: „For example, a dark pool may send an IOI to a group of market participants communicating an interest in buying a specific NMS stock. Given that Rule 611 of Regulation NMS generally prevents trading centers, including dark pools, from executing orders at prices inferior to the national best bid or offer ("NBBO"), the IOI recipient reasonably can assume that the price associated with the IOI is the NBBO or better. Moreover, the IOI may be part of a course of conduct in which the recipient has responded with orders to the sender and repeatedly received executions at the NBBO or better with a size of at least one round lot. With this information (both explicit and implicit), the recipient of the IOI can reasonably conclude that sending a contra-side marketable order responding to the IOI will result in an execution if the dark pool trading interest has not already been executed against or cancelled. In this respect, actionable IOIs are functionally quite similar to displayed quotations at the NBBO.", SEC, Release No. 34-60997, S. 12f.

zu qualifizieren und haben lediglich den Zweck Liquidität anzuziehen, indem gegenüber Marktteilnehmern ein Transaktionsinteresse geweckt wird.[495]

Aufsichtsbehörden kritisieren den Einsatz von Interessenbekundungen, da es faktisch zur Schaffung und Perpetuierung von Informationsasymmetrien im Markt komme.[496] Marktteilnehmern, die keinen Zugang zu den Informationssystemen haben, die Interessenbekundungen an die angeschlossenen Marktteilnehmer versenden, bliebe Liquidität vorenthalten.[497] Diese Marktteilnehmer bliebe nichts anderes übrig als höhere Suchkosten aufzuwenden, um Liquidität zu finden.[498]

4. *Relevanz der technischen Integration für den Blockhandel*

Die Funktionsfähigkeit und die Liquidität der Kapitalmärkte der EU werden maßgeblich von der technischen Integration, angetrieben vom automatisierten Wertpapierhandel, beeinflusst.[499] In der wirtschaftswissenschaftlichen Literatur wird unter dem Begriff der technischen Integration, der vollständige, zeitnahe und marktübergreifende Austausch anhand miteinander kommunizierender elektronischer Verbindungen, verstanden.[500] Der Grad der technischen Integration eines nach dem Paradigma der Marktfragmentierung geordneten Marktes ist von entscheidender Bedeutung, um einer Liquiditätsfragmentierung entgegenzuwirken.[501] In einem voll integrierten Markt kommt eine Auftragsausführung unabhängig von dem physischen Standort eines Handelsplatzes zustande, sodass die jeweiligen Aufträge die Möglichkeit haben, gegen die besten Quotierungen ausgeführt zu werden.[502]

Die technische Integration hat auch Einfluss auf den Blockhandel genommen. Im heutigen Kapitalmarktgeschehen werden mittlere bis große Handelsaufträge mithilfe von Order Management-Systemen und algorithmischen Handelsstrategien in kleinere Handelsaufträge aufgesplittet, und zu verschiedenen Märkten

495 *SEC*, Release No. 34-60997, S. 8.

496 *IOSCO*, Principles for Dark Liquidity, S. 24.

497 Ebda, S. 22, 24.

498 Ebda.

499 Siehe nur *Haferkorn/Zimmermann/Siering*, The Impact of IT-Based Trading on Securities Markets, S. 427f.

500 *Lee*, Market Integration and Price Execution for NYSE-listed Securities, 48 Journal of Finance (1993), S. 1009.

501 Ebda.; *Stoll*, in: Constantinides/Harris/Stulz, Handbook of the Economics of Finance, Vol. 1, S. 553, 599.

502 *Gomber/Jäger*, ZBB 2014, 40, 42.

geroutet. Es ist daher untypisch, dass Handelsaufträge überhaupt noch in ihrer ursprünglichen Größe in einem einzigen Handelssystem zur Ausführung gebracht werden.[503] Ferner ist die Art und Weise des Orderroutings ebenfalls von Bedeutung für den Blockhandel. Denn aufgesplittete, kleine Orders werden regelmäßig über BCNs und anderen außerbörslich betriebenen Handelssystemen zur Ausführung gebracht.[504] Besteht ein verbleibender Rest, wird dieser über aufsichtsrechtlich erfasste Märkte geleitet. *Gomber/Pierron* weisen darauf hin, dass Liquidität primär im außerbörslichen Bereich und erst sekundär im aufsichtsrechtlich erfassten Bereich in Anspruch genommen wird (siehe Abbildung 5).[505]

Zur Begründung wird angeführt[506], dass Marktteilnehmer bestrebt sind, die verfügbare Liquidität zu maximieren, indem eine Vielzahl von Handelsplattformen gleichzeitig in Anspruch genommen wird. Ferner hat die Reihenfolge der Inanspruchnahme den Hintergrund, dass Marktteilnehmer bestrebt sind, ihre Handelsabsichten durch intransparenten Handelsplattformen zu verdecken. Dies führt dazu, dass Handelsaufträge gesplittet auf mehreren Plattformen zur Ausführung gebracht werden, die Anzahl von Transaktionen daher insgesamt ansteigt, die durchschnittliche Transaktionsgröße hingegen sich reduziert.

5. Relevanz des außerbörslichen Handels für den Blockhandel

Fraglich ist, ob der Blockhandel in tatsächlicher Hinsicht als der einzige, wichtige Treiber für die anhaltende Signifikanz des außerbörslichen Handels heranzuziehen ist. Vielmehr zeigen Studien, die insbesondere die Größe der im außerbörslichen Handel zur Ausführung gebrachten Orders berücksichtigen, dass ein Großteil der Transaktionen, die im außerbörslichen Bereich stattfinden, nicht über der Standardmarktgröße liegen, dem MiFID-Schwellenwert für kleine Auftragsvolumina.[507] Für das Jahr 2015 berichtet die Organisation für wirtschaftliche Zusammenarbeit und Entwicklung (Organisation for Economic Co-operation and Development – OECD), dass ca. 50 % des europäischen Aktienhandels an Börsen stattfand, während das restliche Volumen sich auf andere Handelsplattformen, wie MTFs, systematischen Internalisierern und außerbörslichen Handelsplattformen verteilte.[508] Der Anteil am Aktienhandel der ohne

503 *Gomber/Pierron*, MiFID, S. 39.
504 Ebda.
505 Ebda.
506 Siehe *Gomber/Pierron*, MiFID, S. 39.
507 *Gomber/Pierron*, MiFID, S. 3.
508 *OECD*, OECD Business and Finance Outlook 2016, S. 119, 120.

Vorhandelstransparenz zur Ausführung gebracht wurde, liegt – je nach Mitgliedstaat – zwischen 35 bis 48 %.[509] Es gebe nach Angaben der OECD keinen wesentlichen Unterschied in den Ordervolumen, die auf börslichen oder außerbörslichen Handelsplattformen zur Ausführung gebracht wurden.[510] Andere Studien gehen von einem stabilen Anteil des außerbörslichen Handels von ca. 40 % aus.[511] Daraus kann geschlossen werden, dass die der Transaktion zugrundeliegenden Orders auch keine Marktbeeinflussung ausgeübt hätten, wären sie auf den von der MiFID I erfassten Handelsplätzen zur Ausführung gelangt.[512] Der Blockhandel ist daher kein ernsthafter Treiber für die anhaltende Signifikanz des außerbörslichen Handels.

E. Zusammenfassung und Ergebnisse

Zur Vermeidung von adversen Preisausschlägen sind Blockhandelstransaktionen außerhalb eines transparenten Marktumfeldes durchzuführen. Verborgene Liquidität stellt ein Instrument dar, Blockaufträge handelbar zu machen, ohne dass diese Handelsaktivitäten den Markt negativ beeinflusst.[513] Die Gewährleistung dieser Funktion ist im Interesse aller Marktteilnehmer, weil die transparente Ausführung einer Blockorder auch den Marktteilnehmern nachteilig werden kann, die nicht unmittelbar am Blockhandel partizipieren. Auch sie können geschädigt werden, wenn sie ihr Handelsinteresse in dem Moment umsetzen wollen, in dem es durch die Marktbeeinflussung der Blockorder zu einer Preisverzerrung kommt. Es ist daher notwendig, bestimmte Handelsgeschäfte vom Transparenzregime der MiFID I auszunehmen, auch wenn die Gewährleistung der Funktionsfähigkeit eines durch Fragmentierung geprägten Markts einen umfassenden Geltungsanspruch des Transparenzregimes erfordert.

---

509 *Gomber/Gvozdevskiy*, in: Regulation of the EU Financial Markets, Rn. 14.02.

510 Ebda.

511 *Gomber/Sagade/et al.*, Journal of Trading (2015), 23; für das Jahr 2011: *Gomber, et al.*, Journal of Trading (2011), 74.

512 *Gomber/Pierron*, MiFID, S. 39; *Fidessa*, European Dark Trading Analysis, April 2013, S. 5.

513 *Gomber/Gvozdevskiy*, in: Busch/Ferrarini, Regulation of Financial Markets, Rn. 14.12f.

Die Möglichkeiten des automatisierten Wertpapierhandels führen zu einem hohen Grad der technischen Integration des Kapitalmarkts. Gleichzeitig nimmt die klassische Ausführungsform des bilateralen Blockhandels ab, da mehrheitlich kleinere Ordergrößen an verschiedenen Märkten gehandelt werden. Es ist fraglich, ob die von der Finanzdienstleistungsindustrie entwickelten Mechanismen zur Durchführung von Blockhandelstransaktionen tatsächlich noch ihren eigentlichen Zweck entsprechend genutzt werden. Obwohl mit der Schaffung von verschiedenen Marktinstitutionen der Wettbewerb zwischen den Märkten aufsichtsrechtlich ermöglicht wurde und damit nach dem Willen des europäischen Gesetzgebers der außerbörsliche Handel ein reines Nischendasein pflegen sollte, ist seit Inkrafttreten der MiFID I Gegenteiliges zu beobachten. Der außerbörsliche Handel besitzt einen signifikanten und stabilen Marktanteil von ca. 35 – 40 %[514] und besitzt damit keinen Ausnahmecharakter. Ferner sind ein Großteil der Transaktionen, die im außerbörslichen Bereich ausgeführt wurden, weder über dem MiFID-Schwellenwert für kleine Marktgrößen (Standard Market Size – SMS)[515] noch würden diese eine Marktbeeinflussung ausüben, würden diese Transaktionen im geregelten Markt ausgeführt werden.[516] Es besteht folglich keine Notwendigkeit dahingehend, dass diese Transaktionen außerbörslich oder gar intransparent durchgeführt werden. Dennoch besteht ein Trend dahingehend, dass Marktteilnehmer verstärkt intransparente Handelsplattformen nutzen.[517] Es liegt nahe, dass Marktteilnehmer auf Intransparenz setzen, um ihre eigenen Handelsabsichten zu verbergen.[518] Tatsächlich ist ein Großteil des Handelsvolumens, das über intransparente Handelsplattformen ausgeführt wird, nicht dem Blockhandel zuzuordnen (siehe nachfolgende Abbildung).

514 Im Zeitraum Januar 2008 bis November 2010, *Gomber/Pierron*, MiFID, S. 3; ca. 35 % für das Jahr 2015: *Gomber/Gvozdevskiy*, in: Regulation of the EU Financial Markets, Rn. 14.02; für das Jahr 2016 *OECD*, OECD Business and Finance Outlook 2016, S. 119, 120.

515 Siehe Annex II, Tabelle 3 MiFID-DVO.

516 *Gomber/Pierron*, MiFID, S. 3.

517 *Fidessa*, European Dark Trading, S. 3. "*We are seeing a shift towards venues such as BATS Chi-X which trade smaller average trade size. They achieve high total consideration due to the large number of smaller trades they attract.*", ebda., S. 6.

518 *Gomber/Pierron*, MiFID, S. 37.

Abbildung 6: Durchschnittliche Transaktionsgröße im Dark Pool-Handel, Quelle: Fidessa, European Dark Trading Analysis, April 2013, S. 5.

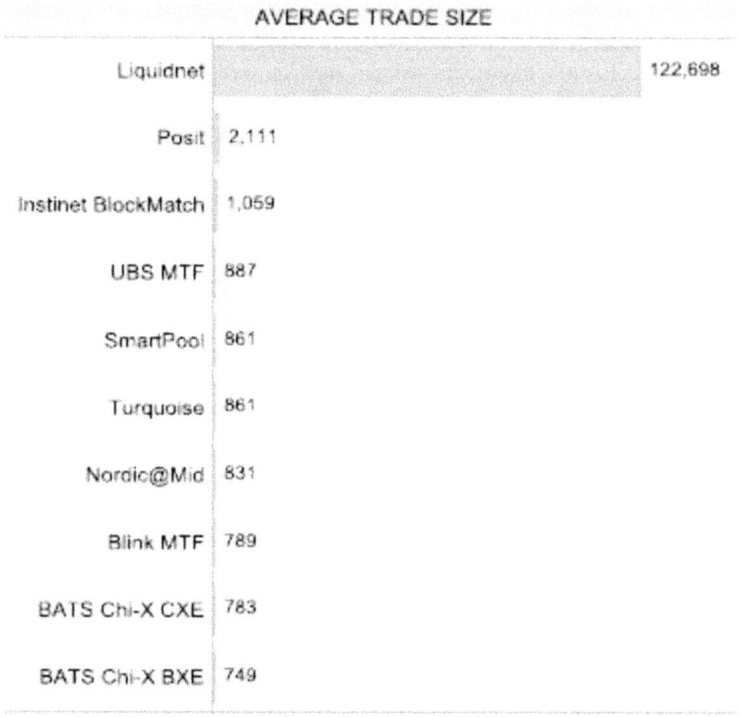

3. Kapitel: Die aufsichtsrechtliche Regelung verborgener Liquidität

A. Ziele und Aufgaben des Kapitalmarktrechts

I. Leitbild des effizienten, integrierten und funktionsfähigen Kapitalmarkts

Die zentrale Aufgabe des Kapitalmarktrechts besteht zunächst darin, die Voraussetzungen für einen effizienten, integrierten und funktionsfähigen Kapitalmarkt zu schaffen. Die gesetzgeberischen Anforderungen, nach denen zu beurteilen ist, wann der Kapitalmarkt dem Leitbild eines effizienten, integrierten und funktionsfähigen Kapitalmarkts entspricht, muss durch Auslegung ermittelt werden, da die Merkmale gesetzlich vorausgesetzt, aber nicht definiert werden. Heranzuziehen sind die vier Rahmenrichtlinien des Kapitalmarktrechts der EU, namentlich die bereits vorgestellten Richtlinien MiFID I und MAD II sowie die beiden weiteren Rahmenrichtlinien des Kapitalmarktrechts, die Transparenzrichtlinie und die Prospektrichtlinie. Die Prospektrichtlinie regelt die Bedingungen für die Erstellung, die Billigung und die Verbreitung der Prospekte, die zu veröffentlichen sind, wenn ein Wertpapier öffentlich angeboten oder zum Handel an einem geregelten Markt zugelassen wird.[519] Die Transparenzrichtlinie stellt allgemeine Grundsätze für die Anforderungen an die Informationen über Emittenten auf, deren Wertpapiere zum Handel auf einem geregelten Markt zugelassen sind.[520]

Das Regelungsziel des Kapitalmarktrechts wird durch die Herstellung und dauerhaften Gewährleistung der Leistungsfähigkeit aller mit dem Kapitalmarkt in Berührung stehenden Institutionen und Ablaufmechanismen (Funktionsfähigkeit des Kapitalmarkts)[521] sowie mit dem Schutz der Anleger, die auf dem Kapitalmarkt

---

519 Richtlinie 2003/71/EG, ABl. L 345/64; Durchführungsrechtsakte der zweiten Stufe: Verordnung (EG) 809/2004 der Kommission, ABl. vom 29.04.2004, L 215/3; Verordnung (EG) 1569/2007 der Kommission, ABl. vom 21.12.2007, L 340/66.

520 Richtlinie 2004/109/EG, ABl. L 390/38; Durchführungsrechtsakte der zweiten Stufe: Richtlinie 2007/14/EG der Kommission, ABl. vom 08.03.2007, L 69/27; Verordnung (EG) 1569/2007 der Kommission, ABl. vom 21.12.2007, L 340/66; Verordnung (EG) 1787/2006 der Kommission, ABl. vom 04.09.2006, L 337/17.

521 *Lenenbach*, Kapitalmarktrecht, Rn. 14.147.

tätig sind, erreicht (Anlegerschutz).[522] Das Regelungsziel der Funktionsfähigkeit des Kapitalmarkts lässt sich in drei Teilaspekte aufgliedern, die allokative, die operationale und die institutionelle Funktionsfähigkeit, die für die Zwecke dieser Arbeit mit Blick auf den Sekundärmarkt beleuchtet werden.[523]

1. *Allokative Funktionsfähigkeit*

Einen sehr hohen Stellenwert nimmt die Steuerungsfähigkeit, die sog. allokative Funktionsfähigkeit des Kapitalmarkts, ein. Das Kapitalmarktrecht soll gewährleisten, dass die knappen Ressourcen des verfügbaren Kapitals dorthin fließen, wo der jeweils dringendste Bedarf an Investitionsmitteln die höchste Rendite bei ausreichender Sicherheit der Anlage verspricht.[524] Dies setzt eine umfassende Information der Investoren über potentielle Anlagemöglichkeiten, aber auch über Chancen und Risiken der Anlagemöglichkeiten, voraus.[525] Denn nur wenn die Investoren genügend Vertrauen in die Fairness und die Stabilität des Kapitalmarkts haben, werden sie Kapital am Markt zur Verfügung stellen.[526] Der Beitrag des Kapitalmarktrechts besteht in diesem Kontext darin, dass es für transparente und faire Wertpapiermärkte sorgt, was nur erreicht wird, wenn neben einer umfassenden Markttransparenz, die eine Steuerung von Liquiditätsflüssen in einer fragmentierten Marktlandschaft ermöglicht, auch für die Verhinderung von Marktmissbrauch gesorgt wird.

a) Markttransparenz und das Prinzip der Informationskonsolidierung

Das Prinzip der Transparenz ist im Rahmen des Sekundärmarkts von Bedeutung, da hier an den preisfeststellenden Märkten, insbesondere an den Börsen, über Aktienkurse eine fortlaufende Bewertung börsennotierter Unternehmen stattfindet.[527] Damit wird aus der Perspektive des Emittenten der Preis für die weitere

---

522 *Lenenbach*, Kapitalmarktrecht, Rn. 1.67; *Kümpel/Hammen/Ekkenga*, Kapitalmarktrecht, Rn. 65, S. 11f.; *Oulds*, in: Kümpel/Wittig, Bank- und Kapitalmarktrecht, Rn. 14.141. *Klöhn*, in: Langenbucher, Europäisierung des Privatrechts, 2. Aufl., § 6, Rn. 13.

523 *Oulds*, in: Kümpel/Wittig, Bank- und Kapitalmarktrecht, Rn. 14.147.

524 *Oulds*, in: Kümpel/Wittig, Bank- und Kapitalmarktrecht, Rn. 14.168; *Lenenbach*, Kapitalmarktrecht, Rn. 1.72.

525 *Oulds*, in: Kümpel/Wittig, Bank- und Kapitalmarktrecht, Rn. 14.169; *Lenenbach*, Kapitalmarktrecht, Rn. 1.73.

526 Ebda.

527 *Lenenbach*, Kapitalmarktrecht, Rn. 1.74.

Aufnahme von Eigenkapital am Kapitalmarkt festgelegt.[528] Dieser Preis, der Aktienkurs, hängt aber entscheidend von der Qualität der Informationsverarbeitung durch den Kapitalmarkt ab.[529] Der Beitrag des Kapitalmarktrechts besteht konkret darin, über Transparenzvorschriften die Allokation von Kapital effizient zu gestalten und die Integrität der Preisfeststellung zu gewährleisten.

Der EU-Gesetzgeber hat zur Gewährleistung der Integrität des Preisfeststellungsverfahrens ein Transparenzkonzept im Rahmen der MiFID I vorgesehen.[530] Ferner setzt das Paradigma der Marktfragmentierung der MiFID I ebenfalls eine umfassende Markttransparenz voraus, um die durch die MiFID I geschaffene fragmentierte Marktlandschaft durch „eine allgemeine Verfügbarkeit von Informationen zu aktuellen Handelsmöglichkeiten und zu den letzten Geschäftsabschlüssen" zu konsolidieren.[531] Um einer möglichen Liquiditätsreduzierung sowie einer möglichen Störung der effizienten Preisbildung vorzubeugen, bedarf es zwei wesentlicher Mechanismen innerhalb des Marktordnungsrechts: (i) der Schaffung einer Informationsgrundlage auf Basis kohärenter Transparenzregelungen und (ii) einer Konsolidierung dieser Daten, um eine effiziente Preisfeststellung zu ermöglichen.[532]

Zunächst müssen *umfassende Transparenzvorschriften* vorliegen, um eine Grundlage zu schaffen, aus der sich alle Marktteilnehmer über alle relevanten Vorgänge des Wertpapierhandels informieren können – und zwar sowohl bezogen auf den Vorhandels- wie auch den Nachhandelsbereich.[533] „Umfassend" bedeutet in diesem Kontext, dass alle Auftragsausführungssysteme erfasst werden müssen – ungeachtet, ob sie aufsichtsrechtlich einer MiFID-Marktkategorie zugeordnet werden: „Eine Transparenzregelung, die nur die geregelten Märkte betrifft und außerbörsliche Geschäfte ausschließt, wäre in ihrer Tragweite beschränkt und nur bedingt wirksam"[534]. Es besteht die Gefahr, dass Investoren ohne Kenntnis darüber, an welchem Handelsplatz die besten Preise vorherrschen, auf den Markt der Erstnotiz zurückgreifen mit der Konsequenz, dass der Wettbewerbsgedanke der MiFID I scheitern würde.[535]

Damit Marktteilnehmer überhaupt einen Vorteil aus der Angebotspalette bestehend aus einer Vielzahl von konkurrierenden Märkten ziehen können,

528 Ebda.
529 Ebda.
530 *Europäische Kommission*, KOM(2011), 651 endgültig, S. 8.
531 Ebda.
532 Ebda.
533 Ebda.
534 Ebda.
535 *Gomber/Jäger*, ZBB 2014, 40, 42.

müssen sie Kenntnis von den verschiedenen Ausführungsmodalitäten und -Preisen haben. Dies ist auch Voraussetzung für die kundengünstigste Ausführung gem. Art. 21 MiFID I, Art. 44ff. MiFID-DRL. Wertpapierfirmen können erst dann eine Entscheidung darüber treffen, wo sie Handelsaufträge hinschicken wollen, wenn Marktdaten konsolidiert verfügbar sind. Auch Marktbetreiber sind auf konsolidierte Datensätze angewiesen, um das gesamte Angebot und die gesamte Nachfrage in einem Finanzinstrument ermitteln und darauf aufbauend einen akkuraten Preis bilden zu können.

b) Marktfairness

Ferner geht der EU-Gesetzgeber davon aus, dass dem Leitbild eines effizienten, integrierten und funktionsfähigen Kapitalmarkts entsprochen wird, wenn ein hohes Maß an Marktfairness vorherrscht.[536] Faire Märkte zeichnen sich dadurch aus, dass bestimmte Marktteilnehmer andere nicht übervorteilen – es sollen gleiche Wettbewerbsbedingungen für alle Marktteilnehmer herrschen.[537] Das Kapitalmarktrecht der EU sieht daher auch ein Marktverhaltensrecht vor, das einerseits aus den Wohlverhaltensregeln für Wertpapierfirmen (Kapitel II Abschnitt 2 der MiFID I) sowie aus einem Marktmissbrauchsrecht besteht. Kernelemente des Marktmissbrauchsrechts sind das Insiderhandelsverbot gem. Art. 14 MAR und das Verbot der Marktmanipulation gem. Art. 15 MAR. Teilweise werden auch die Verbote bezüglich der Vornahme bestimmter Transaktionen, wie z.B. ungedeckte Leerverkäufe (im Rahmen von Art. 12f. EU-Leerverkaufs-VO[538]), die als schädlich angesehen werden, dem Marktmissbrauchsrecht zugeordnet.[539] Ferner sieht das Marktmissbrauchsrecht Publizitätspflichten vor, um Insiderinformationen zu eliminieren und die informationelle Gleichheit am Markt zu fördern.[540] Eine informationelle Gleichheit aller Marktteilnehmer wird auch durch das Transparenzregime der MiFID I hergestellt, das den Anleger- und Funktionenschutz unmittelbar fördert.[541] Ausweislich Erwägungsgrund Nr. 44 der MiFID I dient das Transparenzregime ebenfalls unmittelbar der Gewährleistung einer informationellen Gleichheit aller Marktteilnehmer, indem die Marktteilnehmer durch umfassende Transparenzregelungen überhaupt erst

536 Z.B. Erwägungsgrund Nr. 86 MIFID II.
537 *Klöhn*, in: Langenbucher, Europäisierung des Privatrechts, 2. Aufl., § 6, Rn. 73.
538 Verordnung (EU) Nr. 236/2012 über Leerverkäufe und bestimmte Aspekte von Credit Default Swaps, ABl. v. 24.03.2012, L 86/1.
539 *Langenbucher*, Aktien- und Kapitalmarktrecht, 2. Aufl., S. 332.
540 *Klöhn*, in: Langenbucher, Europäisierung des Privatrechts, 2. Aufl., § 6, Rn. 73.
541 Erwägungsgrund Nr. 44 MiFID.

in die Lage versetzt werden, jederzeit die Konditionen eines von ihnen ins Auge gefassten Geschäfts zu beurteilen und die Bedingungen, zu denen es ausgeführt wurde, zu überprüfen.[542] Auf das Transparenzregime der MiFID I wird unten unter B.I. in diesem Kapitel detailliert eingegangen werden.

2. *Operationale Funktionsfähigkeit*

Ein weiteres Ziel des Kapitalmarktrechts stellt die Verbesserung der operationalen Funktionsfähigkeit dar.[543] Hierunter versteht man die Minimierung der Kosten für den jeweiligen Marktteilnehmer, die bei der Vornahme von Transaktionen entstehen.[544] Da diese Kosten die Rendite bei der Kapitalanlage wesentlich mindern können, sind diese so gering wie möglich zu halten, um auch eine Akzeptanz des Marktes zu gewährleisten und eine Kapitalbereitstellung durch Investoren nicht unattraktiv werden zu lassen.[545] Ein wesentliches Mittel zur Kostensenkung ist die Erhöhung der Transparenz des Kapitalmarktes, da ohne veröffentlichte Informationen erhebliche Kosten für eine private Informationsbeschaffung anfallen würden.[546]

3. *Institutionelle Funktionsfähigkeit*

Eine weitere Teilaufgabe des Kapitalmarktrechts ist die institutionelle Funktionsfähigkeit.[547] Diese ist dann hergestellt, wenn die Grundvoraussetzungen für einen funktionierenden Markt geschaffen sind.[548] Die institutionelle Funktionsfähigkeit umfasst alle Maßnahmen, die der Zuverlässigkeit (im Rahmen der Marktintegrität) und der „Effizienz" des Kapitalmarkts dienen.[549] Zudem rechnet man zu ihr die Bedingungen eines weitestmöglich ungehinderten Zugangs der von Investoren, Finanzintermediären und Emittenten zum Kapitalmarkt.[550] Von dieser Zugangsmöglichkeit sind das Spektrum der Anlagetitel sowie die Zahl der Investoren und das Volumen des anlagesuchenden Kapitals abhängig.[551]

---

542 So auch Europäische Kommission, KOM(2002), 625 endgültig, ABl. C 71/62, S. 69.
543 *Oulds*, in: Kümpel/Wittig, Bank – und Kapitalmarktrecht, Rn. 14.163.
544 *Lenenbach*, Kapitalmarktrecht, Rn. 1.75.
545 *Oulds*, in: Kümpel/Wittig, Bank – und Kapitalmarktrecht, Rn. 14.163.
546 *Lenenbach*, Kapitalmarktrecht, Rn. 1.75.
547 *Lenenbach*, Kapitalmarktrecht, Rn. 1.76.
548 Ebda.
549 Hierzu sogleich unter lit. a).
550 *Oulds*, in: Kümpel/Wittig, Bank – und Kapitalmarktrecht, Rn. 14.148.
551 Ebda.

Ferner ist die Aufnahmefähigkeit (Liquidität) eines Marktes von entscheidender Bedeutung, da Investoren ihr Kapital vorrangig dort investieren werden, wo eine spätere Veräußerung der erworbenen Wertpapiere möglich ist.[552]

a) Markteffizienz

Das Kapitalmarktrecht der EU folgt zunächst dem Paradigma der Markteffizienz.[553] Ausdrücklich findet dies Erwähnung in der Prospektrichtlinie: „Ziel dieser Richtlinie und der in ihr vorgesehenen Durchführungsmaßnahmen ist es, [...] die Markteffizienz sicherzustellen."[554] Ferner bekennt sich auch die Transparenzrichtlinie zur Gewährleistung der Markteffizienz: „Effiziente, transparente und integrierte Wertpapiermärkte tragen zu einem echten Binnenmarkt in der Gemeinschaft bei, ermöglichen eine bessere Kapitalallokation und eine Senkung der Kosten und begünstigen so das Wachstum und die Schaffung von Arbeitsplätzen. Die rechtzeitige Bekanntgabe zuverlässiger und umfassender Informationen über Wertpapieremittenten stärkt das Vertrauen der Anleger nachhaltig und ermöglicht eine fundierte Beurteilung ihres Geschäftsergebnisses und ihrer Vermögenslage. Dies erhöht sowohl den Anlegerschutz als auch die Markteffizienz."[555] MiFID I und MAD II knüpfen ebenfalls an die Markteffizienz an – auch wenn diese keine ausdrückliche Erwähnung finden. Sie setzen diese vielerorts schlicht voraus.[556] Dies wird insbesondere bei den Ermächtigungsvorschriften zum Erlass delegierter Rechtsakte deutlich, die einen Regelungsrahmen für die Europäische Kommission vorgeben, nach welchem sie Vorschriften erlassen darf – z.B. gibt Art. 30 Abs. 3 MiFID I als Zielrichtung das effiziente und ordnungsgemäße Funktionieren der Finanzmärkte vor.

Die Markteffizienz wird in den Rahmenrichtlinien des Kapitalmarktrechts nicht definiert oder erläutert, sondern stets vorausgesetzt. Es handelt sich nicht um einen juristischen, sondern um einen technischen Begriff der Wirtschaftswissenschaften, namentlich der Finanzierungstheorie und –Praxis.[557] Da der Begriff vom EU-Gesetzgeber im Kontext der Funktionsweise des Kapitalmarkts

552 Ebda.

553 *Sester*, ZGR 2009, 310f.; *Brinckmann*, in: Veil, Europäisches Kapitalmarktrecht, § 12, Rn. 4ff.; Möllers, AcP 208 (2008), S. 7f; *Kohl et al.*; ZHR 138 (1974), S. 1; *Vokuhl*, Kapitalmarktrechtlicher Anlegerschutz, S. 179ff.

554 Erwägungsgrund Nr. 10 der Prospektrichtlinie.

555 Erwägungsgrund Nr. 1 der Transparenzrichtlinie.

556 Z.B. Erwägungsgrund Nr. 2 der Marktmissbrauchsrichtlnie spricht von einem „effizienten Finanzmarkt".

557 *Brealy/Myers/Allen*, Principles of Corporate Finance, S. 333ff.

verwendet wird, muss sich die rechtliche Interpretation am wirtschaftswissenschaftlichen Verständnis der Markteffizienz orientieren. Es folgt sowohl aus der wirtschaftswissenschaftlichen Natur des Begriffs der Markteffizienz als auch seiner Fruchtbarmachung durch den EU-Gesetzgeber als normatives Leitbild des Kapitalmarktrechts, dass eine dogmatische Herangehensweise an seine Interpretation nicht weiterführen kann.[558] Dies zeigt sich gerade in den Rahmenrichtlinien des Kapitalmarktrechts, allen voran der MiFID I, bei der beispielsweise dogmatische Unterscheidungen zwischen einzelnen Marktkategorien in den Hintergrund treten und stattdessen funktionale Prinzipien, wie Steuerungsmechanismen für Liquidität im Rahmen des Paradigmas der Marktfragmentierung (im Sinne von Markttransparenz und Best Execution-Vorschriften)[559] im Vordergrund steht. Da eine vollständige Untersuchung des Begriffs der Markteffizienz aus wirtschaftswissenschaftlicher Perspektive mit allen Implikationen für die Rahmenrichtlinien des Kapitalmarktrechts den Rahmen dieser Arbeit sprengen würde, soll sich alleine auf die Implikationen für die MiFID I konzentriert werden. Die ordnungsgemäße Preisbildung ist ein zentrales Mantra für die Steuerungsfähigkeit von Liquidität und kapitalmarktrechtlichen Vorschriften, die sich hierauf beziehen.[560] Aus diesem Grund soll die sog. Informationseffizienz näher beleuchtet werden.

Da im Sekundärmarkt die Preise (in Form von Aktienkursen) Lenkungswirkung entfalten, kann eine effiziente Verteilung von Kapital nur dann geschehen, wenn neue Informationen rasch in den Wert eines Wertpapieres eingepreist werden, sodass die Handelsteilnehmer nicht aufgrund „veralteter" Preise höhere Kosten tragen müssen.[561] Dies gewährleistet die *informationelle Effizienz*, die sich dadurch auszeichnet, dass neue Informationen so rasch in die Preise eingearbeitet werden, dass Spekulanten nicht allein aufgrund solcher Informationen Profit erzielen können.[562] Ein vollständig informationseffizienter Kapitalmarkt würde gewährleisten, dass im Aktienkurs sämtliche Informationen, die für die Bewertung von Bedeutung sein können, verarbeitet sind.

Wirtschaftswissenschaftliches Fundament der informationellen Effizienz bildet die Forschung zur sog. Efficient Capital Market Hypothesis (ECMH)[563]

---

558 *Sester*, ZGR 2009, 310, 312.

559 Siehe hierzu Abschnitt A. im 2. Kapitel.

560 Siehe oben unter Ziffer 1 lit. a) in diesem Abschnitt.

561 *Bortenlänger*, Börsenautomatisierung, S. 44.

562 Siehe nur *Gilson/Krakmaan*, 70 Va. L. Rev. 1984, 549, 559.

563 Die Grundlagen der ECMH gehen auf *Samuelson*, 6 Indus. Mgmt. Rev. 41 (1965) und *Mandelbrot*, 39 Journal of Business 242 (1966) zurück. Die heutzutage verwendeten Begrifflichkeiten gehen zurück auf *Fama*, 25 Journal of Finance, 383 (1970),

und die daran anknüpfende These zum sog. „random walk" der Aktienkurse[564]. Gemäß dieser Forschung sind verschiedene Formen der Informationseffizienz zu unterscheiden.[565]

Ein vollständig informationseffizienter Kapitalmarkt (strenge Informationseffizienz) würde gewährleisten, dass im Aktienkurs sämtliche Informationen, die für die Bewertung von Bedeutung sein können, verarbeitet sind. Künftige Kursentwicklungen, etwa auf Basis von Insiderinformationen, wären nicht mehr vorhersagbar und könnten nur noch zufällig geschehen („random walk"). Bei einem schwachen informationseffizienten Kapitalmarkt (schwache Informationseffizienz) spiegelt der Aktienkurs lediglich die historischen Informationen und Kursentwicklungen wider. Eine Auswertung der Informationen zum Emittenten (sog. Fundamentaldaten) und die Nutzung von Insiderinformationen würden eine Kursvorhersage erlauben. Bei einem relativ-informationseffizienten Kapitalmarkt (halbstrenge Informationseffizienz) spiegelt der Aktienkurs sämtlich öffentlich verfügbaren Informationen wider. Jede neue Information, die öffentlich verfügbar wird, löse eine Reaktion im Markt aus, so die Annahme. Eine Kursvorhersage ist vorrangig durch Insiderwissen möglich.

In der wirtschaftswissenschaftlichen Forschung sind strenge Annahmen getroffen worden, für einen vollständig informationseffizienten Kapitalmarkt, nämlich die Abwesenheit von Transaktionskosten und von Kosten der Kapitalbeschaffung, zusätzliche gleichartige Erwartungen der Marktteilnehmer bezüglich der momentanen Aktienkurse und der Verteilung der zukünftigen Kurse sowie rational handelnde Marktteilnehmer.[566] Es ist allerdings ausgeschlossen, dass eine vollständige Informationseffizienz erreicht werden kann, da es immer eine Person geben muss, die neue Informationen zuerst in den Preis einarbeitet und hiervon profitiert – eine absolute informationelle Effizienz ist daher ein Idealzustand.[567] In tatsächlicher Hinsicht ist es nicht möglich eine Aussage darüber zu treffen, wie informationseffizient Kapitalmärkte sind.[568]

---

insbesondere sind in diesem Kontext hervorzuheben *Fama*, 38 J. Bus. 34 (1965); *Fama*, 38 Financial Analyst Journal 55 (1965); *Fama/Fisher/Jensen/Roll*, 10 International Economic Review 1 (1969).

564 *Fama*, 38 Journal of Business (1965), 34, 35ff.; *ders.* 25 Journal of Finance (1970), 414.

565 Zum Folgenden der Überblick bei *Adolff*, Unternehmensbewertung im Recht der börsennotierten AG, S. 15ff. m.w.N.

566 *Fama*, 25 Journal of Finance (1970), 383.

567 *Sester*, ZGR 2009, 310, 328; *Langenbucher*, Kapitalmarktrecht, § 1, Rn. 28.

568 *Sester*, ZGR 2009, 310, 328.

b) *Liquidität*

Der EU-Gesetzgeber nahm vor Inkrafttreten der MiFID I an, dass die MiFID I eine Steigerung der Markteffizienz bewirke, die sich in einer höheren Liquidität niederschlagen würde.[569] Ein Markt wird als liquide bezeichnet, wenn die Marktteilnehmer schnell und zu niedrigen Transaktionskosten die von ihnen gewünschte Anzahl von Wertpapieren kaufen oder verkaufen können, ohne dass ihre Aufträge den Kurs nennenswert beeinflussen.[570] Eine umfassendere Definition von Liquidität liefert *Ahdieh*[571]:

„Liquidity measures immediacy, that is, the ability to timely execute a buy or sell order, and resiliency, investors' ability to trade without moving the price of a security against themselves. Through these twin elements, liquidity allows investors to dispose of their holdings with minimum search or other transaction costs. Such minimization of trading friction is essential to the character of equity securities, much of the value of which, as described below, is tied to ease of resale. Liquidity also benefits corporate issuers, meanwhile, by enhancing share value and providing a ready market for additional shares. Tied to their provision of liquidity, securities markets also serve critical information functions. Specifically, they determine market-clearing prices based on the cumulative supply and demand collection by the market. In finance terms, they allow for the efficient incorporation of information to the price."

Diese Definition stellt eine Verbindung zwischen Liquidität mit Transaktionskosten sowie der Preisfeststellung respektive der Informationsverarbeitung her. Die Entstehung von Liquidität lässt sich auf Netzwerkeffekte zurückführen: Je mehr Angebot und Nachfrage in Form von Orders sich auf einem Handelsplatz konzentriert, desto attraktiver wird dieser Handelsplatz für andere Marktteilnehmer (Liquidität zieht Liquidität an).[572] Dieser Netzwerkeffekt wirkt in zwei Richtungen[573]: Einerseits wirkt sie als Multiplikator in der Aktie, in der die Liquidität gerade ansteigt. Andererseits treten Effekte an dem betreffenden Handelsplatz auf, weswegen auch andere Aktien von der ansteigenden Liquidität profitieren. In der wirtschaftswissenschaftlichen Literatur wird daher der Schluss gezogen, dass eine Liquiditätssteigerung mit dem Abbau von Informationsasymmetrien zusammenhängt, da die Kapazität

---

569 *Europäische Kommission*, KOM(2002), 625 endgültig, S. 12, 15.

570 *Theissen*, 3 Journal of Financial Markets (2000), 351.

571 *Ahdieh*, 76 Southern California Law Review (2003), 285f.

572 *Rudolph/Röhrl*, in: Hopt/Rudolph/Baum, Börsenreform, S. 143, 179f.

573 *Ahdieh*, 76 Southern California Law Review (2003), 290f.

der Informationsverarbeitung des Handelsplatzes steigt.[574] Liquidität ist folglich eine Vorbedingung für einen informationseffizienten Kapitalmarkt und niedrige Transaktionskosten.[575]

c) Marktintegration

Die vier Rahmenrichtlinien des Kapitalmarktrechts der EU sind ferner auf die Errichtung eines einheitlichen, integrierten Kapitalmarkts gerichtet. Dies wird dadurch deutlich, dass der EU-Gesetzgeber an vielen Stellen innerhalb der Rahmenrichtlinien die Schaffung eines integrierten (Binnen-)Kapitalmarkts hervorhebt. [576] Gleichwohl kann dieses Regelungsziel schon aus dem primärrechtlich verankerten Regelungskonzept zur Herstellung eines Binnenmarktes gem. Art. 3 Abs. 2 EUV entnommen werden, bei dem es sich um einen im Kern freien und nach innen offenen gesamteuropäischen Wirtschaftsraum handelt.[577] Dieser erstreckt sich mit Blick auf den Kapitalbinnenmarkt auch auf den Kapital- und Wertpapierverkehr. Konkret handelt es sich hierbei um einen integrierten Kapitalmarkt, auf dem sich Kapital frei von Beschränkungen bewegt und Anbieter und Nachfrager unter gleichen Mindestbedingungen ohne Beschränkungen tätig werden können.[578] „Integriert" bedeutet die Zusammenführung der Kapitalmärkte der Mitgliedsstaaten durch Harmonisierung[579] des Kapitalmarktrechts – Ziel des

---

574 *Schmidt*, 54 Schmalenbach Business Review (2002), 171, 184; *Ahdieh*, 76 Southern California Law Review (2003), 287.

575 *Sester*, ZGR 2009, 310, 344.

576 Erwägungsgrund Nr. 2 MiFID I; Erwägungsgrund Nr. 2 MiFID-DVO; Erwägungsgrund Nr. 1 und 2 MAD I; Erwägungsgrund Nr. 1 Transparenz-RL.

577 Vgl. *Terhechte*, in: Grabitz/Hilf/Nettesheim, Recht der EU, EUV, Art. 3, Rn. 38ff.; Ziel ist die Herstellung eines „Europäischen Finanzraums", *Oppermann/Classen/Nettesheim*, Europarecht, 5. Aufl., § 31, Rz, 4ff.; *Stünkel*, EG-Grundfreiheiten und Kapitalmärkte, S. 43ff. Zur Rolle der MiFID in diesem Rahmen *Oppermann/Classen/Nettesheim*, Europarecht, 5. Aufl., § 31, Rn. 10. Alle Maßnahmen, die auf einen Finanzbinnenmarkt abzielen, sind mithilfe der Grundfreiheiten und Wettbewerbsregeln des Europarechts durchzusetzen, *Immenga/Mestmäcker*, Wettbewerbsrecht, Bd. 1, 5. Aufl., Einl. EU B, Rn. 99f.

578 *Stünkel*, EG-Grundfreiheiten und Kapitalmärkte, S. 43.

579 Vgl. *Assmann/Buck*, EWS 1990, 110, 112ff.; *Deckert/von Rüden*, EWS 1998, 46, 48f.; *Lutter/Bayer/Schmidt*, Europäisches Unternehmens- und Kapitalmarktrecht, 5. Aufl., § 17, Rn. 14-16. Zum Rechtsetzungskonzept der Vollharmonisierung *Fleischer/Schmolke*, NZG 2010, 1241, 1243f.; *Möllers*, in: FS Horn, S. 473, 484ff.; *ders.*, ZEuP 2008, 480f., 502ff. Zum integrierten Wertpapiermarkt Entschluss des Europäischen Rates v. 23.03.2001, ABl. C 138/1.

europäischen Kapitalmarktrechts ist es, die Grundfreiheiten auf kapitalmarktrechtliche Sachverhalte anzuwenden, um Hemmnisse[580] für Investitionsmöglichkeiten abzubauen.[581]

Das Kapitalbinnenmarktkonzept der EU ist eng mit dem Regelungsparadigma der Markteffizienz und dem Paradigma der Liquidität verzahnt. Ausweislich der Richtlinienbegründung zur MiFID I geht der EU-Gesetzgeber davon aus, dass erhebliche Effizienzsteigerungen mit der Integration der europäischen Kapitalmärkte zu erwarten sind, nämlich eine Liquiditätserhöhung sowie eine Reduzierung der Transaktionskosten.[582] Auch der Wettbewerb zwischen Auftragsausführungssystemen führe zu einer Effizienzsteigerung.[583]

d) *Marktintegrität*

Nach der Wertung des EU-Gesetzgebers setzt ein integrierter und effizienter Kapitalmarkt Marktintegrität voraus.[584] Das Paradigma der Marktintegrität steht in einem engen Zusammenhang mit der Marktfairness. So ist neben der Gewährleistung von Marktfairness Zweck des Marktmissbrauchsrechts, die Integrität der Finanzmärkte der Gemeinschaft sicherzustellen und das Vertrauen der Anleger in diese Märkte zu stärken.[585] Die Marktintegrität geht allerdings über das Ideal der Marktfairness (Verhinderung der Übervorteilung einzelner Marktteilnehmer) hinaus. Vielmehr steht eine Unversehrtheit und Fehlerfreiheit der Funktionen des

---

580 *Europäische Kommission*, Grünbuch der Kommission v. 30.04.2007 über Finanzdienstleistungen für Privatkunden, KOM(2007), 226.

581 *Klöhn*, in Langenbucher, Europäisierung des Privatrechts, 2. Aufl., § 6, Rn. 3; *Lutter/Bayer/Schmidt*, Europäisches Unternehmens- und Kapitalmarktrecht, 5. Aufl., § 17, Rn. 11f.; *Stünkel*, EG-Grundfreiheiten und Kapitalmärkte, S. 44; *Assmann*, in: Assmann/Schütze, Handbuch des Kapitalanlagerechts, 2. Aufl., § 1, Rn. 55; *Oppermann/Classen/Nettesheim*, Europarecht, 5. Aufl., § 30, Rn. 6 und § 31, Rn. 2ff.

582 *Europäische Kommission*, KOM(2002), 625 endgültig, S. 7.

583 Ebda, S. 14.

584 Erwägungsgrund Nr. 2 der Marktmissbrauchsrichtlinie; ferner wird der Begriff der Marktintegrität ausdrücklich vom europäischen Gesetzgeber an folgenden Stellen erwähnt: „Pflicht zur Wahrung der Marktintegrität", Überschrift Art. 25 MiFID; „Ein integrierter und effizienter Finanzmarkt setzt Marktintegrität voraus.", Erwägungsgrund Nr. 2 MAD; „Bei Ausübung ihrer Durchführungsbefugnisse gemäß dieser Richtlinie sollte die Kommission folgende Grundsätze beachten: [...] die Notwendigkeit, die Marktintegrität durch eine sach- und zeitnahe Überwachung und Finanzinnovationen sicherzustellen", Erwägungsgrund Nr. 43 MAD, Erwägungsgrund Nr. 36 Transparenz-RL.

585 Erwägungsgrund Nr. 12 der Marktmissbrauchsrichtlinie.

Kapitalmarkts im Vordergrund, weswegen die Marktintegrität der institutionellen Funktionsfähigkeit zuzuordnen ist. Regeln diesbezüglich finden sich vorrangig in der MiFID I, mittelbar schützen naturgemäß alle vier Rahmenrichtlinien die Marktintegrität, da sie das Kapitalmarktgeschehen insgesamt einer Regelungsordnung unterwerfen. Der Begriff der Marktintegrität ist daher weit zu verstehen und umfasst alle Regeln, die die Unversehrtheit und Fehlerfreiheit der Funktionen des Kapitalmarkts schützen sollen. Dies umschließt das besondere Marktverhaltensrecht der MAD II, da eine Fehlerfreiheit der Funktionen des Kapitalmarkts nur dann anzunehmen ist, wenn auch das Marktverhaltensrecht eingehalten wird. Zu dieser juristischen Komponente gehört auch noch eine technische: Denn nur wenn die Funktionen des Kapitalmarkts *ordnungsgemäß* ablaufen, also ungestört, fehlerfrei und unversehrt, kann ein Markt funktionieren. Marktmissbrauch stört die Funktionen des Kapitalmarkts und führt zu fehlerhaften Anlegerentscheidungen. Darüber hinaus dient auch das Verhaltensrecht in Kapitel II Abschnitt 2 der MiFID I der Gewährleistung der Marktintegrität im technischen Sinne. Es handelt sich um detaillierte Regelungen verschiedener Informations-, Aufzeichnungs-, Organisations- und sonstiger Pflichten, die Wertpapierfirmen bei der Erbringung von Finanzdienstleistungen beachten müssen und insgesamt als Wohlverhaltensregeln qualifiziert werden können.[586]

4. *Anlegerschutz*

Der Begriff des Anlegerschutzes ist gesetzlich nicht definiert.[587] Lediglich die Schutzrichtung ist klar umrissen und ist zweifach ausgestaltet[588]: Einerseits wird

---

586 *Lutter/Bayer/Schmidt*, Europäisches Unternehmens- und Kapitalmarktrecht, 5. Aufl., § 17, Rn. 218.

587 *„Der Begriff des Anlegerschutzes gehört zu jenen topoi, deren Häufigkeit des Gebrauchs in keinem Verhältnis zur Klärung ihrer konzeptionellen Grundlagen steht. Während in der Rechtswissenschaft und zunehmend auch in der Wirtschaftswissenschaft über Notwendigkeit, Art und Umfang des Schutzbedürfnisses noch gestritten wird, mehren sich die Normen und Rechtsinstitute, die unter ausdrücklicher Berufung auf den Gesichtspunkt des Kapitalanlegerschutzes gerechtfertigt werden.“*, *Assmann*, ZBB 1989, S. 49f. An dieser Einschätzung hat sich bis heute nichts geändert und selbst aktuelle Fachliteratur begnügt sich bei der Darstellung von konzeptionellen Grundlagen mit dem Verweis auf das Standardwerk von Klaus Hopt „Kapitalanlegerschutz im Recht der Banken“ aus dem Jahr 1975; kritisch hierzu *Assmann*, ZBB 1989, S. 49, 50f.; vor allem mit Blick auf die begriffliche Vermengung von Anleger- und Verbraucherschutz *Edelmann*, in: Assmann/Schütze, Kapitalanlagerecht, 2. Aufl., § 3, Rn. 1ff.; *Wagner*, BKR 2003, 649.

588 *Hopt*, Kapitalanlegerschutz im Recht der Banken, S. 47.

auf den Schutz des einzelnen Investors und seinen Interessen im Rahmen eines Individualschutzes abgezielt. Der Individualschutz wird im Kapitalmarktrecht vor allem durch Haftungsnormen verwirklicht, die explizit Einzelpersonen Ansprüche gewähren.[589] Andererseits bezweckt das Regelungsziel des Anlegerschutzes den Schutz des Anlegerpublikums, das das gesamte Handelsinteresse in Wertpapieren verkörpert.[590] Letzteres ist aufgrund der überindividuellen Schutzrichtung genau genommen nicht mehr dem Anlegerschutz zuzuordnen, sondern vielmehr dem Funktionenschutz des Kapitalmarktrechts, da das Vertrauen der Anlegerschaft in die Institution Kapitalmarkt unabdingbar ist.[591]

II. Sicherung der Funktionsfähigkeit des Kapitalmarkts

Der Funktionenschutz besteht darin, die Voraussetzungen des Leitbildes eines effizienten, integrierten und funktionsfähigen Kapitalmarktes zu schaffen sowie der Herstellung der Leistungsfähigkeit der auf den Kapitalmarkt bezogenen Einrichtungen und Ablaufmechanismen herzustellen.[592] Zusammen mit dem Anlegerschutz bildet der Funktionenschutz die beiden Regelungsziele des Kapitalmarktrechts der EU. In der Praxis lassen sich Anleger- und Funktionenschutz aufgrund der Vielzahl an Wechselwirkungen nicht trennen und können in den meisten Fällen nur gemeinsam verwirklicht werden – sie bilden ein System kommunizierender Röhren.[593]

Der Gesetzgeber hat in den letzten Jahren erkennen lassen, dass trotz der tatsächlich bestehenden Wechselwirkungen innerhalb der Schutzrichtungen des Anleger- und Funktionenschutzes, die Funktionsfähigkeit der Kapitalmärkte als primäres Regelungsziel angesehen wird.[594] Dies ist ferner in den

---

589 *Oulds*, in: Kümpel/Wittig, Bank- und Kapitalmarktrecht, Rn. 14.170.

590 Vgl. *Oulds*, in: Kümpel/Wittig, Bank- und Kapitalmarktrecht, Rn. 14.141; *Seiler/Kniehase*, in: Schimansky/Bunte/Lwowski, Bankrechts-Handbuch, Vor § 104 Rn. 85.

591 *Merkt*, in: FS Hopt, Bd. 2, S. 2207, 2225; *Lenenbach*, Kapitalmarktrecht, Rn. 1.67; *Oulds*, in: Kümpel/Wittig, Bank- und Kapitalmarktrecht, Rn. 14.143.

592 Vgl. *Lenenbach*, Kapitalmarktrecht, Rn. 1.67.

593 *Hopt*, Kapitalanlegerschutz im Recht der Banken, S. 51f., 334f.; *Seiler/Kniehase*, in: Schimansky/Bunte/Lwowski, Vor § 104 Rn. 85; *Oulds*, in: Kümpel/Wittig, Bank- und Kapitalmarktrecht, Rn. 14.141.

594 Exemplarisch sei hier auf die Klarstellung des § 4 Abs. 4 FinDAG hingewiesen, der jedwedes Tätigwerden der BaFin in das öffentliche Interesse stellt, um mögliche Staatshaftungsansprüche auszuschließen, die bestehen würden, wenn die Finanzaufsicht Individualinteressen durchzusetzen verpflichtet wäre und eine Pflichtverletzung dahingehend festzustellen wäre; vgl. hierzu *Merkt*, in FS Hopt, Bd. 2, S. 2207, 2226.

Kapitalmarktgesetzen selbst zu erkennen; nur ein verhältnismäßig geringer Teil der kapitalmarktrechtlichen Normen dienen dem Schutz von Individualinteressen.[595] Tatsächlich dient das Gros der kapitalmarktrechtlichen Normen dem Erhalt und der Förderung der Funktionen des Kapitalmarkts – der Funktionenschutz besteht daher im öffentlichen Interesse.[596]

B. Regeln zur Bereitstellung verborgener Liquidität

I. Das Transparenzregime der MiFID I

Die Transparenzregeln der MiFID I unterscheiden zwischen Vor- und Nachhandelstransparenz. Im Rahmen der Vorhandelstransparenz sollen die Marktteilnehmer jederzeit die Marktlage und die Modalitäten für ein für sie interessantes Geschäfts beurteilen können. Im Nachhandelsbereich sollen sie im Anschluss an den Vertragsschluss überprüfen können, zu welchen Bedingungen ihr jeweiliger Handelsauftrag tatsächlich ausgeführt wurde.[597]

1. Anforderungen im Bereich der Vorhandelstransparenz

Die Anforderungen im Bereich der Vorhandelstransparenz erfassen die Verpflichtung, An- und Verkaufskurse, Auftragslimits, gestellte Quotes sowie Ordervolumen vor der Ausführung von Aufträgen, offenzulegen.[598] Diese Pflicht bezieht sich allein auf Aktien und aktienvertretende Zertifikate – andere Finanzinstrumente werden von den Transparenzvorschriften nicht erfasst. Art. 29 Abs. 1, 44 Abs. 1 MiFID I sehen für MTFs und geregelte Märkte vor, dass die aktuellen Geld- und Briefkurse der besten Kauf- und Verkaufsaufträge sowie das entsprechende Handelsvolumen veröffentlicht werden müssen. Ausnahmen für die Vorhandelstransparenz gelten für bestimmte Handelsgeschäfte,

---

Gleiches gilt bei der Auslegung von kapitalmarktrechtlichen Vorschriften durch den BGH – auch hier ist die Tendenz zu erkennen, dass ein individueller Schutzgesetzcharakter (etwa i.S.v. § 823 Abs. 2 BGB) grundsätzlich restriktiv gegenübergestanden wird; vgl. hierzu BGH, WM 2008, 825; *Merkt*, in FS Hopt, Bd. 2, S. 2207, 2227; kritisch *K. Schmidt*, in FS Schwark, 753, 762, 769.

595 *Oulds*, in: Kümpel/Wittig, Bank- und Kapitalmarktrecht, Rn. 14.142.

596 Beschlussempfehlung und Bericht des Finanzausschusses des Deutschen Bundestages zum 2. Finanzmarktförderungsgesetz, BT-Drs. 12/7918, S. 102.

597 Erwägungsgrund Nr. 44 MiFID.

598 *Lenenbach*, Kapitalmarktrecht, 2. Aufl., Rn. 3.156; *Assmann*, in: Assmann/Schneider, WpHG, § 31g, Rn. 2; *Kumpan*, WM 2006, 798; *Beck/Röth*, in: Schwark/Zimmer, KMRK, BörsG, § 30, Rn. 1ff.

wie z.B. solche, die zu einem Referenzpreis ausgeführt werden (Art. 44 Abs. 3 lit. c MiFID I für geregelte Märkte; Art. 29 Abs. 3 lit. c MiFID I für MTFs) oder bei Aufträgen, die einen marktüblichen Geschäftsumfang i.S.v. Art. 22 Abs. 2 MiFID I übersteigen. Die Einzelheiten der durch den Marktbetreiber bzw. der Wertpapierfirma, die ein MTF betreibt, zu veröffentlichenden Informationen sind in Art. 17 und Anhang II Tabelle 1 der MiFID-DVO geregelt. Systematische Internalisierer sind verpflichtet, für liquide Aktien verbindliche Geld-/Briefkurse in standardmäßigen Marktgrößen während der üblichen Geschäftszeiten regelmäßig und kontinuierlich zu veröffentlichen, Art. 27 Abs. 1 MiFID I. Vorhandelstransparenzanforderungen für den Bereich des außerbörslichen Handels gibt es nicht. Gem. Art. 17 MiFID-DVO i.V.m. Anhang II Tabelle 1 MiFID-DVO variieren die im Rahmen der Vorhandelstransparenz zu veröffentlichenden Informationen je nach im Einsatz befindlichen Marktmodell.[599]

a) Umsetzung in Deutschland für geregelte Märkte und MTFs

In Deutschland sind die Vorhandelstransparenzanforderungen der MiFID I in § 30 BörsG umgesetzt worden.[600] Für Aktien und Aktien vertretende Zertifikate, die zum Handel im regulierten Markt zugelassen oder in den regulierten Markt einbezogen sind, sind der Preis des am höchsten limitierten Kaufauftrags und des am niedrigsten limitierten Verkaufauftrags und das zu diesen Preisen handelbare Volumen während der üblichen Geschäftszeiten der Börse kontinuierlich und zu angemessenen kaufmännischen Bedingungen zu veröffentlichen, § 30 Abs. 1 S. 1 BörsG. § 30 Abs. 3 BörsG verweist bezüglich der Einzelheiten der Veröffentlichungspflichten nach § 30 Abs. 1 BörsG auf die MiFID-DVO sowie auf die jeweilige Börsenordnung[601], die an der Börse gilt. Die Börsenaufsicht kann über die Gewährung von Ausnahmen zur Vorhandelstransparenz gem. § 30 Abs. 2 BörsG entscheiden.

Für MTFs sind die Transparenzpflichten in § 31g WpHG umgesetzt worden. Der Betreiber eines multilateralen Handelssystems hat für in das System einbezogene Aktien und Aktien vertretende Zertifikate, die zum Handel an einem organisierten Markt zugelassen sind, den Preis des am höchsten limitierten Kaufauftrags und des am niedrigsten limitierten Verkaufauftrags und das zu diesen

599 Siehe zu den Marktmodellen und ihrer aufsichtsrechtlichen Erfassung 1. Kapitel Abschnitt B.II.

600 Zur Umsetzung der Transparenzanforderungen durch das FRUG *Holzborn/Israel*, NJW 2008, 791, 795f.; *Duve/Keller*, BB 2006, 2537, 2538f.

601 Ausführlich zur Rechtsnatur der Börsenordnungen *Fleckner*, ZHR 180 (2016), 458ff.

Preisen handelbare Volumen kontinuierlich während der üblichen Geschäftszeiten zu angemessenen kaufmännischen Bedingungen zu veröffentlichen, Art. 31g Abs. 1 WpHG. Die BaFin kann über die Gewährung von Ausnahmen zur Vorhandelstransparenz gem. § 31 Abs. 2 WpHG entscheiden.

b) Besonderheiten bei der systematischen Internalisierung

Die MiFID-DVO sieht eigene Regelungen zur Vorhandelstransparenz für systematische Internalisierer vor, die auf die Besonderheiten der systematischen Internalisierung zugeschnitten sind.

aa) Einordnung der Dienstleistung als systematische Internalisierung

Zunächst muss die Dienstleistung überhaupt die Merkmale der systematischen Internalisierung erfüllen, d.h. bei dem betreffenden Unternehmen muss es sich um eine Wertpapierfirma handeln, die in organisierter und systematischer Weise häufig regelmäßig Handel für eigene Rechnung durch Ausführung von Kundenaufträgen außerhalb eines geregelten Marktes oder eines MTF betreibt, Art. 4 Abs. 1 Nr. 7 MiFID I. Eine Wertpapierfirma ist als systematischer Internalisierer anzusehen, wenn sie die Internalisierung organisiert. Häufig und systematisch betrieben wird, Art. 21 Abs. 1 MiFID-DVO. Zu berücksichtigen bei der Prüfung ist demnach, dass die Auftragsausführung nach nichtdiskretionären Regeln erfolgt und dass das Geschäftsmodell eine wesentliche kommerzielle Rolle für die Wertpapierfirma spielt sowie dass die Tätigkeit dem Kunden auf regelmäßiger oder kontinuierlicher Basis zur Verfügung steht. Weiterhin muss die Tätigkeit von eigens dafür vorgesehenem Personal oder mittels eines automatisierten technischen Systems ausgeführt werden.

Eine Wertpapierfirma ist nicht als systematischer Internalisierer anzusehen, wenn gem. Art. 21 Abs. 2 MiFID-DVO Ausschlusskriterien vorliegen. Ausschlusskriterien sind, dass (i) die Tätigkeit lediglich in bilateralen Verhältnissen ad hoc betrieben wird und gleichzeitig Teil einer Geschäftsbeziehung ist, in der üblicherweise Geschäfte über Standardmarktgröße getätigt werden oder dass (ii) die Ausführung von Geschäften in anderer Art und Weise als durch Systeme, die von der Wertpapierfirma üblicherweise zur Durchführung der systematischer Internalisierung angewendet werden. Liegt eines dieser Kriterien vor, geschieht die Auftragsausführung im außerbörslichen Bereich und ist nicht Gegenstand aufsichtsrechtlicher Anforderungen nach MiFID I.

bb) Vorhandelstransparenz- und Kontrahierungsregeln bei der systematischen Internalisierung

Liegt eine systematische Internalisierung vor, finden die Vorschriften zur Vorhandelstransparenz nur dann Anwendung, bei Aufträgen bis zur Standardmarktgröße (Standard Market Size – SMS), Art. 27 Abs. 1 UAbs. 2 MiFID I i.V.m. Art. 23 MiFID-DVO. Tabelle 3 des Anhangs II der MiFID-DVO (siehe nachfolgende Tabelle) bestimmt die Standardmarktgröße in Abhängigkeit nach dem Durchschnittswert der Aufträge und fasst diese in unterschiedliche Kategorien zusammen.

Tabelle 4: SMS-Schwellenwerte gemäß Tabelle 3 Anhang II MiFID-DVO.

Kategorie im Sinne des durchschnittlichen Werts der Geschäfte (DWG)	DWG < 10.000	10.000 ≤ DWG < 20.000	20.000 ≤ DWG < 30.000	30.000 ≤ DWG < 40.000	40.000 ≤ DWG < 50.000	50.000 ≤ DWG < 60.000	60.000 ≤ DWG < 70.000	Etc.
Standardmarktgröße	7.500	15.000	25.000	35.000	45.000	60.000	80.000	Etc.

Systematische Internalisierer sind verpflichtet, verbindliche Quotes zu stellen, für die an einem geregelten Markt zugelassenen Aktien, für die sie die systematische Internalisierung betreiben und für die ein liquider Markt besteht. Eine Pflicht zur Bereitstellung von verbindlichen Kursofferten besteht nur dann, wenn die Schwelle der Standardmarktgröße überschritten werden soll, Art. 27 MiFID I. Die Preise der veröffentlichten Quotes müssen dabei die vorherrschenden Marktbedingungen widerspiegeln, Art. 24 MiFID-DVO. Nur im Falle außergewöhnlichen Marktumständen können veröffentlichte Quotes zurückgezogen werden, wozu beispielsweise dann eine Berechtigung besteht, wenn die Geschäftsführung einer Börse den Handel in einem Wertpapier aussetzen würde und keine Preise mehr bereitstellt.[602]

Das Stellen von verbindlichen Quotes stellt einen Kontrahierungszwang dar, da korrespondierende Kundenorders verpflichtend auszuführen sind. Quotes gem. Art. 27 Abs. 1 MiFID I sind Angebote *ad incertas personas*, die mit Veröffentlichung verbindlich werden.[603] Sie bilden folglich keine *invitatio ad offerendum* an den jeweiligen Kunden, der ansonsten auf seiner Seite gehalten wäre, ein

602 RegBegr FRUG, BT-Drs. 16/4028, S. 70.
603 Ebda., S. 69.

verbindliches Angebot zu übermitteln. Der systematische Internalisierer kann den Zugang zu seinen veröffentlichten Quotes in objektiver und nicht-diskriminierender Weise durch eine eindeutige Regelung in seinen Geschäftsbedingungen beschränken, Art. 27 Abs. 5 S. 1, 2 MiFID I. Das Angebot ist damit beschränkt auf die unbestimmte Zahl von Personen, die der systematische Internalisierer einen Zugang zu seinen Quotes einräumt. Aktualisiert ein systematischer Internalisierer die von ihm gestellten Quotes, um diese an die aktuelle Marktlage anzupassen, entfällt mit der Veröffentlichung des nächsten verbindlichen Quotes die Bindungswirkung des vorherigen. Der systematische Internalisierer kann in objektiver und nicht-diskriminierender Weise durch eine eindeutige Regelung in seinen Geschäftsbedingungen ein Limit festsetzen, bis zu dem er bereit ist, mit demselben Kunden Transaktionen einzugehen, Art. 27 Abs. 6 S. 1 MiFID I. Ferner ist es dem systematischen Internalisierer gestattet, die Gesamtzahl der gleichzeitig ausgeführten Geschäfte mit verschiedenen Kunden zu beschränken, sofern die Zahl und/oder der Umfang der Aufträge der Kunden erheblich über der Norm liegt, Art. 27 Abs. 6 S. 2 MiFID I. Überschreitet ein systematischer Internalisierer die Standardmarktgröße mit seinen Quotes, ist er berechtigt nur auf Anfrage Quotes zu stellen und dem Kontrahierungszwang zu entgehen, Art. 27 Abs. 1 UAbs. 2 MiFID I.

cc) Vorhandensein eines liquiden Marktes

Die Vorhandelstransparenz für systematische Internalisierer wird ferner durch das Konzept des liquiden Marktes der MiFID I eingeschränkt. Hiernach müssen systematische Internalisierer nicht für jede Aktie, für die sie die systematische Internalisierung betreiben verbindliche Quotes veröffentlichen, sondern nur für solche Aktien, für die ein liquider Markt besteht, Art. 27 Abs. 1 MiFID I, Art. 22 MiFID-DVO. Das Konzept des liquiden Marktes erlaubt eine Feinkalibrierung der Bereitstellungspflicht von verbindlichen Quotes und verhindert, dass systematische Internalisierer gezwungen sind, Quotes für illiquide Aktien zu veröffentlichen, die für sie wirtschaftlich nachteilig sein können. Eine Aktie, die zum Handel an einen geregelten Markt zugelassen ist, ist dann als über einen liquiden Markt verfügend anzusehen, wenn sie täglich gehandelt wird und der Streubesitz nicht weniger als 500 Millionen Euro beträgt sowie einer nachfolgend genannten Bedingungen erfüllt: Entweder liegt die durchschnittliche tägliche Zahl der Geschäfte mit dieser Aktie nicht unter 500 oder der durchschnittliche Tagesumsatz in dieser Aktie liegt nicht unter 2 Millionen Euro, Art. 22 Abs. 1 MiFID-DVO.

dd) Umsetzung in Deutschland für die systematische Internalisierung

Die §§ 32 bis 32b WpHG setzt die Anforderungen für systematische Internalisierer in Deutschland um. Gem. § 32 S. 2 WpHG gelten die Vorgaben der MiFID-DVO. Ein systematischer Internalisierer ist verpflichtet, regelmäßig und kontinuierlich während der üblichen Handelszeiten für die von ihm angebotenen Aktiengattungen zu angemessenen kaufmännischen Bedingungen verbindliche Kauf- und Verkaufsangebote (Quotes) zu veröffentlichen, sofern es hierfür einen liquiden Markt gibt, § 32a Abs. 1 S. 1 WpHG. Besteht kein liquider Markt, ist der systematische Internalisierer verpflichtet, auf Anfrage seiner Kunden Quotes nach Maßgabe von § 32a Abs. 1 S. 1 WpHG zu veröffentlichen, § 32a Abs. 1 S. 2 WpHG. Die Preise aller veröffentlichten Quotes müssen die vorherrschenden Marktbedingungen widerspiegeln, § 32a Abs. 1 S. 3 WpHG. Der systematische Internalisierer kann die Stückzahl der Aktien oder den auf einen Geldbetrag gerechneten Wert (Größe) für seine Kauf- oder Verkaufsangebote in den Aktiengattungen festlegen, zu denen er Quotes veröffentlicht, wobei diese die vorherrschenden Marktbedingungen widerspiegeln müssen, § 32 Abs. 2 WpHG. Bezüglich der Bestimmung der standardmäßigen Marktgröße legt § 32b WpHG fest, dass die BaFin auf Basis des rechnerischen Durchschnittswerts der auf dem Markt ausgeführten Geschäfte mindestens einmal jährlich die Klassen für die Aktiengattungen festlegt, welche ihren unter Liquiditätsaspekten wichtigsten Markt in Deutschland haben.

2. *Anforderungen im Bereich der Nachhandelstransparenz*

Die Anforderungen im Bereich der Nachhandelstransparenz erfassen die Verpflichtung, Preise und weitere Handelsparameter wie Umfang des Auftrags und Zeitpunkt der Ausführung für bereits ausgeführte Order offenzulegen und gilt umfassend sowohl für alle Marktkategorien als auch für Wertpapierfirmen, die außerbörslich handeln (Art. 45 Abs. 1 für geregelte Märkte; Art. 30 Abs. 1 MiFID I für MTFs; Art. 28 Abs. 1 für systematische Internalisierer und andere Wertpapierfirmen). Die Berichtspflicht bezieht sich allein auf Aktien und aktienvertretende Zertifikate – andere Finanzinstrumente werden von den Regelungen nicht erfasst. Art. 28 Abs. 1 MiFID I sieht vor, dass Wertpapierfirmen, die entweder für eigene Rechnung oder im Namen von Kunden Geschäfte mit zum Handel an einem geregelten Markt zugelassenen Aktien außerhalb eines geregelten Marktes oder eines MTF tätigen, verpflichtet sind, Umfang der Geschäfte sowie den Kurs und den Zeitpunkt, zu dem diese Geschäfte zum Abschluss gebracht wurden, zu veröffentlichen. Art. 28 Abs. 1 MiFID I erfasst sowohl Geschäfte, die von systematischen Internalisierern getätigt werden als auch solche, die im außerbörslichen Bereich stattfinden. Die konkreten Anforderungen an den Gegenstand der Veröffentlichung ergeben sich aus Art. 27 MiFID-DVO i.V.m. Anhang 1, Tabelle 1 MiFID-DVO. Im Bereich der Nachhandelstransparenzanforderungen existieren ebenfalls Ausnahmeregelungen, die eine verzögerte Veröffentlichung erlauben.

Die Anforderungen an die Nachhandelstransparenz gelten auch in Deutschland für alle Handelsplätze und Wertpapierdienstleistungsunternehmen gleichermaßen, § 31 BörsG, §§ 31g Abs. 3, 31h WpHG.[604] Konkret sind die folgenden Informationen zu veröffentlichen: Handelstag und Handelszeit, die Identifikation der Aktien mittels ISIN oder zumindest die genaue Bezeichnung der Aktien oder des Zertifikats sowie der Stückpreis, Volumen der Transaktion und der Identifikationscode des jeweiligen Handelsplatzes.[605] Diese Informationen sind unverzüglich (in Echtzeit), jedenfalls aber innerhalb von drei Minuten nach Vertragsschluss veröffentlicht werden.[606]

3. *Art und Weise der Veröffentlichung*

Die Art. 29, 30 und 32 MiFID-DVO enthalten gemeinsame Vorschriften über die genaue Art und Weise der Veröffentlichung von Vorhandels- und Nachhandelsdaten für alle Handelsplätze. Handelsplatzbetreiber haben demnach Vorhandelsinformationen kontinuierlich während der Handelszeiten zu veröffentlichen und solange verfügbar zu halten, bis eine Aktualisierung erfolgt, Art. 29 Abs. 1 MiFID-DVO. Sowohl Vorhandels- als auch Nachhandelsinformationen sind in Echtzeit zu publizieren. Nachhandelsinformationen können innerhalb von drei Minuten nach Vertragsschluss veröffentlicht werden, Art. 29 Abs. 2 MiFID-DVO. Beziehen sich die Nachhandelsinformationen auf Geschäfte, die außerhalb der üblichen Handelszeiten getätigt worden sind, genügt eine Veröffentlichung vor Beginn des nächsten Handelstages an dem jeweiligen Handelsplatz, an dem die Transaktion durchgeführt wurde, Art. 29 Abs. 4 MiFID-DVO. Geschäfte, die außerhalb eines geregelten Marktes oder eines multilateralen Handelssystems durchgeführt worden sind, gelten die Anforderungen

604 Vgl. ferner hierzu Erwägungsgrund Nr. 3 MiFID-DVO; Bericht des Finanzausschusses zum Regierungsentwurf des FRUG, BT-Drs. 16/4899, S. 34.

605 *Schwark*, in: Schwark/Zimmer, KMRK, 4. Aufl., WpHG, § 31g, Rn. 11. Gleiches gilt für den Börsenhandel: *Beck/Röth*, in: Schwark/Zimmer, KMRK, 4. Aufl., BörsG, § 31, Rn. 6ff.

606 *Schwark*, in: Schwark/Zimmer, KMRK, 4. Aufl., WpHG, § 31g, Rn. 11. Gleiches gilt für den Börsenhandel: *Beck/Röth*, in: Schwark/Zimmer, KMRK, 4. Aufl., BörsG, § 31, Rn. 10f.

nach Art. 29 Abs. 5 MiFID-DVO. Was die Veröffentlichungsform der Vor- und Nachhandelsinformationen betrifft, enthalten die Art. 30 und 32 MiFID-DVO Einzelheiten. Ausweislich Art. 30 MiFID-DVO müssen Vorhandels- und Nachhandelsinformationen auf einem der folgenden Wege zugänglich gemacht werden: (1) über die Einrichtungen einer Börse oder eines MTFs; (2) über die Einrichtungen einer dritten Person; oder (3) mittels eigener Vorkehrungen. Letzteres stellt für Handelsplatzbetreiber den Regelfall dar.[607]

Gemäß Art. 32 MiFID-DVO muss das Medium der Veröffentlichung so gewählt werden, dass

- die Verlässlichkeit der zu veröffentlichenden Informationen gewährleistet ist,
- eine kontinuierliche Fehlerüberwachung und -Korrektur sichergestellt ist,
- eine Konsolidierung mit anderen Transparenzinformationen anderer Marktbetreiber geschehen kann und
- den Marktteilnehmern zu angemessenen Kosten (nicht-diskriminierend und auf angemessener kommerzieller Basis) die Transparenzinformationen zur Verfügung gestellt werden

II. Regeln zur Bereitstellung verborgener Liquidität

Die MiFID I erfasst das Phänomen verborgene Liquidität nur teilweise aufgrund aufsichtsrechtlicher Regelungen. Im Rahmen von Ausnahmen zur Vorhandelstransparenz wird es Betreibern von geregelten Märkten und MTFs gestattet, einen Handel diskret und anonym anzubieten.[608] Der EU-Gesetzgeber hat damit bewusst nicht den Weg gewählt, intransparente Handelsplattform im Rahmen einer eigenen Marktkategorie zu erfassen. Diese Vorgehensweise besitzt den Vorteil, dass Marktbetreiber von geregelten Märkten und/oder MTFs einen intransparenten Blockhandel neben ihren gewöhnlichen und transparenten Handel mit Aktien und anderen Wertpapieren anbieten können. Gleichwohl erlaubt es das Marktordnungsrecht der MiFID I, dass alle Marktkategorien von den Ausnahmetatbeständen der Vorhandelstransparenz profitieren können. In der Praxis wird diese Art von intransparenten Handelsplattformen als Handelssegment neben dem transparenten Handel angeboten.[609] Diese *aufsichtsrechtlich erfassten*

---

607 *Beck/Röth*, in: Schwark/Zimmer, KMRK, 4. Aufl., BörsG, § 30, Rn. 40.

608 *Gomber/Gvozdevskiy*, in: Regulation of the EU Financial Markets, Rn. 14.52.

609 So z.B. die Handelsplattform Xetra Best der Deutschen Börse AG: „Xetra Best Execution – kurz Xetra BEST – bietet einem Xetra-Teilnehmer (BEST Executor) die Möglichkeit, Orders seiner Kunden oder von Kunden anderer Teilnehmer (Order Flow-Provider) auszuführen, bevor diese im Orderbuch ausgeführt werden. Diese

intransparenten Handelsplattformen sind abzugrenzen von *außerbörslich operierenden intransparenten Handelsplattformen*, bei denen der Handel zwar ebenfalls unter Ausschluss von Vorhandelstransparenz abläuft, deren Betreiber hingegen grundsätzlich nicht im Rahmen des Marktordnungsrechts der MiFID I erfasst werden und damit in dieser Rolle unbeaufsichtigt sind.

1. Ausnahmen zur Vorhandelstransparenz, Art. 18, 20 MiFID-DVO

Aufsichtsrechtlich erfasste intransparente Handelsplattformen werden unter Inanspruchnahme eines oder mehrerer Ausnahmetatbestands bzw. Ausnahmetatbeständen gem. Art. 29 Abs. 2 MiFID I i.V.m. Art. 18, 20 MiFID-DVO (für MTFs) bzw. Art. 44 Abs. 2 MiFID I i.V.m. Art. 18, 20 MiFID-DVO (für geregelte Märkte) betrieben. Gleiches gilt für die Nutzung von intransparenten Ordertypen. Der Betrieb einer intransparenten Handelsplattform und die Nutzung von intransparenten Ordertypen unter Inanspruchnahme der Ausnahmetatbestände der MiFID I wird konkret durch die Ausnahmen für (i) Referenzpreissysteme (Reference Price Systems, Art. 18 Abs. 1 lit. a MiFID-DVO), (ii) den Blockhandel (Large in Scale, Art. 20 MiFID-DVO i.V.m. Art. 33 MiFID-DVO), (iii) Auftragsverwaltungssysteme (Order Management Facilities, Art. 18 Abs. 2 MiFID-DVO) sowie (iv) für vorverhandelte Transaktionen (Pre-arranged Trade oder Negotiated Trade, Art. 18 Abs. 1 lit. b, Art. 19 MiFID-DVO) ermöglicht.[610] Hervorzuheben ist, dass die Ausnahmetatbestände in einer zweiten Stufe nochmals von der ESMA im Wege einer Stellungnahme i.S.v. Art. 29 Abs. 1 lit. a der Verordnung (EU) Nr. 1095/2010 (ESMA-Verordnung)[611] konkretisiert werden. Fällt eine Order unter einen der nachfolgenden Ausnahmetatbestände, darf diese nicht (im Rahmen der Vorhandelstransparenz) veröffentlicht werden.[612]

a) Ausnahmetatbestand für Referenzpreissysteme

Referenzpreissysteme sind von den Pflichten des Vorhandelstransparenzregimes der MiFID I befreit, Art. 18 Abs. 1 lit. a MiFID-DVO i.V.m. Art. 29 Abs. 2,

---

Funktionalität ermöglicht den Kunden des BEST Executor (bzw. des Order Flow-Providers) einen besseren Preis als er aus der aktuellen Xetra-Orderbuchlage resultieren würde.", Deutsche Börse AG, Xetra Best Marktmodell, 03.11.2014, S. 4.

610 *Gomber/Gvozdevskiy*, in: Regulation of the EU Financial Markets, Rn. 14.52ff.

611 Verordnung (EU) Nr. 1095/2010 des Europäischen Parlaments und des Rates vom 24.11.2010 zur Errichtung einer Europäischen Aufsichtsbehörde (Europäische Wertpapier- und Marktaufsichtsbehörde), zur Änderung des Beschlusses Nr. 716/2009/EG und zur Aufhebung des Beschlusses 2009/77/EG der Kommission, ABl. L 331/84.

612 *Gomber/Gvozdevskiy*, in: Regulation of the EU Financial Markets, Rn. 14.58.

44 Abs. 2 MiFID I. Hiernach kann die zuständige Behörde Ausnahmen für von einem MTF oder einem geregelten Markt betriebene Handelssysteme gewähren, wenn diese Systeme auf einer Handelsmethode gründen, bei der der Preis in Übereinstimmung mit einem von einem anderen System ermittelten Referenzpreis festgelegt wird, wobei der Referenzpreis eine breite Veröffentlichung erfährt und von den Marktteilnehmern in der Regel als verlässlicher Referenzpreis angesehen wird. Eine gewährte Ausnahme gilt nur für den Aspekt des Systems, der die Anforderungen des Ausnahmetatbestands erfüllt, Art. 18 Abs. 1 UAbs. 3 MiFID-DVO.

b) Ausnahmetatbestand für den Blockhandel

Ferner können die zuständigen Behörden bei Geschäften, die im Vergleich zum marktüblichen Geschäftsumfang für die betreffende Aktie oder Aktiengattung ein großes Volumen (Large in Scale – LIS) aufweisen, von der Veröffentlichungspflicht absehen, Art. 29 Abs. 2 S. 2, Art. 44 Abs. 2 S. 2 MiFID I. Der Regelungsmechanismus ist dabei dergestalt ausgestaltet, dass Schwellenwerte festgesetzt werden, bei deren Erreichen oder Überschreiten die Vorhandelstransparenzpflichten entfallen. Um den tatsächlichen Gegebenheiten an einem Handelsplatz Rechnung zu tragen, werden die Schwellenwerte in Relation zum durchschnittlichen Tagesumsatz im Orderbuch (Average Daily Turnover – ADT) gesetzt, Art. 20 MiFID-DVO. Die Ermittlung des durchschnittlichen Tagesumsatzes geschieht nach dem in Art. 33 Abs. 2 MiFID-DVO beschriebenen Verfahren. Die Schwellenwerte sind in der nachfolgenden Tabelle (entsprechend Tabelle 2 des Anhangs II der MiFID-DVO) zusammengefasst.

Tabelle 5: LIS-Schwellenwerte gemäß Tabelle 2 Anhang 2 MiFID-DVO.

Kategorie im Sinne desdurchschnittlichen Tagesumsatz (DTU) in €	DTU < 500 000	500 000 ≤DTU< 1 000 000	1 000 000 ≤DTU< 25 000 000	25 000 000 ≤ DTU 50 000 000	DTU≥ 50 000 000
Mindestvolumen der Aufträge, die als Aufträge mit großem Volumen (Large in Scale – LIS) im Vergleich zum marktüblichen Geschäftsumfang gelten	**50 000**	**100 000**	**250 000**	**400 000**	**500 000**

c) *Ausnahmetatbestand für vorverhandelte Transaktionen*

Des Weiteren können die zuständigen Aufsichtsbehörden gem. Art. 18 Abs. 1 S. 1 lit. b MiFID-DVO eine Ausnahme gewähren, wenn ein Handelssystem von einem geregelten Markt oder einem MTF betrieben wird und dieses System ausgehandelte Geschäfte formalisiert, die jedes für sich genommen eines der nachfolgend genannten Kriterien erfüllen:

- Das Geschäft wird zu oder innerhalb der aktuellen gewichteten Spanne abgeschlossen, so wie sie im Order wiedergegeben wird, bzw. zu den Kursofferten der Market-Maker des geregelten Marktes bzw. des MTF, der bzw. das das System betreibt, bzw. – sofern die Aktie nicht kontinuierlich gehandelt wird – innerhalb eines Prozentsatzes eines angemessenen Referenzpreises, der vorher vom Systembetreiber festgelegt wurde (Art. 18 Abs. 1 S. 1 lit. b Ziffer i MiFID-DVO);
- das Geschäft unterliegt anderen Bedingungen als denjenigen, die für den aktuellen Marktpreis der Aktie gelten (Art. 18 Abs. 1 S. 1 lit. b Ziffer ii MiFID-DVO).

Geschäfte im vorgenannten Sinn müssen die Bedingungen, die in den Geschäftsbedingungen des geregelten Marktes oder des MTF für derlei Geschäfte festgelegt sind, erfüllen, Art. 18 Abs. 1 UAbs. 2 MiFID-DVO.

Art. 19 MiFID-DVO konkretisiert die Anforderungen an vorverhandelte Transaktionen und bestimmt, dass als ausgehandeltes Geschäft ein Geschäft mit Mitgliedern oder Teilnehmern eines geregelten Marktes oder eines MTF, das privat ausgehandelt, aber über einen geregelten Markt oder ein MTF ausgeführt wird und bei dem das Mitglied oder der Teilnehmer eine der nachfolgend genannten Aufgaben wahrnimmt:

- Handel für eigene Rechnung mit einem anderen Mitglied oder Teilnehmer, das bzw. der für Rechnung eines Kunden handelt;
- Handel mit einem anderen Mitglied oder Teilnehmer bei dem beide Parteien Aufträge für eigene Rechnung ausführen;
- Handel für Rechnung sowohl des Käufers als auch des Verkäufers;
- Handel für Rechnung des Käufers, während ein anderes Mitglied oder ein anderer Teilnehmer für Rechnung des Verkäufers handelt;
- Handel eines Kundenauftrags für eigene Rechnung.

Hintergrund dieser Ausnahme ist der Umstand, dass Investoren ein Interesse daran haben können, ihre Transaktionen außerhalb eines Marktes zu schließen, um eine bessere Ausführung ihrer Aufträge zu erhalten, die sie ansonsten im

Rahmen eines transparenten Handelsumfelds nicht erhalten würden.[613] Dies kann z.B. der Fall sein, wenn das Orderbuch eines Handelsplatzes nicht die nötige Tiefe aufweist oder die Order Eigenschaften besitzt, die eine Ausführung in einem bestimmten Handelssystem verhindern (Ordermindestgrößen, nur Round Lots sind erlaubt, etc.).[614]

d) *Ausnahmetatbestand für Auftragsverwaltungssysteme, Art. 18 Abs. 2 MiFID-DVO*

Schließlich können die zuständigen Aufsichtsbehörden gem. Art. 18 Abs. 2 MiFID-DVO eine Ausnahme gewähren, wenn Orders mittels eines Auftragsverwaltungssystem getätigt, das von einem geregelten Markt oder von einem MTF betrieben wird, solange ihre Veröffentlichung für den Markt noch nicht erfolgt ist. Ein Auftragsverwaltungssystem ist eine Funktionalität des Orderbuchs, die bei bestimmten Auftragstypen die Einhaltung spezieller Auftragsattribute sicherstellt. Z.B. bei Eisberg-Orders, die diesem Ausnahmetatbestand unterfallen[615], ist nur die Spitze im Orderbuch sichtbar und das verbleibende Volumen wird im Rahmen des Auftragsverwaltungssystems für den Markt intransparent gehalten.

e) *Besonderheiten bei der systematischen Internalisierung*

Die Ausnahmetatbestände im Bereich der Vorhandelstransparenz gelten nicht für systematische Internalisierer. Zwar sieht die MiFID-DVO eigene Regelungen zur Vorhandelstransparenz für systematische Internalisierer vor, doch wurde auf die Formulierung von Ausnahmetatbeständen verzichtet. Vielmehr ist es eine Eigenheit des Regelungsregimes für die systematische Internalisierung, dass bei illiquiden Aktien oder bei Aufträgen, die die Standardmarktgröße (i.S.v. Art. 23 MiFID-DVO) überschreiten, keine Bereitstellungspflicht von verbindlichen Quotes besteht und damit der Kontrahierungszwang entfällt. Dies ist aus dem Grunde relevant, weil ab Überschreiten der Standardmarktgröße systematische Internalisierer nur auf Anfrage Quotes stellen können (Request for Quote – RfQ).

f) *Konkretisierung durch Stellungnahme der ESMA*

Die Ausnahmetatbestände zur Vorhandelstransparenz werden von der ESMA im Rahmen einer Stellungnahme „Waivers from Pre-trade Transparency – CESR

---

613 *CESR*, Technical Advice on MiFID Review, CESR/10-394, S. 11, Ziff. 39.

614 *CESR*, Technical Advice on MiFID Review, CESR/10-394, S. 11, Ziff. 39.

615 *ESMA*, Waivers from Pre-trade Transparency, ESMA/2011/241h, S. 30ff.

positions and ESMA opinions“[616] konkretisiert. Gem. Art. 29 Abs. 1 lit. a) der ESMA-Verordnung[617] sind Adressaten dieser Stellungnahme die zuständigen nationalen Aufsichtsbehörden, die an diese Veröffentlichung gem. Art. 288 AEUV zwar nicht rechtlich gebunden sind. Gleichwohl wird die Stellungnahme in Zusammenarbeit mit den nationalen Aufsichtsbehörden entwickelt und spiegelt auch ihre eigene Auffassung dar.[618] Zweck der Stellungnahme ist es, einen einheitlichen Rahmen bei der Ausarbeitung und Ausübung der jeweiligen Verwaltungspraxis der zuständigen nationalen Aufsichtsbehörde zu schaffen und Marketbetreiber sowie Wertpapierfirmen über die Auslegung der Ausnahmetatbestände der MiFID I im Rahmen der Verwaltungspraxis aufzuklären.[619] Inhaltlich enthält die Stellungnahme eine Auflistung verschiedener Funktionalitäten, die ein Handelssystem aufweisen darf, damit es die Voraussetzungen des jeweiligen Ausnahmetatbestands erfüllt. Die ESMA weist auch auf Kombinationsmöglichkeiten von mehreren Ausnahmetatbeständen hin.

2. Ausnahmen zur Nachhandelstransparenz, Art. 27, 28 MiFID-DVO

Ein zu hoher Grad an Transparenz kann auch im Bereich der Nachhandelstransparenz zu negativen Effekten an den Handelsplätzen führen, sodass der Gesetzgeber die Möglichkeit vorgesehen hat, Nachhandelsinformationen zu einem späteren Zeitpunkt zu veröffentlichen, Art. 27, 28 MiFID-DVO, welche in § 31 Abs. 1 S. 2 BörsG; § 31g Abs. 4 WpHG umgesetzt wurden. In Abhängigkeit zum Volumen des jeweiligen Einzelgeschäfts kann die jeweilig zuständige Aufsichtsbehörde nach Ausübung ihres pflichtgemäßen Ermessens eine verzögerte Veröffentlichung erlauben, die von 60 Minuten bis zum Ende des dritten Handelstages seit Vertragsschluss reichen kann, Art. 28 Abs. 1 MiFID-DVO i.V.m. Tabelle 4 des Anhangs II der MiFID-DVO. Je größer der Umfang des Einzelgeschäfts ausfällt, desto eher kann eine Verzögerung in Anspruch genommen werden. Jedenfalls kann bei einer Volumenüberschreitung des Tagesumsatzes von 250 % in der jeweiligen Aktie oder des jeweiligen aktienvertretende Zertifikats die Maximaldauer von drei Handelstagen ausgelöst werden, Art. 28 Abs. 1

616 Zuletzt am 20.06.2016: *ESMA*, Waivers from Pre-trade Transparency Regime, ESMA/2011/241h.

617 Verordnung (EU) Nr. 1095/2010 des Europäischen Parlaments und des Rates vom 24.11.2010 zur Errichtung einer Europäischen Aufsichtsbehörde (Europäische Wertpapier- und Marktaufsichtsbehörde), zur Änderung des Beschlusses Nr. 716/2009/EG und zur Aufhebung des Beschlusses 2009/77/EG der Kommission, ABl. L 331/84.

618 *ESMA*, Waivers from Pre-trade Transparency Regime, ESMA/2011/241h, S. 4.

619 Ebda.

MiFID-DVO i.V.m. Tabelle 4 des Anhangs II der MiFID-DVO. Die volumenbasierte Verzögerung impliziert bereits, dass dieser Ausnahmetatbestand primär für den Blockhandel vorgesehen ist; Art. 30 Abs. 2 und 3 MiFID I hieran anknüpfend von „großvolumigen Geschäften", die durch diesen Tatbestand erfasst werden sollen. Die Ausnahme von der regelhaften Veröffentlichung muss bei Anbahnung der Transaktion, spätestens unverzüglich nach Vertragsschluss beantragt und erteilt werden, damit eine verzögerte Veröffentlichung in Anspruch genommen werden kann.[620]

Die Nachhandelstransparenzanforderungen gelten für aufsichtsrechtlich erfasste intransparente Handelsplattformen uneingeschränkt. Grundsätzlich sind Börsen und MTFs verpflichtet bei Aktien und aktienvertretenden Zertifikaten, die zum börslichen Handel zugelassen oder einbezogen sind, die Börsenpreise sowie das Volumen und der Zeitpunkt der Transaktion unverzüglich und zu angemessenen kaufmännischen Bedingungen zu veröffentlichen, § 31 BörsG, § 31g Abs. 3 WpHG. In Einzelfällen kann eine verzögerte Veröffentlichung vorgesehen werden.

3. *Keine aufsichtsrechtlichen Anforderungen an den Betrieb von außerbörslich operierenden intransparenten Handelsplattformen*

Außerbörslich operierende intransparente Handelsplattformen sind Handelsplattformen, die nicht vom Marktordnungsrecht erfasst werden und deren Betreiber daher gar keine Verpflichtungen im Bereich der Vorhandelstransparenz erfüllen müssen. Die Betreiber werden, sofern sie Wertpapierdienstleistungen erbringen, lediglich als Wertpapierfirmen aufsichtsrechtlich erfasst. Zu den Formen der außerbörslich operierenden intransparenten Handelsplattformen zählen zunächst Internalisierungssysteme, die nicht vom MiFID-Regime erfasst werden und BCNs.

4. *Diskussion und Bewertung*

Es lässt sich zusammenfassen, dass die Ausnahmen zur Vorhandelstransparenz *per se* nicht den Betrieb einer intransparenten Handelsplattform vorsehen. Die Regelungssystematik ist vielmehr die, dass die Ausnahmetatbestände bestimmte Fälle vorsehen, in denen Handelsaufträge nicht offengelegt werden müssen. Anknüpfungspunkt ist folglich nicht das Auftragsausführungssystem, sondern

620 Für MTFs *Schwark*, in: Schwark/Zimmer, KMRK, 4. Aufl., WpHG, § 31g, Rn. 13.

der Handelsauftrag.[621] So ist es möglich, dass ein Orderbuch *per se* intransparent betrieben werden kann, obwohl der Handel an einem beaufsichtigten Handelsplatz wie einem geregelten Markt oder einem MTF stattfindet. Intransparente Ordertypen und Handelsplattformen stehen daher – aufgrund dieser Regelungssystematik – in einem untrennbaren Konnex zueinander. Aus der Perspektive der Betreiber ist dies eine komfortable Ausgangslage, da auf der Basis der vier Ausnahmetatbestände die Systemanforderungen an die intransparente Handelsplattform ausgerichtet werden können – ähnlich eines Baukastenprinzips. Die Stellungnahme der ESMA zur Auslegung der vier Ausnahmetatbestände schafft ferner Klarheit über die konkrete Ausgestaltung der Systemfunktionalitäten und weist daraufhin, dass Systeme mit Charakteristiken, wie sie in der Stellungnahme zu dem jeweiligen Ausnahmetatbestand ausgeführt werden, ebenfalls mit einer Freistellung rechnen können.[622]

Der Regelungsmechanismus lässt allerdings den Ausnahmecharakter vermissen. So ist es grundsätzlich möglich, eine intransparente Handelsplattform zu betreiben, ohne dass eine volumenmäßige Beschränkung bei der Inanspruchnahme des Ausnahmetatbestands bezüglich aller Marktteilnehmer greift. So könnte die zuständige nationale Behörde festlegen, dass Ausnahmetatbestände aufgehoben werden, wenn ein gewisser Prozentsatz Handels in dem jeweiligen Finanzinstrument überschritten wurde. Ein solcher Mechanismus ist zum Einen mit Blick auf die Verhinderung der Umgehung anderer Ausnahmetatbestände (wie etwa des Blockhandelstatbestands gem. Art. 20 MiFID-DVO) relevant, um zu verhindern, dass Aufträge, die unterhalb des LIS-Schwellenwerts sind, nicht im intransparenten Bereich ausgeführt werden. Zum Anderen ist dies mit Blick auf die Verhinderung der exzessiven Inanspruchnahme der Ausnahmetatbestände relevant. Dies ist kein Selbstzweck, sondern muss sichergestellt werden, um die Integrität der Preisfeststellung zu wahren. Nur wenn bei der Preisfeststellung das gesamte Angebots- und Nachfragepotential eines Finanzinstruments tatsächlich berücksichtigt wird sind Wertpapierpreise belastbar und reflektieren die tatsächlichen Marktverhältnisse.

Insbesondere bei den Ausnahmetatbeständen zu Referenzpreissystemen gem. Art. 18 Abs. 1 lit. a MiFID-DVO und dem Blockhandel gem. Art. 20 MiFID-DVO von besonderer Relevanz. Referenzpreissysteme operieren ohne Preisfeststellungsverfahren, in dem sie Preise von anderen Handelsplätzen importieren (und damit als Referenz für Transaktionen nehmen, die innerhalb

621 *Gomber/Gvozdevskiy*, in: Regulation of the EU Financial Markets, Rn. 14.58.
622 Ebda, S. 5.

ihres Handelssystems geschlossen werden). Handelsaufträge, die an Referenzpreissysteme gesendet werden, enthalten daher keine Preisinformationen, da diese zu einem vorher definierten Preis (z.B. Midpoint of European Best Bid and Offer)[623] abgeschlossen werden. Verteilt sich nun ein erheblicher Teil der Liquidität auf Handelsplattformen mit Referenzpreissystem, werden die von den Referenzmärkten festgestellten Preise ungenauer, da nicht mehr das gesamte Angebots- und Nachfragepotential in einem Instrument der Preisfeststellung zugeführt wird – es droht der Infarkt.[624]

Mit Blick auf die Umgehung des Ausnahmetatbestands für den Blockhandel gem. Art. 20 MiFID-DVO ist zu befürchten, dass Informationsasymmetrien und eine Benachteiligung von Privatkunden im europäischen Kapitalmarkt auftreten. Wenn es erlaubt ist, Orders unterhalb des LIS-Schwellenwertes im intransparenten Bereich auszuführen, ohne dass hierfür eine volumenmäßige Begrenzung normiert wurde, besteht die Gefahr, dass Marktteilnehmer andere Marktteilnehmer übervorteilen, indem sie kleine bis mittlere Ordergrößen im intransparenten Bereich zur Ausführung bringen und von verbesserten Preisen profitieren. Gerade Privatkunden, denen diese Möglichkeit grundsätzlich nicht offensteht, da sie keine direkte Anbindung an intransparente Handelsplattformen haben, werden hierdurch benachteiligt.

Eine Umgehung ist auch mit Blick auf die Herstellung und Gewährleistung eines effizienten und funktionsfähigen Kapitalmarkts, welcher als Leitbild für das europäische Kapitalmarktrecht dient, kritisch zu bewerten. Eine Vorschrift funktioniert nur gemäß des gesetzgeberischen Zwecks, solange die Ausnahme auch effizient ausgestaltet ist. Zu weite und vor allem unbeschränkte Ausnahmetatbestände führen zur Aushöhlung der ursprünglichen Regelung und gefährden das gesamte Regelungsregime. Die Ausnahmetatbestände zur Vorhandelstransparenz der MiFID I müssen daher beschränkt und auf ihre eigentlichen Ziele reduziert werden. Kombinationsmöglichkeiten mehrerer Ausnahmetatbestände sind nur unter sehr engen Voraussetzungen zuzulassen.

623 Ebda, S. 16f.

624 *Gomber*, Elektronische Handelssysteme, S. 71.

C. Gründe für die aufsichtsrechtliche Erfassung verborgener Liquidität

I. Ermöglichung des Blockhandels

Die Instrumente der verborgenen Liquidität erfüllen in der Kapitalmarktinfrastruktur eine wesentliche Funktion. Sie stellen eine Möglichkeit dar, dass institutionelle Investoren Handelsaufträge in Blockgröße handeln können, ohne dass ihre Handelsaktivitäten den Markt oder ihre eigenen Transaktionen negativ beeinflussen.[625] Dies erfüllt keinen Selbstzweck, sondern liegt im Interesse aller Marktakteure an einem ordnungsgemäßen Ablauf des Blockhandels im Rahmen des allgemeinen Wertpapierhandels – und ist damit auf einer Linie mit dem gesetzgeberischen Leitbild. Denn sowohl institutionelle als auch private Investoren können von adversen Preisausschlägen betroffen sein.[626] Es besteht daher eine Notwendigkeit, intransparente Handelsplattformen und Ordertypen aufsichtsrechtlich zu erfassen.

Aus den Regeln zur Bereitstellung von verborgener Liquidität kann auf die gesetzgeberische Wertung geschlossen werden, einen gewissen Grad an intransparenten Handel zuzulassen, wenn dieser aufgrund der Besonderheiten der Auftragsausführung in einem transparenten Marktumfeld zu erheblichen Marktverwerfungen führen würde.[627] Die Bereitstellung verborgener Liquidität ist ein schutzwürdiges Interesse des Kapitalmarkts und die Gewährleistung dieser Funktion unterfällt dem Funktionenschutz als Regelungsziel des Kapitalmarktrechts.

II. Gewährleistung der Integrität des Preisfeststellungsverfahrens

Die Integrität des Preisfeststellungsverfahrens ist ein zentrales Anliegen des EU-Gesetzgebers.[628] Wertpapierpreise haben zahlreiche Berührungspunkte mit Vorschriften außerhalb des Kapitalmarktrechts. Börsengehandelte Wertpapiere können im Rahmen des freihändigen Verkaufs oder durch öffentliche Versteigerungen (§§ 1221, 1235, Abs. 2, 1295 BGB, 821 ZPO) verwertet werden unter Zugrundelegung des Börsenpreises. Ferner dient die Existenz

625 *Gomber/Gvozdevskiy*, in: Busch/Ferrarini, Regulation of the EU Financial Markets, Rn. 14.12.

626 Siehe hierzu 2. Kapitel Abschnitt D.I.1.

627 *Europäische Kommission*, KOM(2002), 625 endgültig, S. 13.

628 *Europäische Kommission*, KOM(2002), 625 endgültig, S. 12; *dies.*, KOM(2011), 656 endgültig, S. 3; Erwägungsgrund Nr. 5 MiFID-DVO.

eines „Börsenpreises“ als Voraussetzung für eine gesonderte Behandlung des jeweiligen Wertpapiers (z.B. beim Annahmeverzug des Handelskäufers, § 373 Abs. 2 S. 1 HGB, beim Fixhandelskauf, § 376 Abs. 2 und 3 HGB, in der Insolvenz, § 104 InsO, Art. 105 EGInsO). Weiterhin kann nach dem Recht des Fixhandelskaufs die Differenz zwischen Kaufpreis und dem Börsenpreis zur Zeit und am Orte der geschuldeten Leistung als Schadenersatz geltend gemacht werden (vgl. § 376 Abs. 2 u. 3 HGB).

In Deutschland gelten strenge Anforderungen an die Ermittlung von Börsenpreisen gem. § 24 BörsG. Preise, die während der Börsenzeit festgestellt werden, sind Börsenpreise, § 24 Abs. 1 S. 1 BörsG. Börsenpreise müssen ordnungsmäßig zustande kommen und der wirklichen Marktlage des Börsenhandels entsprechen, § 24 Abs. 1 S. 1 BörsG. Dies bedeutet, dass Börsenpreise fair, ohne Manipulation und der objektiven Marktlage entsprechend zu ermitteln sind (sog. formale Preiswahrheit).[629] Bei der Preisfeststellung unerheblich ist daher, ob die ermittelten Preise auch qualitativ den wahren Wert widerspiegeln.[630]

Auf EU-Ebene werden Vorgaben für die Preisfeststellung zunächst im Rahmen der für die Preisfeststellung zum Einsatz kommenden Handelssysteme i.S.v. Art. 17 Abs. 1 MiFID-DVO i.V.m. Anhang II Tabelle 1 MiFID-DVO getätigt.[631] In jedem Fall sind gem. Art. 17 Abs. 5 MiFID-DVO Marktbetreiber und Wertpapierfirmen, die ein MTF betreiben, verpflichtet, ein Mindestmaß an Vorhandelstransparenz zu wahren, das gewährleistet, dass angemessene Informationen hinsichtlich des Auftragspreisniveaus oder der Kursofferten vorhanden sind. Da die Preisfeststellung von den Informationen der Marktteilnehmer über das Angebot und der Nachfrage in einem Wertpapier abhängt, müssen Ausnahmen im Bereich der Vorhandelstransparenz fein austariert werden, um die Preisfeststellung insgesamt nicht zu schädigen.

III. Bedeutung und Abgrenzung von Informationsmissbrauch

Der elektronische Wertpapierhandel eröffnet bestimmten Marktteilnehmern Missbrauchsmöglichkeiten, die es zur Zeit des Parketthandels noch nicht gab. Insbesondere im Rahmen des elektronischen Blockhandels im Bereich der intransparenten Handelsplattformen kann mittels verschiedener Handelsalgorithmen eine Übervorteilung anderer Marktteilnehmer erreicht werden. Der Einsatz von räuberischen Handelsalgorithmen, die darauf ausgerichtet sind, den Händlern

629 *Ekkenga*, in: Claussen, Bank- und Börsenrecht, § 6, Rn. 244.

630 Ebda.

631 Diese Systeme werden im 1. Kapitel Abschnitt B.II. beschrieben.

hinter den Algorithmen, Informationsvorsprünge zu gewähren, die eigentlich nach den Regelwerken der jeweiligen Handelsplattform nicht bestehen sollten, stellen eine Art von Marktmissbrauch dar, der hier unter dem Begriff des Informationsmissbrauchs diskutiert werden soll. Für die Zwecke dieser Untersuchung soll der Begriff Informationsmissbrauch solche Sachverhalte erfassen, bei denen Informationen nach dem Willen des Berechtigten, der die Datenhoheit besitzt, nicht zur Kenntnis durch Dritte bestimmt sind, diese Informationen aber durch technische Hilfsmittel ausgespäht und verwendet werden. Es ist naheliegend, dass Informationsmissbrauch durch den Einsatz von räuberischen Handelsalgorithmen möglicherweise (kapitalmarkt-)strafrechtliche Relevanz besitzt.

1. *Informationsmissbrauch beim Blockhandel an einem Handelsplatz*

Insbesondere im Bereich des Hochfrequenzhandels ist der Einsatz von Algorithmen bekannt, die Strategien einsetzen, die als elektronisches Frontrunning oder Latenz-Arbitrage beschrieben werden.[632] Zweck dieser Algorithmen ist es, Informationen darüber zu erlangen, ob ein anderer Händler eine bestimmte Order aufgegeben hat. Wird darüber Kenntnis erlangt, gibt der Hochfrequenzhändler selbst eine Order auf, bevor die Order des anderen Händlers zur Ausführung gelangt, deckt sich günstig ein und bedient sodann die Order des anderen Händlers zu einem höheren Preis.[633] Beim Hochfrequenzhandel handelt es sich um eine Form des algorithmischen Handels, bei dem die Entscheidung über die konkrete Vornahme und Durchführung einer Transaktion nicht von einem Menschen, sondern von Computersoftware getroffen wird.[634] Durch diese Vorgehensweise können Transaktionen in Reaktion auf ein Marktgeschehen innerhalb von Bruchteilen von Sekunden durchgeführt werden. Nach Angaben der Handelsüberwachungsstelle der Frankfurter Wertpapierbörse ist der Zeitabschnitt zwischen Initiierung und Abschluss einer Transaktion im Hochfrequenzhandel von 0,021 Sekunden im Jahre 2006 auf 0,00025 Sekunden im Jahre 2013 gesunken. Es sind diese niedrigen Latenzzeiten, die es Hochfrequenzhändlern ermöglichen, die Strategie des elektronischen Frontrunnings erfolgreich einzusetzen.[635]

---

632 *Kasiske*, WM 2014, S. 1933, 1937.

633 *Kasiske*, WM 2014, S. 1933, 1937; *Sorgenfrei*, in: Park, Kapitalmarktstrafrecht, 3. Aufl. 2013, Teil 3 Kap. 4 Rn. 200.

634 *Gomber/Arndt/Lutat/Uhle*, High-Frequency Trading, 2011, S. 13f.

635 Wissenschaftler der University of California, Berkeley, zeigten im Jahre 2014, dass der Kurs der Apple-Aktie, der von Brokern quotiert wurde, und der Kurs, den Händler mit schnelleren Verbindungen und Marktinformationen einsahen, an einem einzigen Tag 55.000-mal differierten, sodass Hochfrequenzhändler, die Arbitrage-Strategien

Abbildung 7: Dauer einer Transaktion im Hochfrequenzhandel, eigene Darstellung.

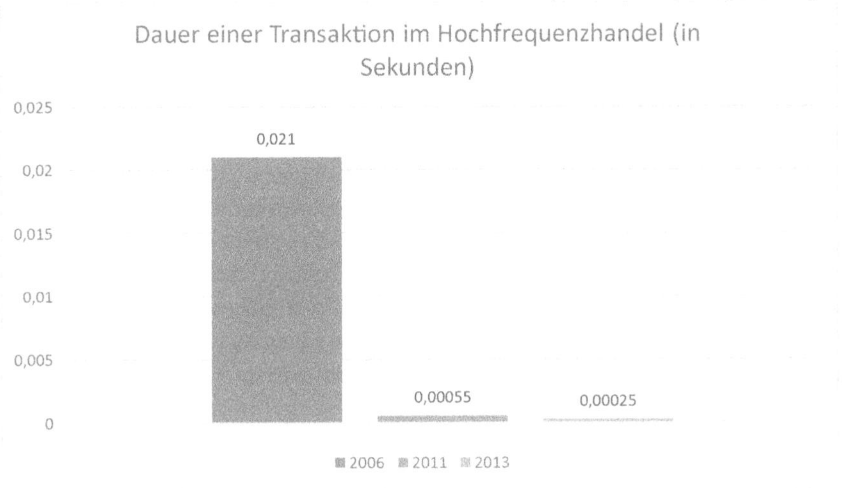

Abzugrenzen ist das elektronische Frontrunning von dem Begriff des Frontrunnings, wie es im Insiderhandelsrecht gebraucht wird, bei dem z.B. ein Händler, der von einer sehr großen Kauforder mit einiger Kurserheblichkeit erfährt, diese Kenntnis ausnutzt, um sich zuvor selbst mit diesem Instrument einzudecken, damit er von der erwarteten Kurssteigerung profitieren kann.[636] Im Unterschied hierzu nutzt der Hochfrequenzhändler beim elektronischen Frontrunning sein Wissen über die Order eines anderen Händlers, um aktiv gegen diesen zu handeln.

a) *Ausspähen von Orders durch Pinging-Strategien und Vornahme von Transaktionen auf Basis der so gewonnenen Daten*

Prämisse für den Erfolg von Strategien des elektronischen Frontrunnings ist die Kenntnis der Order eines anderen Händlers – und zwar so früh wie möglich. Der Einsatz von elektronischen Frontrunning-Strategien macht nur Sinn in teilweise oder vollständig intransparenten Orderbüchern, da nur dann ein Informationsvorsprung zu erzielen ist, wenn alle anderen Handelsteilnehmer gerade nicht

einsetzen, 55.000-mal an diesem Tag die Gelegenheit erhielten, ihren Informationsvorsprung auszunutzen, *Ding/Hanna/Hendershott*, The Financial Review 49 (2014), S. 313–332.

636 *Schwark/Kruse*, in: Schwark/Zimmer, KMRK, 4. Aufl., WpHG, § 13, Rn. 26 mwN.

vollumfänglich über die aktuelle Lage im Orderbuch informiert sind.[637] Gem. Anhang III Abschnitt B Ziffer 20 der Delegierten Verordnung 2017/565[638] wird eine Ping-Order definiert als die Erteilung von kleinen Handelsaufträgen, um die Menge an versteckten Aufträgen zu ermitteln und insbesondere um zu ermitteln, was sich auf einer dunklen Plattform befindet. Es wird durch das Senden einer gewissen Anzahl von kleinvolumigen Orders an die jeweiligen Handelsplätze, die binnen sehr kurzer Zeit zur Ausführung gebracht werden, ausgelotet, ob Käufer oder Verkäufer eines Finanzinstruments vorhanden sind.[639] Durch die Ausführungsrate lässt sich mit einer gewissen Wahrscheinlichkeit berechnen, ob aktuell größere Volumen eines Wertpapiers nachgefragt bzw. angeboten werden und welche Preislimits hierfür gesetzt wurden.[640] Aufgrund der unterschiedlichen Längen des Übertragungsweges, die Orders benötigen, wenn sie vom selben Händler gleichzeitig an unterschiedliche Handelsplätze gesendet werden, kann (in bestimmten Marktstrukturen, wie z.B. in den USA) auf Basis der Zeitunterschiede von wenigen Sekundenbruchteilen ein Profil dieser Zeitdifferenzen ermittelt werden, was einen Rückschluss auf den Orderinitiator zulässt.[641]

Abbildung 8: Ablauf elektronisches Frontrunning, eigene Darstellung.

---

637 *Rudolph/Röhrl*, in: Hopt/Rudolph/Baum, Börsenreform, S. 143, 206, 208.

638 Delegierte Verordnung (EU) 2017/565 der Kommission vom 25.04.2016 zur Ergänzung der Richtlinie 2014/65/EU des Europäischen Parlaments und des Rates in Bezug auf die organisatorischen Anforderungen an Wertpapierfirmen und die Bedingungen für die Ausübung ihrer Tätigkeit sowie in Bezug auf die Definition bestimmter Begriffe für die Zwecke der genannten Richtlinie, ABl. v. 31.03.2017, L 87/1.

639 *ESMA*, Leitlinien für den automatisierten Handel, ESMA/2012/122, 2012, S. 21; *Bundesbank*, Monatsbericht Oktober 2016, S. 58 („Rapide Einstellung-Löschung-Zyklen-Order"- „RELZ-Order").

640 Die ESMA führt Ping-Aufträge neben Quote-Stuffing und Spoofing/Layering als Beispiel für potenziell marktmanipulierendes Verhalten auf, ESMA 2012/122, S. 20f.

641 *Lewis*, Flash Boys, S. 74; *Kasiske*, WM 2014, S. 1933, 1937.

b) *Elektronisches Frontrunning auf intransparenten Handelsplattformen*

Besonders effektiv funktionieren Pinging-Strategien innerhalb von intransparenten Handelsplattformen.[642] Für Hochfrequenzhändler sind gerade die dort befindlichen Blockorders von institutionellen Investoren interessant, da sich hier besonders hohe Margen erzielen lassen. Ferner können gerade in diesen Systemen Pinging-Strategien besonders effizient eingesetzt werden, da die Anzahl der Marktteilnehmer von intransparenten Handelsplattformen regelmäßig sehr niedrig ist im Vergleich zu Börsen oder anderen öffentlich zugänglichen Handelsplätzen sowie aufgrund des Einsatzes von Referenzpreissystemen. Die Verzögerung, mit dem der Preisimport vom Primärmarkt erfolgt, ist geeignet, die Unterschiede zwischen dem aktuellen Kurs am Primärmarkt und dem noch nicht aktualisierten Kurs, der im Rahmen der intransparenten Handelsplattform referenziert wird, auszunutzen.[643] Gem. Anhang III Abschnitt B Ziffer 20 der Delegierten Verordnung 2017/565 wird der Einsatz von Ping-Orders als ein Signal für eine mögliche Marktmanipulation angesehen.

2. *Straf- und ordnungswidrigkeitenrechtliche Bewertung*

a) *Ausgangssituation*

Mit dem Inkrafttreten der europäischen Marktmissbrauchsverordnung (Verordnung (EU) Nr. 596/2014 – MAR)[644] am 03.07.2016 und den Änderungen, die durch das Erste Finanzmarktnovellierungsgesetz (1. FiMaNoG)[645] diesbezüglich durchgeführt wurden, sind die bis dahin geltenden Bestimmungen des Insiderhandelsrechts der §§ 13 ff. WpHG a.F. sowie der Marktmanipulation (§ 20a WpHG a.F.) außer Kraft gesetzt worden und durch die unmittelbar geltenden Vorschriften der MAR ersetzt worden. Ein Verstoß gegen das Insiderhandelsverbot

---

642 *Lewis*, Flash Boys, S. 42ff., 122ff.; *Arnuk/Saluzzi*, Broken Markets, 2012, S. 125ff.

643 Nach *Arnuk/Saluzzi*, a.a.O. beträgt die Verzögerung in Dark Pools zwischen 10 und 15 Millisekunden, was Hochfrequenzhändlern genügend Zeit zum elektronischen Frontrunning einräumt. Vgl. auch *Ding/Hannah/Hendershott*, The Financial Review 49 (2014), S. 313, 323 f.

644 Verordnung (EU) Nr. 596/2014 des Europäischen Parlaments und des Rates vom 16. April 2014 über Marktmissbrauch (Marktmissbrauchsverordnung) und zur Aufhebung der Richtlinie 2003/6/EG des Europäischen Parlaments und des Rates und der Richtlinien 2003/124/EG, 2003/125/EG und 2004/72/EG der Kommission, ABl. 176/1.

645 Erstes Gesetz zur Novellierung von Finanzmarktvorschriften auf Grund europäischer Rechtsakte (Erstes Finanzmarktnovellierungsgesetz – 1. FiMaNoG) vom 30.06.2016, BGBl. I/1514.

ist gem. § 38 Abs. 3 WpHG strafbewehrt. Der Verstoß gegen das Verbot der Vornahme von Marktmanipulationen ist gem. § 38 Abs. 1 Nr. 2, 39 Abs. 3d Nr. 2 i.V.m. Art. 15 MAR strafbewe-hrt. Anhang III Abschnitt B der Delegierten Verordnung 2017/565 ergänzt die MAR.

Im Kontext des algorithmischen Wertpapierhandels erfassen klassischerweise Vorschriften des Kapitalmarktstrafrechts die geschilderten Sachverhalte, namentlich die Verbote von Insiderhandel (§ 38 Abs. 3 WpHG i.V.m. Art. 14 MAR) und Marktmanipulation (§ 38 Abs. 1 Nr. 2, 39 Abs. 3d Nr. 2 WpHG i.V.m. Art. 15 MAR). Obwohl die neuen strafrechtlichen Sanktionsregelungen mit Inkrafttreten der MAR die Alt-Regelung in den §§ 13 ff., 20a WpHG verdrängten, sind die Grundsätze unverändert geblieben und können weiterhin herangezogen werden.[646] Ferner besitzt die Vorschrift des Betruges (§ 263 Abs. 1 StGB) Relevanz über die Grenzen des Kernstrafrechts hinweg auch für kapitalmarktrechtliche Zusammenhänge.

b) *Strafbarkeit nach § 38 Abs. 3 WpHG i.V.m. Art. 14, 7, 8 MAR aufgrund des Verstoßes gegen das Insiderhandelsverbot*

Hochfrequenzhändler erlangen durch den Einsatz von Pinging-Strategien Kenntnis über nicht öffentlich zugängliche Informationen über die Order eines anderen Marktteilnehmers. In dem Ausnutzen dieser so erlangten Informationen könnte das elektronische Frontrunning als eine Form des Insiderhandels zu sehen sein. Nach Art. 14 MAR sind (i) das Tätigen von Insidergeschäften und der Versuch hierzu, (ii) Dritten zu empfehlen, Insidergeschäfte zu tätigen, oder Dritte dazu zu verleiten, Insidergeschäfte zu tätigen, oder (iii) die unrechtmäßige Offenlegung von Insiderinformationen verboten. Ein Insidergeschäft liegt gem. Art. 8 Abs. 1 S. 1 MAR vor, wenn eine Person über Insiderinformationen verfügt und unter Nutzung derselben für eigene oder fremde Rechnung direkt oder indirekt Finanzinstrumente, auf die sich die Informationen beziehen, erwirbt oder veräußert. Im Rahmen des Insiderhandelsrechts ist alleine die Verbotsvariante nach Art. 14 lit. a MAR, das Tätigen eines Insiderhandelsgeschäfts, relevant.

Zunächst müsste es sich bei der ausgespähten Order um eine Insiderinformation i.S.v. Art. 7 MAR handeln. Als solche ist jede nicht öffentlich bekannte präzise Informationen, die direkt oder indirekt einen oder mehrere Emittenten oder ein oder mehrere Finanzinstrumente betreffen, und die, wenn sie öffentlich bekannt würden, geeignet wären, den Kurs dieser Finanzinstrumente oder

---

646 *Renz/Leibold*, CCZ 2016, 157, 158.

den Kurs damit verbundener derivativer Finanzinstrumente erheblich zu beeinflussen, Art. 7 Abs. 1 lit. a MAR.

aa) Präzise Information

Zunächst müsste es sich bei den ausgespähten Informationen über konkrete Informationen über Umstände i.S.d. Art. 7 Abs. 1 lit. a MAR handeln. Informationen sind gem. Art. 7 Abs. 2 S. 1 MAR dann als präzise anzusehen, wenn damit eine Reihe von Umständen gemeint ist, die bereits gegeben sind oder bei denen man vernünftigerweise erwarten kann, dass sie in Zukunft gegeben sein werden, oder ein Ereignis, das bereits eingetreten ist oder von dem vernünftigerweise erwartet werden kann, dass es in Zukunft eintreten wird, und diese Informationen darüber hinaus spezifisch genug sind, um einen Schluss auf die mögliche Auswirkung dieser Reihe von Umständen oder dieses Ereignisses auf die Kurse der Finanzinstrumente oder des damit verbundenen derivativen Finanzinstruments, der damit verbundenen Waren-Spot-Kontrakte oder der auf den Emissionszertifikaten beruhenden Auktionsobjekte zuzulassen.

Da das „Pingen", also der Vorgang des Ausspähens der Information, selbst nicht als Insiderinformation erfasst wird, muss zwischen den Ping-Aufträgen und den daraus resultierenden Informationen differenziert werden. Ping-Aufträge werden definiert als „die Erteilung von kleinen Handelsaufträgen, um die Menge an versteckten Aufträgen zu ermitteln und insbesondere um zu ermitteln, was sich auf einer dunklen Plattform befindet", Anhang III Abschnitt B Ziffer 20 der Delegierten Verordnung 2017/565.[647] Ping-Aufträge werden grundsätzlich als mögliche Marktmanipulation gewertet.[648] Die Ping-Aufträge als solche sind jedoch keine präzisen Informationen i.S.d. Art. 7 Abs. 2 S. 1 MAR. Vielmehr wird auf das Resultat der gesendeten Ping-Aufträge abzustellen sein, nämlich die ausgespähten Informationen, die einen Rückschluss auf die Orders anderer Händler zulassen. Konkret handelt es sich bei ausgespähten Informationen um Informationen über die Orderlage im Orderbuch der intransparenten Handelsplattformen.[649] Diese Informationen werden durch den Pinging-Algorithmus errechnet, der eine Auswertung der Ausführungen der Ping-Aufträge durchführt. Es handelt sich hierbei um kein definitives Ergebnis, sondern um eine Prognose,

---

647 Als Ping-Aufträge definiert ferner die ESMA „die Eingabe kleiner Aufträge, um den Grad der verdeckten Aufträge festzustellen", *ESMA*, Leitlinien Systeme und Kontrollen für Handelsplattformen, wertpapierfirmen und zuständige Behörden in einem automatisierten Handelsumfeld, ESMA 2012/122, S. 20f.

648 Ebda.

649 Ebda.

die mit einem Wert ausdrückt, wie wahrscheinlich es ist, dass eine oder mehrere Order(s) vorhanden ist/sind, „gegen" die gehandelt werden könnte.[650] Aufgrund dieser Prognose nimmt der Algorithmus eigenständig Transaktionen vor. Dies muss zwingend automatisiert und ohne menschliche Interaktion durchgeführt werden, da es sich zu diesem Zeitpunkt um eine latenzkritische Orderausführung handelt.

Dass es sich bei den ausgespähten Informationen um eine Prognosewahrscheinlichkeit handelt, steht der Einstufung als präzise Information gem. Art. 7 Abs. 2 S. 1 MAR nicht entgegen. Das Auswertungsergebnis aus der Ausführung der gesendeten Ping-Aufträge lässt den Rückschluss über die gegenwärtige Orderbuchlage zu und resultiert in einem Ereignis von dem man „vernünftigerweise erwarten kann, dass es in Zukunft eintreten wird", da das Auswertungsergebnis Rückschluss gibt einerseits über die gegenwärtige Orderlage im intransparenten Orderbuch der intransparenten Handelsplattform sowie, andererseits, über die Existenz von Orders anderer Marktteilnehmer, die möglicherweise noch nicht im Orderbuch gelistet sind. Es liegt folglich eine präzise Information gem. Art. 7 Abs. 2 S. 1 MAR vor.

bb) Nicht öffentlich bekannt

Die ausgespähten Informationen müssten als „nicht öffentlich" i.S.v. Art. 7 Abs. 1 lit. a MAR einzuordnen sein. Das Tatbestandsmerkmal „nicht öffentlich bekannt" ist nicht legaldefiniert in der MAR. Welche Kriterien anzuwenden sind, kann aus der Kommentierung zu § 13 Abs. 1 S. 1 WpHG a.F. gewonnen werden. Wann Informationen nicht öffentlich sind, wurde hier negativ bestimmt anhand von Kriterien, bei deren Vorliegen von einer öffentlich bekannten Information ausgegangen wird und welche damit nicht als Insiderinformation i.S.v. § 13 Abs. 1 S. 1 WpHG a.F. einzustufen ist. Eine Information ist als öffentlich bekannt anzusehen, wenn eine unbestimmte Anzahl von Personen von ihr Kenntnis nehmen kann.[651] In der Regel ist eine Information als öffentlich bekannt anzusehen, wenn sie durch Presse oder sonstige Massenmedien verbreitet wird.[652] Nach h.M. genügt es sogar schon, wenn die Information nur einer sog. Bereichsöffentlichkeit zugänglich gemacht wird, also die Verbreitung über allgemein zugängliche Informationssysteme, die bevorzugt von professionellen Wertpapierhändlern und institutionellen Anlegern genutzt werden, stattfindet, sofern keine Beschränkung des Informationssystems

---

650 *Kasiske*, WM 2014, 1933, 1937f.

651 Begr. Regierungsentwurf, 2. Finanzmarktförderungsgesetz, BT-Drs. 12/6679, S. 46.

652 *Schwark/Kruse*, in: Schwark/Zimmer, KMRK, WpHG, § 13, Rn. 30.

nur für diese Personen geschieht.[653] Vorliegend handelt es sich um Handelsdaten, die nach dem vom Marktbetreiber eingesetzten Handelsmodellen und anzuwendenden Regelwerken nicht den Marktteilnehmern zugänglich gemacht werden sollen. Die ausgespähten Informationen werden nur dem Betreiber des Pinging-Algorithmus bekannt.

Gegen die Einordnung, das die ausgespähten Handelsdaten „nicht öffentlich bekannt" sein sollen, wird von *Kasiske* eingewandt[654], dass der Betreiber des Pinging-Algorithmus keine sichere Information darüber erlange, dass eine Order eines anderen Marktteilnehmers existiere. Vielmehr sei dies nur ein Rückschluss aufgrund überlegener Analysefähigkeiten und damit nichts anderes als eine Prognose, die mit einer gewissen Wahrscheinlichkeit angebe, dass eine bestimmte Order eines anderen Marktteilnehmers im Markt vorhanden sei. Da die Möglichkeit, einen Pinging-Algorithmus einzusetzen, grundsätzlich jedem Marktteilnehmer offenstehe, sei diese Situation ähnlich gelagert wie die Konstellation des § 13 Abs. 2 WpHG a.F. (explizit in Erwägungsgrund Nr. 28 MAR erfasst), wonach eine Bewertung, die aufgrund öffentlich bekannter Umstände erstellt wird, keine Insiderinformation darstellte.

Die ausgespähten Informationen – auch wenn sie nur eine Prognosewahrscheinlichkeit widerspiegeln – sind dem Marktteilnehmer, der den Pinging-Algorithmus einsetzt, nicht per se zugänglich – erst Recht nicht mit Blick auf eine unbestimmte Anzahl von Personen oder einer Bereichsöffentlichkeit. Selbst Fälle, in denen eine Information gegenüber einem begrenzten Kreis von Personen veröffentlicht wird, werden als nicht öffentlich bekannt angesehen, wie z.B. im Falle der Mitteilung einer Insiderinformation in der Hauptversammlung einer AG.[655] Gleiches gilt sogar bei Pressekonferenzen oder in einem Analystengespräch, sofern die für die Bereichsöffentlichkeit zu fordernde Zugangsmöglichkeit von einer unbegrenzten Anzahl an Personen nur mit unverhältnismäßigem Aufwand tatsächlich wahrgenommen werden kann.[656] Letzteres ist aber der Fall, wenn darauf verwiesen wird, dass es jedem Marktteilnehmer grundsätzlich freistehe, selbst Pinging-Algorithmen einzusetzen. Der Wertung,

---

653 Ebda.

654 *Kasiske*, WM 2014, S. 1933, 1939. Die nachfolgende Schilderung der Argumentation bezieht sich auf diese Quelle.

655 *Assmann*, in: Assmann/Schneider, WpHG, § 13, Rn. 40; *Pawlik*, in: KölnKommWpHG, § 13, Rn. 34; *Schäfer*, in: Schäfer/Hamann, KMG, § 13, WpHG, Rn. 36; *Schneider*, NZG 2005, 702, 706; a.A. *Versteegen*, in: KölnKommWpHG, § 15, Rn. 254.

656 *Mennicke/Jakovou*, in: Fuchs, WpHG, § 13, Rn. 97; *Assman*, in: Assmann/Schneider, WpHG, § 13, Rn. 39; *Pawlik*, in: KölnKommWpHG, § 13, Rn. 31.

ausgespähte Handelsinformationen als öffentlich bekannt anzusehen, kann nicht gefolgt werden, da der Einsatz von algorithmischen Handelsstrategien auch mit erheblichen Investitionen einhergeht, der noch nicht mal von dem Personenkreis getätigt wird, der der Bereichsöffentlichkeit zuzurechnen ist. Ferner sehen auch die Regelwerke des Marktbetreibers gerade vor, dass diese Handelsdaten nicht für die Öffentlichkeit bestimmt sind.

Ferner wird verkannt, dass es sich beim Ausspähen von Handelsdaten um eine vertragliche Pflichtverletzung seitens des Betreibers des Algorithmus (also des Hochfrequenzhändlers) gegenüber dem Marktbetreiber aus dem Vertrag, auf dessen Grundlage Zugang zum Handelssystem des Marktbetreibers gewährt wird, handelt. Der Einsatz des jeweiligen intransparenten Handelsmodells basiert u.a. auf der Entscheidung des Marktbetreibers, die adversen Preiseffekte von Blockorders zu verhindern, um einen Blockhandel überhaupt erst zu ermöglichen. Wenn elektronische Frontrunning-Strategien von einigen Marktteilnehmern eingesetzt werden, wird der Zweck des im Betrieb befindlichen Handelsmodells konterkariert. Viele Börsen haben hierfür sog. Missbrauchsklauseln in ihren Regelwerken eingefügt, um die aufsichtsrechtlichen Vorgaben auch vertraglich abzudecken. So lautet beispielsweise die Missbrauchsklausel der Frankfurter Wertpapierbörse: „Die Handelsteilnehmer dürfen die Börsen-EDV nur zweckentsprechend und systemgerecht nutzen.", § 43 der Börsenordnung-FWB.[657] Die Regelwerke der MTF-Betreiber sehen regelmäßig gleichlautende Regelungen vor.[658]

Die Missbrauchsklauseln bei Börsen und MTFs entfalten doppelte Relevanz, da sie insbesondere durch besondere aufsichtsrechtliche Vorgaben konkretisiert werden. So wurde durch das Hochfrequenzhandelsgesetz (HFT-Gesetz)[659] in § 26a BörsG und § 31f Abs. 1 Nr. 9 WpHG Vorgaben zum Order-Transaktions-Verhältnisses an Börsen und MTFs implementiert, durch das verhindert werden soll, dass auf organisierten Handelsplätzen Orders eingestellt werden, ohne dass

---

657 Gleichwohl die Börsenordnung gem. § 16 BörsG i.V.m. § 12 Abs. 1 Nr. 1 BörsG als Satzung erlassen wird und das Rechtsverhältnis zwischen Börse und Börsenmitglied als öffentlich-rechtlich zu qualifizieren ist, ist die Regelung des § 43 BörsO auch im privatrechtlich geprägten Rechtsverhältnis zwischen dem Börsenmitglied und der Börsenbetreiberin relevant. Zur rechtlichen Einordnung der Börsenregelwerke: *Fleckner*, ZHR 180 (2016), 458ff.

658 Siehe Rule 3.3 der Rules of BATS BZX Exchange, Stand 26.10.2016, abrufbar unter http://cdn.batstrading.com/resources/regulation/rule_book/BATS_Exchange_Rulebook.pdf, zuletzt abgerufen am 02.04.2017.

659 Gesetz zur Vermeidung von Gefahren und Missbräuchen im Hochfrequenzhandel (Hochfrequenzhandel) vom 07.05.2013, BGBl. I/1162.

ein konkretes Handelsinteresse besteht.[660] Die Handelsteilnehmer sind hiernach verpflichtet, ein angemessenes Verhältnis zwischen ihren Auftragseingaben, -änderungen und -löschungen und den tatsächlich ausgeführten Geschäften (Order-Transaktions-Verhältnis) zu gewährleisten, um Risiken für den ordnungsgemäßen Börsenhandel zu vermeiden. Die Vorschrift stellt nach der gesetzgeberischen Intention sicher, dass Handelsteilnehmer ein angemessenes Verhältnis zwischen an einer Börse eingestellten Orders und tatsächlich durchgeführten Transaktionen zu beachten haben. So wird in der Begründung zum HFT-Gesetzentwurf[661] hervorgehoben, insbesondere seien es Hochfrequenzhändler, die regelmäßig eine Vielzahl von Orders einstellen würden und die in kürzester Zeit wieder storniert werden würden. Dieses Verhalten lasse auf das Fehlen einer echten Handelsabsicht schließen und diene teilweise nur dazu, das Ordervolumen anderer Teilnehmer auszuloten und den Preis alleine durch die Ordereinstellungen in eine gewünschte Richtung zu bewegen und anschließend auszunutzen.[662] Ein Verstoß gegen das Order-Transaktionsverhältnis bei der Benutzung von Ping-Strategien führt folglich auch zu einem Verstoß der Missbrauchsklausel, da es sich um eine zweckentfremdete und nicht systemgerechte Nutzung der jeweiligen Handelssysteme handelt.

Informationen, die – nach dem eingesetzten Handelsmodell und der Regelwerke des Marktbetreibers für die Marktteilnehmer als unzugänglich gelten sollen – sind folglich als „nicht öffentlich bekannte Informationen" i.S.v. Art. 7 MAR einzustufen.

cc) Kurserheblichkeit

Die Insiderinformation muss geeignet sein, im Falle ihres öffentlichen Bekanntwerdens, den Kurs des Instruments erheblich zu beeinflussen. Eine Geeignetheit zur erheblichen Kursbeeinflussung wird dann angenommen, wenn ein verständiger Anleger die Information bei seiner Anlageentscheidung berücksichtigen würde, Art. 7 Abs. 4 MAR. Es kommt daher nicht darauf an, ob sich der Preis des Finanzinstruments nach Bekanntwerden der Insiderinformation tatsächlich verändert hat. Ausreichend ist, wenn es aus Sicht eines verständigen Anlegers, der zum Zeitpunkt seines Handelns alle verfügbaren Informationen kennt, wahrscheinlich

660 Begründung der Bundesregierung zu dem Entwurf eines Gesetzes zur Vermeidung von Gefahren und Missbräuchen im Hochfrequenzhandel (Hochfrequenzhandelsgesetz), BT-Drs. 17/11631, S. 16.

661 Ebda.

662 Ebda.

erscheint, dass es zu einer erheblichen Preisbeeinflussung kommen kann.[663] Hiernach scheiden solche Fälle aus, in denen die Verwertung einer nicht öffentlich bekannten Information von vornherein keinen nennenswerten wirtschaftlichen Vorteil verspricht, und damit kein Anreiz besteht, die Information zu verwenden.[664]

Zur Klarstellung: Die relevante Information, die ein Hochfrequenzhändler im Rahmen des elektronischen Frontrunnings erhalten will, ist, ob sich eine Blockorder im Orderbuch der intransparenten Handelsplattformen befindet oder nicht, um auf dieser Basis eine Gegentransaktion durchführen zu können. Maßgeblich für die Frage der Kurserheblichkeit ist folglich, ob ein verständiger Anleger diese Information bei seiner Entscheidung berücksichtigen würde. Mit dem Verhalten eines verständigen Anlegers ist ein Verhalten gemeint, das darauf gerichtet ist, eine Kapitalanlage ihrem optimalen Nutzen zuzuführen, also das Risiko so gering wie möglich zu halten und dabei größtmögliche Gewinne zu erzielen, ohne dass auf (rein) spekulative Anlagemöglichkeiten Bezug genommen wird.[665] Blocktransaktionen bedürfen eines intransparenten Handelsumfeldes, damit adverse Preisausschläge verhindert werden. Es ist gerade die Kurserheblichkeit (bedingt durch potentielle Preisausschläge) einer Blockorder, die eine intransparente Ausführung erfordert.[666] Wüsste ein verständiger Anleger um die Existenz einer Blockorder im Orderbuch, könnte er gewisse Rückschlüsse auf die Motivation des Händlers auf der Gegenseite ziehen und diese in seine Entscheidung mit einbeziehen (siehe hierzu 2. Kapitel Abschnitt D.I.1).

In jedem Fall sind fixe Schwellenwerte nicht geeignet, eine erhebliche Kursbeeinflussung zu determinieren und dürfen nach der Intention des Gesetzgebers auch nicht zur Anwendung gelangen.[667] Mit Blick auf die Preisausschläge, die eine Blockorder in einem transparenten Handelsumfeld generieren würde, mögen diese keine klassische „Anlagemöglichkeit“ sein. Es sind jedoch Umstände, die ein verständiger Anleger bei seiner Anlage berücksichtigen würde, da er hiervon betroffen wäre, würde er seine Order unbedacht in das Orderbuch stellen. Denn – so viel folgt schließlich aus der aufsichtsrechtlichen Rechtfertigung für das Bestehen des LIS-Ausnahmetatbestandes im Bereich der Vorhandelstransparenz – die Preisausschläge sind für alle Anleger gleichermaßen relevant. Besitzt ein Marktteilnehmer nun Kenntnis über eine Blockorder im Markt und

---

663 *BaFin*, Emittentenleitfaden, November 2013, S. 35.

664 Ebda.

665 *Schwark/Kruse*, in: Schwark/Zimmer, KMRK, WpHG, § 13, Rn. 47.

666 Siehe hierzu unter 2. Kapitel Abschnitt D.I.

667 Begr. Regierungsentwurf, AnSVG, BT-Drs. 15/3174, S. 34; *Assmann*, in: Assmann/Schneider, WpHG, § 13, Rn. 65; a.A. *Kasiske,* WM 2014, S. 1933, 1939.

weiß er darum, dass andere Marktteilnehmer diese Information nicht besitzen, so wird er diese Information zu seinem Vorteil nutzen. Diese Wertung entspricht auch der gesetzlichen Regelungskonzeption vor Inkrafttreten der MAR. § 13 Abs. 1 S. 4 Nr. 1 WpHG a.F. sah als Regelbeispiel für das Vorhandensein einer Insiderinformation vor, dass die Regelung insbesondere auf Informationen Anwendung findet, in Bezug „auf Aufträge von anderen Personen über den Kauf oder Verkauf von Finanzinstrumenten".

Gleichwohl fixe Schwellenwerte nicht festgelegt werden dürfen, um die Kurserheblichkeit zu bestimmen, so ist es jedoch erforderlich, dass es sich bei der Order, die ausgespäht wurde, um eine Blockorder handelt, da ansonsten der Anknüpfungspunkt für die Kurserheblichkeit fehlt. Praktisch relevant dürften damit die LIS-Schwellenwerte werden, ab deren Überschreiten von einer Blockorder gesprochen werden kann. Ferner kann auch der Marktbetreiber selbst festlegen, ab wann eine Blockorder gegeben sein kann. Überträgt man diese Prinzipien jedoch auf den gesamten Wertpapierhandel, kommt man zu dem Ergebnis, dass im Umkehrschluss keine Kurserheblichkeit vorliegt, wenn Pinging-Strategien eingesetzt werden, um sich auch gegen kleineren Orders, die unter dem LIS-Schwellenwert angesiedelt sind, zu positionieren.

Fraglich ist, ob das Merkmal der Kurserheblichkeit auch dadurch erfüllt werden kann, dass ein Händler durch eine Transaktion einen relativ geringen, aber dafür *sicheren* Gewinn erzielen kann, da nur in diesem Falle auch kleinere bis mittlere Ordergrößen vom Merkmal der Kurserheblichkeit erfasst würden.

(1) Meinung 1: Die Erheblichkeitsschwelle soll Bagatellfälle ausschließen

Teilweise wird vertreten, dass die Erheblichkeitsschwelle in der Definition des Begriffs der Insiderinformation in Art. 7 Abs. 1 lit. a) MAR (vormals § 13 Abs. 1 Satz 1 WpHG a.F.) gerade Bagatellfälle ausschließen soll, um eine zu starke Beeinträchtigung des Wertpapierhandels zu vermeiden. Dies zeige sich gerade in der Definition des Begriffs der Insiderinformation, die zwei Merkmale enthält, nämlich die *Eignung* zur Kursbeeinflussung und die *Erheblichkeit* der Kursbeeinflussung.[668] Ferner sollen die im Handel tätigen Personen nicht schon bei jeglicher Kenntnis von nicht öffentlich bekannten Umständen, selbst wenn allenfalls geringfügige Bewegungen des Börsen- oder Marktpreises zu erwarten sind, von Wertpapiergeschäften Abstand nehmen müssen.

Die Eignung zur (erheblichen) Kursbeeinflussung und die Erheblichkeit der Kursbeeinflussung sind nach Ansicht der BaFin gegeben, wenn ein Kauf- oder

---

668 *Hilgendorf*, in: Park, Kapitalmarktstrafrecht, § 13 Rn. 107.

Verkaufsanreiz gegeben ist und das Geschäft dem verständigen Anleger lohnend erscheint.[669] Es scheide – nach Ansicht der BaFin – demnach ein solcher Fall aus, in dem die Verwertung einer nicht öffentlich bekannten Information ex ante keinen *bedeutsamen* wirtschaftlichen Vorteil versprechen und damit kein Anreiz zur Verwendung der Information vorliegen.[670] Es reiche nicht aus, wenn ein *sicherer*, aber nur auf einer minimalen Kursbewegung beruhender Gewinn zu erwarten ist. Nach dieser Ansicht läge keine eine Insiderinformation vor, wenn Hochfrequenzhändler ein intransparentes Orderbuch ausspähen, um auch gegen Orders zu handeln, die unter dem LIS-Schwellenwert liegen.

(2) Meinung 2: Das Erheblichkeitskriterium erfasst auch geringe, aber sichere Gewinne

Eine in der Literatur vertretene Ansicht stellt auf die Relativität der Kurserheblichkeit ab und ist daher eher geeignet, die bestehende Regelungslücke bei dem Ausspähen von kleinen bis mittleren Orders zu schließen. Nach dieser Ansicht wird die nach Art. 7 Abs. 4 MAR verlangte, von Art. 7 Abs. 1 lit. a MAR nur legaldefinierte, Eignung zur erheblichen Beeinflussung des Kurses teilweise mit dem von einem verständigen Anleger erwarteten Gewinn gleichgesetzt.[671] Als Insiderinformationen gelten nach dieser Ansicht auch solche nicht öffentlich bekannten Informationen, für deren öffentliches Bekanntwerden sich zwar nur eine geringe Auswirkung auf den Kurs vorhersagen lässt, welche dafür aber relativ, nämlich im Hinblick auf den Händler, gleichwohl erheblich sein können, wenn sie die Realisierung eines wenn auch nur kleinen, dafür aber sicheren Gewinns erwarten lassen.[672] Maßgeblich soll sein, dass ein nicht unerheblicher Gewinn mit überwiegender Wahrscheinlichkeit erwartet werden kann.[673]

669 *BaFin*, Emittentenleitfaden, November 2013, S. 35.

670 *Sethe*, in: Assmann/Schütze, Handbuch des Kapitalanlagerechts, § 8, Rn. 67.

671 Insbesondere *Pawlik*, in: KölnKommWpHG, § 13, Rn. 79 f.

672 Vgl. *Assmann*, in: Assmann/Schneider, WpHG, 6. Aufl., § 13 Rn. 66; ders., WM 1996, 1337, 1342; *Dreyling*, in: Dreyling/Schäfer, Insiderrecht und Ad-hoc-Publizität, Rn. 81; *Fischer*, Insiderrecht und Kapitalmarktkommunikation, S. 127 f.; *Hartmann*, Juristische und ökonomische Regelungsprobleme des Insiderrechts, S. 212; *Marsch-Barner/Schäfer*, Handbuch börsennotierte AG, § 13 Rn. 26; *Schwark/Kruse*, in: Schwark/Zimmer, KMRK, 4. Aufl., WpHG, § 13, Rn. 49.

673 *Assmann*, in: Assmann/Schneider, WpHG, 6. Aufl., § 13 Rn. 60; *Bachmann*, ZHR 172 (2008), 597, 603; *Schwark/Kruse*, in: Schwark/Zimmer, KMRK, WpHG, § 13, Rn. 50.

(3) Diskussion und Bewertung

In der Ungleichbehandlung zwischen dem Ausspähen von Blockorders und kleinen bis mittleren Orders zeigt sich die Schwäche des Insiderhandelsrechts, wenn es um handelsbezogene Sachverhalte geht. Gerade Hochfrequenzhändlern kommt es nicht darauf an, einige wenige Blockorders abzufangen und entsprechend große Gewinne zu realisieren, sondern ihr Geschäftsfeld besteht darin, eine erhebliche Vielzahl von Orders einzusetzen, die jeweils nur marginale Arbitragegewinne realisieren.[674] Regelmäßig werden Hochfrequenzhändler daher in den Bereichen unterhalb des LIS-Schwellenwerts handeln.[675] Das Kriterium der Kurserheblichkeit ist daher nicht adäquat, um diese Verhaltensweisen zu erfassen.[676]

Eine weitere Schwäche des Insiderhandelsrechts liegt in dem zur Konkretisierung der Kurserheblichkeit herangezogenen Anknüpfungspunkts, nämlich in der heranzuziehenden Beurteilungsperspektive des verständigen Anlegers nach Art. 7 Abs. 4 MAR. Es handelt sich hier um verständige, nicht spekulativ handelnde Anleger, die im Rahmen ihrer Investitionsentscheidung auf ein längerfristiges Investment abzielen.[677] Zwar wird auch dieser Anlegertypus das Vorhandensein von Blockorders bei seiner Investitionsentscheidung berücksichtigen, da sich in einem transparenten Marktumfeld das Preisbeeinflussungspotential der Blockorder auch auf seine Order auswirkt. Allerdings ist dieser Anlegertypus für handelsbezogene Sachverhalte schlicht ungeeignet, wenn Händler involviert sind, die im Hochfrequenz- oder algorithmischen Handel aktiv sind und spekulative Strategien verfolgen, die darauf gerichtet sind, kurzfristig mittels einer hohen Anzahl von Transaktionen Gewinne zu realisieren.

Gerade Hochfrequenzhändler zeichnen sich dadurch aus, dass sie Strategien einsetzen, die es ihnen ermöglichen, durch eine Vielzahl von Transaktionen im kleinvolumigen Bereich Gewinne zu realisieren. Heruntergebrochen auf die einzelne Transaktion kann gerade nicht mit einem „unerheblichen Gewinn" gerechnet werden. Nur wenn alle Transaktionen als Einheit betrachtet werden, kann die erstgenannte Ansicht auch die praktisch relevanten Fälle im Bereich des Hochfrequenzhandels erfassen. Maßgeblich muss daher sein, dass nach dem im Einsatz befindlichen Geschäftsmodell des Hochfrequenzhändlers die Transaktionen, die

674 *Gomber/Arndt/Lutat/Uhle*, High-Frequency Trading, S. 14f.

675 Ebda.

676 *Forst*, BKR 2009, 454, 455.

677 OLG Stuttgart, Beschluss vom 22.04.2009 - 20 Kap 1/08, BB 2009, 1266; *Schwark/Kruse*, in: Schwark/Zimmer, KMRK, WpHG, § 13, Rn. 47 m.w.N.

auf Basis der ausgespähten Informationen durchgeführt wurden, Einfluss auf den Gewinn der eingesetzten Handelsstrategie haben. Dies wird allerdings in der MAR gerade nicht vorgesehen.

Die erstgenannte Ansicht stützt sich, für den hier relevanen Sachverhalt, ferner auf das in § 13 Abs. 1 S. 4 Nr. 1 WpHG a.F. enthaltene Regelbeispiel, nach dem eine Insiderinformation insbesondere dann vorlag, wenn diese sich auf „Aufträge von anderen Personen über den Kauf oder Verkauf von Finanzinstrumenten bezieht". Nr. 1 erfasst das *sog. Frontrunning*, also den Erwerb oder die Veräußerung von Insiderpapieren in Kenntnis kursrelevanter Kundenaufträge. Damit ist nicht jeder noch so kleine Kundenauftrag gemeint. Vielmehr muss der Kundenauftrag ein solches Volumen oder eine von den aktuellen Geld/Brief-Spannen abweichende Limitierung haben, sodass er erhebliche Kursbewegungen verursachen wird. Verlangt wurde gem. § 13 Abs. 1 S. 4 Nr. 1 WpHG a.F., dass aufgrund konkreter Umstände der Schluss gezogen wird, jemand Drittes in Kenntnis von Insiderinformationen handelt und dass deshalb das eigene Geschäft vorgenommen wird[678]. Allerdings reicht die bloße Vermutung, der andere sei Insider, nicht aus, denn eine Vermutung ist keine konkrete Information. Auch hier zeigt sich die Schwäche der erstgenannten Ansicht.

In jedem Fall darf nicht argumentiert werden, dass erst ab Überschreiten des LIS-Schwellenwerts Orders schutzwürdig sind. Maßgeblich darf nur sein, dass nach dem von dem Betreiber der jeweiligen Handelsplattform festgelegten Handelsregeln und -Modellen der Handel intransparent ablaufen soll und dass der Hochfrequenzhändler durch seine überlegenen Analysefähigkeiten gegen diese Regeln verstößt. Dies gewährleistet die zweitgenannte Ansicht, da nach dieser Ansicht auch kleinere, aber sichere Gewinne auch als erheblich eingestuft werden können. Die zweitgenannte Ansicht ist daher vorzugswürdig.

dd) Vorliegen eines Insidergeschäfts

Weiterhin müsste ein Insidergeschäft vorgenommen worden sein, Art. 14 lit. a i.V.m Art. 7 Abs. 1 MAR. Ein Insidergeschäft liegt vor, wenn eine Person über Insiderinformationen verfügt und unter Nutzung derselben für eigene oder fremde Rechnung direkt oder indirekt Finanzinstrumente, auf die sich die Informationen beziehen, erwirbt oder veräußert.

678 *Sethe*, in: Assmann/Schütze, Handbuch des Kapitalanlagerechts, § 8, Rn. 71.

ee) Keine Ausnahme gem. Art. 9 MAR

Schließlich dürfte keine Ausnahme im Sinne von Art. 9 MAR vorliegen. Mit Blick auf den vorliegend relevanten Sachverhalt liegt keine Ausnahme nach Art. 9 MAR vor, die die Handlung als erlaubt erschienen ließe.

ff) Zwischenergebnis

Ein strafbares Insidergeschäft kann vorliegen, wenn das Ausspähen des Orderbuchs dazu führt, dass eine Blockorder entdeckt wird und gegen diese Blockorder gehandelt wird. Maßstab für die relevanten Ordervolumen wird zunächst der LIS-Schwellenwert sein. Nach der hier vertretenen Ansicht, dass der Hochfrequenzhändler einen Gewinn durch die Vornahme der Transaktionen erzielt haben muss, würde ein strafbares Insidergeschäft auch dann vorliegen, wenn die ausgespähten Orders mit ihren Volumen nicht den LIS-Schwellenwert überschreiten.

c) *Strafbarkeit nach § 38 Abs. 1 Nr. 2, 39 Abs. 3d Nr. 2 WpHG i.V.m. Art. 15, 12 MAR aufgrund des Verstoßes gegen das Verbot der Marktmanipulation*

Indem ein Hochfrequenzhändler algorithmische Handelsstrategien einsetzt, um ein intransparentes Orderbuch für ihn sichtbar zu machen, um die gegenwärtige Orderlage auszuspähen und auf Basis dieser Informationen Transaktionen durchführen zu können, könnte er gem. § 38 Abs. 1 Nr. 2, 39 Abs. 3d Nr. 2 WpHG i.V.m. Art. 15, 12 Abs. 1 lit. a Ziffer i und Abs. 2 lit. c Ziffer iii MAR strafbar sein.

aa) Eignung als falsche oder irreführende Signale

Es müsste zunächst ein falsches oder irreführendes Signal vorliegen. Dies ist der Fall, wenn u.a. bei der Erteilung eines Handelsauftrages an einem Handelsplatz falsche oder irreführende Signale hinsichtlich des Angebots, der Nachfrage oder des Preises eines Finanzinstruments vorhanden sind oder dies wahrscheinlich ist, Art. 12 Abs. 1 lit a Ziffer i i.V.m. Abs. 2 lit. c Ziffer iii MAR. Als Signal für die Angebots- oder Nachfragesituation und den Preis ist zunächst jede Order geeignet.[679] Ein Signal ist falsch, wenn es nicht den wahren wirtschaftlichen Verhältnissen auf dem jeweiligen Markt in Bezug auf das jeweilige Finanzinstrument entspricht und es ist irreführend, wenn es geeignet ist, einen verständigen Anleger hierüber zu täuschen.[680] Für die Anwendung von Art. 12 Abs. 1 lit. a

679 *Sorgenfrei*, in: Park, Kapitalmarktstrafrecht, WpHG, § 39, Rn. 135.
680 Ebda, Rn. 137.

MAR enthält Anhang I der MAR eine nicht erschöpfende Aufzählung von Indikatoren in Bezug auf falsche oder irreführende Signale, Art. 12 Abs. 3 MAR.

Ein Indikator kann der Umfang sein, in dem erteilte Handelsaufträge die den Marktteilnehmern verfügbare Darstellung des Orderbuchs verändern und vor ihrer eigentlichen Ausführung annulliert werden, Anhang I Abschnitt A lit. f MAR. Vorliegend setzen Hochfrequenzhändler Ping-Orders im Rahmen von Pinging-Strategien ein, um ein intransparentes Orderbuch sichtbar zu machen. Die Erteilung von kleinen Handelsaufträgen, um die Menge an versteckten Aufträgen zu ermitteln und insbesondere um zu ermitteln, was sich auf einer dunklen Plattform befindet wird gem. Anhang III Abschnitt B Ziffer 20 der Delegierten Verordnung 2017/565 als Signal für eine mögliche Marktmanipulation angesehen. Erfasst von Art. 12 Abs. 1 lit. a Ziffer i MAR ist daher schon die Erteilung von Ping-Orders. Ein Geschäftsabschluss, der auf der ausgespähten Orderbuchlage basiert, wird ebenfalls von Art. 12 Abs. 1 lit. a Ziffer i MAR erfasst, da dies explizit als Handlungsalternative genannt ist. In der Variante der Erteilung von Ping-Orders wird allerdings noch zu fordern sein, dass die Ping-Orders auch tatsächlich geeignet sein müssen, ein intransparentes Orderbuch sichtbar machen. Ping-Orders sowie auf der ausgespähten Orderbuchlage basierende Geschäftsabschlüsse fallen unter Art. 12 Abs. 1 lit. a Ziffer i MAR.

bb) Kein Vorliegen einer zulässigen Marktpraxis, Art. 13 MAR

Ein falsches oder irreführendes Signal liegt nicht vor, wenn nachgewiesen wird, dass das Geschäft, der Auftrag oder die Handlung legitime Gründe hat und im Einklang mit der zulässigen Marktpraxis gemäß Art. 13 MAR steht. Dies ist bei dem Einsatz von Ping-Orders zum Zwecke ein intransparentes Orderbuch sichtbar zu machen, nicht gegeben. Es liegt ein falsches und irreführendes Signal vor.

cc) Zwischenergebnis

Indem ein Hochfrequenzhändler algorithmische Handelsstrategien einsetzt, um ein intransparentes Orderbuch für ihn sichtbar zu machen und die gegenwärtige Orderlage auszuspähen und auf Basis dieser Informationen Transaktionen durchführt, kann er gem. § 38 Abs. 1 Nr. 2, 39 Abs. 3d Nr. 2 WpHG i.V.m. Art. 15, 12 Abs. 1 lit. a Ziffer i und Abs. 2 lit. c Ziffer iii MAR strafbar sein.

d) Strafbarkeit gem. § 263 Abs. 1, 3 Nr. 1 Alt. 1 StGB

Indem ein Hochfrequenzhändler algorithmische Handelsstrategien einsetzt, um ein intransparentes Orderbuch für ihn sichtbar zu machen und die gegenwärtige Orderlage auszuspähen und auf Basis dieser Informationen Transaktionen durchführt, könnte er gem. § 263 Abs. 1, 3 Nr. 1 Alt. 1 StGB des gewerbsmäßigen Betruges strafbar sein.

aa) Täuschung über Tatsachen

Der Hochfrequenzhändler müsste als Täter über Tatsachen getäuscht haben. Täuschung ist jede intellektuelle Einwirkung auf das Vorstellungsbild eines anderen, um eine Fehlvorstellung über Tatsachen hervorzurufen.[681] Tatsachen sind konkrete Vorgänge in Vergangenheit oder Gegenwart, die dem Wahrheitsbeweis zugänglich sind.[682] Anknüpfungsprunkt für eine Täuschungshandlung im vorliegenden Falle ist ausschließlich die vom Hochfrequenzhändler durchgeführte Eingabe von Orders (auf Basis der zuvor ausgespähten Orderlage des intransparenten Orderbuchs). Der Vorgang des Ausspähens selbst ist nicht als Täuschungshandlung geeignet, da keine intellektuelle Einwirkung auf die anderen Marktteilnehmer erfolgt.

Fraglich ist, ob die Ordereingabe eine taugliche Täuschungshandlung i.S.v. § 263 Abs. 1 StGB darstellt. Eine Täuschungshandlung kann ausdrücklich oder konkludent begangen werden.[683] Ferner könnte eine Täuschung durch Unterlassen (§ 13 StGB) in Betracht kommen. Im Falle der Täuschung durch Unterlassen ist erforderlich, dass den Täter eine Garantenpflicht trifft und das Unterlassen einem Tun gleichwertig ist.[684]

Eine ausdrückliche Täuschungshandlung erfordert nach herrschender Meinung[685] ein Täuschungsbewusstsein, d.h. auf das Vorstellungsbild des Getäuschten müsste dergestalt eingewirkt worden sein, dass es zu einer Fehlvorstellung über Tatsachen gekommen ist. Fehlt ein Täuschungsbewusstsein, macht sich der Getäuschte folglich gar keine Gedanken über die konkrete Situation („alles ist in Ordnung"), scheidet eine Täuschung aufgrund expliziter Handlung aus. Die Gegenauffassung in der Literatur differenziert zwischen dem objektiven Verhaltenswert der Fehlinformation und dem subjektiven Tatelement im Rahmen des Vorsatzes, welcher die Kenntnis der Unwahrheit umfasst.[686] Eine Täuschung ist sodann ausgeschlossen, wenn entweder auf der objektiven oder der subjektiven

---

681 *Beukelmann*, in: BeckOK-StGB, § 263, Rn. 9.

682 RG v. 21.12.1920 – II 1214/20, RGSt 55, 129 (131).

683 *Hefendehl*, in; MüKo-StGB, § 263, Rn. 88.

684 Ebda.

685 BGH, Urteil v. 26.04.2001 – 4 StR 439/00, BGHSt 47, 1 (5) = NJW 2001, 2187, 2189; BGH, Urteil v. 5.2.1963 – 1 StR 533/62, BGHSt 18, 235, 237; ferner *Hefendehl*, in; MüKo-StGB, § 263, Rn. 89 m.w.N.

686 *Hefendehl*, in; MüKo-StGB, § 263, Rn. 89 m.w.N.

Ebene eine Täuschungshandlung nicht geeignet ist, auf das Vorstellungsbild des Getäuschten einzuwirken. Vorliegend gibt der Hochfrequenzhändler mittels einer algorithmischen Handelsstrategie Orders in ein intransparentes Orderbuch ein, die nach der Logik des Matching-Algorithmus automatisch vom Handelssystem des Plattformbetreibers zusammengeführt werden. Dies muss nicht unbedingt in Transaktionen mit der Person führen, die eine Blockorder in das Orderbuch eingestellt hat. Bei der automatischen Zusammenführung von Orders besteht weder Täuschungsbewusstsein auf Seiten des Geschäftspartners des Hochfrequenzhändlers, noch besteht eine Unkenntnis der wahren Sachlage. Vielmehr ist davon auszugehen, dass der bzw. die Geschäftspartner ihrerseits Handelsalgorithmen einsetzen, sodass überhaupt kein intellektuelles Einwirken möglich ist.

Es könnte jedoch eine Täuschung durch Unterlassen vorliegen, sofern eine Garantenpflicht auf Seiten des Hochfrequenzhändlers besteht. Eine derartige Garantenpflicht kann auf Basis einer gesetzlichen Pflicht, einer rechtsgeschäftlichen Übernahme oder kraft pflichtwidrigen Vorverhaltens (Ingerenz) bestehen.[687] Die Rechtsprechung des BGH[688] setzt für eine strafrechtlich relevante Garantenpflicht, die aus einem Vertragsverhältnis resultiert, voraus, dass besondere Umstände, etwa ein besonderes Vertrauensverhältnis oder auf gegenseitigem Vertrauen beruhende Verbindungen, vorliegen. Die bloße Handelsteilnehmerstellung des Hochfrequenzhändlers begründet im vorliegenden Falle keine der vorgenannten Fälle einer Garantenpflicht. Eine vertragliche Beziehung zwischen den Handelsteilnehmern liegt gerade nicht vor, sondern wird im Rahmen von Wertpapierkaufverträgen erst durch die jeweilige Transaktion begründet. Auf dieser Basis kann nicht auf ein besonderes Vertrauensverhältnis der Handelsteilnehmer untereinander geschlossen werden. Ferner kann das Ausspähen eines intransparenten Orderbuchs nicht als pflichtwidriges Vorverhalten im Sinne von § 263 Abs. 1 StGB qualifiziert werden, da es auch hier an einem besonderen Vertrauensverhältnis mangelt.

bb) Zwischenergebnis

Eine Strafbarkeit des Hochfrequenzhändlers gem. § 263 Abs. 1, 3 Nr. 1 Alt. 1 StGB besteht nicht.

---

687 Ebda, Rn. 161.

688 BGH NJW 2001, 453 = BGHSt 46, 196; NStZ 2010, 502; NJW 2000, 3013; NJW 1994, 950 = BGHSt 39, 392.

e) Strafbarkeit gem. § 263a Abs. 1 i.V.m. § 263 Abs. 3 Nr. 1 Alt. 1 StGB

Indem ein Hochfrequenzhändler algorithmische Handelsstrategien einsetzt, um ein intransparentes Orderbuch für ihn sichtbar zu machen und die gegenwärtige Orderlage auszuspähen und auf Basis dieser unbefugten Verwendung der Orderbuchdaten Transaktionen durchführt, könnte er gem. § 263a Abs. 1 Alt. 3 i.V.m. § 263 Abs. 3 Nr. 1 Alt. 1 StGB des gewerbsmäßigen Computerbetruges strafbar sein.

aa) Datenverarbeitungsvorgang

Zunächst müsste ein intransparentes Orderbuch taugliches Angriffsobjekt i.S.v. § 263a Abs. 1 StGB sein. Dies ist der Fall, wenn die Berechnung der Orderbuchlage als Ergebnis eines Datenverarbeitungsvorgangs zu qualifizieren ist. Unter Datenverarbeitung ist jeder automatisierte Vorgang zu verstehen, bei dem durch Aufnahme von Daten und ihre Verknüpfung nach Programmen Arbeitsergebnisse erzielt werden.[689] In orderbuch-basierten Märkten kommen Transaktionen in Abhängigkeit zu den Preis- und Matchingregeln des jeweiligen Handelsplatzes zustande. Zentrales Instrument zur Herbeiführung von Transaktionen ist das Orderbuch, das alle nicht sofort ausgeführten Orders verwaltet und in eine Reihenfolge setzt, separiert nach Kauf- oder Verkaufsorders. Die Kauf- und Verkaufsorders, die an oberster Stelle des Orderbuchs stehen, werden zusammengeführt, sofern diese miteinander korrespondieren. Bei der Orderverwaltung wird ein Algorithmus eingesetzt, der in seiner Basisfunktion aus Regeln zur Zusammenführung von korrespondierenden Orders (Matchingregeln), Priorisierungsregeln sowie einer Preisberechnungsfunktion besteht. Dieser Algorithmus berechnet stetig, nach welchen Kriterien und nach welcher Priorität die Orders im Orderbuch in eine Reihenfolge gebracht werden. Wird keine eigene Preisberechnung durchgeführt (etwa bei Referenzpreissystemen) besteht die Preisberechnungsfunktion aus einer Funktionalität zum Preisimport. Die Ermittlung der Orderbuchlage basiert folglich auf einem Datenverarbeitungsprozess. Die Festlegung der Orderbuchlage durch den Algorithmus des Handelssystems ist das Ergebnis dieses Datenverarbeitungsprozesses.

bb) Unbefugte Verwendung von Daten

Das Ausspähen der wahren Orderbuchlage eines intransparenten Orderbuchs und die Vornahme von Transaktionen auf dieser Basis müssten ferner als unbefugtes Verwenden von Daten i.S.v. § 263a Abs. 1 Alt. 3 StGB zu qualifizieren

---

689 BT-Drs. 10/318, S. 21.

sein. Unbefugt ist, wer als Nichtberechtigter über Daten verfügt, die als „richtige Daten“ i.S.v. § 263a Abs. 1 Alt. 1 und 2 StGB einzustufen sind.[690] Die Verwendung von Daten setzt voraus, dass diese in den Datenverarbeitungsprozess eingeführt werden.[691] Der Begriff des Verwendens ist wie bei der zweiten Tatvariante als Einführung von Daten in den automatisierten Verarbeitungsprozess zu bestimmen, wobei gerade die Eingabe der Daten unbefugt sein muss. In jedem Fall scheidet im vorliegenden Fall eine mangelnde Befugnis zur Dateneingabe des Hochfrequenzhändlers im Sinne von § 263a Abs. 1 Alt. 3 StGB aus, da als Dateneingabe nur die Eingabe von Orders in Betracht kommt. Diese Eingabe von Daten geschieht jedoch befugt, d.h. im Rahmen der ordinären Handelsteilnehmereigenschaft am Handelsplatz des Betreibers.

cc) Beeinflussung des Ergebnisses eines Datenverarbeitungsvorgangs

Aus dem gleichen Grund scheidet ebenfalls aus, dass es aufgrund der Tathandlung zu einer Beeinflussung des Ergebnisses eines Datenverarbeitungsvorgangs gekommen ist.

dd) Ergebnis

Der Hochfrequenzhändler ist nicht i.S.v. § 263a Abs. 1 Alt. 3 StGB strafbar.

f) Strafbarkeit nach § 202a StGB aufgrund des Ausspähens von Daten

Fraglich ist, ob elektronisches Frontrunning strafbar ist gem. § 202a StGB. Gem. § 202a Abs. 1 StGB ist strafbar, wer unbefugt sich oder einem anderen Zugang zu Daten, die nicht für ihn bestimmt und die gegen unberechtigten Zugang besonders gesichert sind, unter Überwindung der Zugangssicherung verschafft.

aa) Daten i.S.v. § 202a StGB

Bei den elektronischen Orderbuchdaten handelt es sich um Daten i.S.v. § 202a StGB.

bb) Nicht für den Täter bestimmt

Die Daten dürften nicht für den Täter bestimmt sein. Für wen die Daten bestimmt sind, richtet sich nach dem Willen des Verfügungsberechtigten.[692] Bei

690 BT-Drs. 10/318, S. 23, 30.

691 BGH, Urteil v. 22.1.2013 – 1 StR 416/12, BeckRS 2013, 04114; ferner *Wohlers/Mühlbauer*, in: MüKo-StGB, § 263a, Rn. 30.

692 *Graf*, in: MüKo-StGB, § 202a, Rn. 19.

dem Betrieb von intransparenten Orderbuch-Handelssystemen ist Zweck der gewählten Handelsmethode, dass die Marktteilnehmer gerade nicht Kenntnis von bestimmten Informationen über die Orderbuchlage erfahren. Dies umschließt auch die Identität anderer Marktteilnehmer. Die Daten sind folglich nicht für den Täter bestimmt.

cc) Gegen unberechtigten Zugang besonders gesichert

Ferner müssten die Daten gegen unberechtigten Zugang besonders gesichert sein. § 202a Abs. 1 StGB schützt nämlich nicht Daten, die zwar für den Täter nicht bestimmt sind, denen aber eine (besondere) Zugangssicherung fehlt.[693] Eine besondere Zugangssicherung liegt vor, wenn Vorkehrungen vorhanden sind, die objektiv geeignet und subjektiv nach dem Willen des Berechtigten dazu bestimmt sind, den Zugriff auf die Daten auszuschließen oder wenigstens nicht unerheblich zu erschweren.[694] Nicht ausreichend ist es, wenn die fragliche Einrichtung oder Maßnahme – mag sie auch objektiv zugleich als Zugangssicherung wirken – lediglich dem Schutz vor unbefugter Ingebrauchnahme dient.[695] Der Marktteilnehmer, der einen Ping-Algorithmus betreibt, überwindet typischerweise keine besondere Zugangssicherung wie z.B. ein Passwort[696].

In der Literatur wird allerdings das Verstecken von Daten als besondere Zugangssicherung angesehen, soweit das benutzte Versteck nicht allzu leicht erkennbar ist.[697] Dadurch, dass die Orderbuchdaten intransparent sind für die Marktteilnehmer, könnten sie in diesem Sinne als „versteckt" gelten. Eine besondere Zugangssicherung durch Verstecken wird schon dann angenommen, wenn der Berechtigte Daten zugleich unter einer unverdächtigen Bezeichnung und in einem Verzeichnis, in welchem sich üblicherweise für den Täter irrelevante Daten befinden, abspeichert.[698] Hingegen soll das alleinige Verstecken ohne Änderung des Dateinamens nicht ausreichen, da mittels Suchprogrammen Dateien

---

693 *Lenckner/Eisele*, in: Schönke/Schröder, StGB, § 202a, Rn. 14; *Graf*, in: MüKo-StGB, § 202a, Rn. 32.

694 *Lenckner/Eisele*, in: Schönke/Schröder, StGB, § 202a, Rn. 14; vgl. BT-Drucks. 16/3656, S. 10.

695 *Lenckner/Eisele*, in: Schönke/Schröder, StGB, § 202a, Rn. 14; vgl. BT-Drucks. 16/3656, S. 10.

696 *Graf*, in: MüKo-StGB, § 202a, Rn. 42.

697 *Graf*, in: MüKo-StGB, § 202a, Rn. 47; *Hilgendorf*, JuS 1996, 702, 703; *Schünemann*, in: Lackner/Kühl, StGB, § 202a, Rn. 16.

698 *Graf*, in: MüKo-StGB, § 202a, Rn. 47.

auch auf großen Datenspeichern schnell gefunden werden können.[699] Ebenfalls reiche es nicht aus, wenn der Berechtigte Dateien schlicht über die Dateiattribute als „hidden" markiert, da der technisch versierte Anwender dies unproblematisch sichtbar machen könne.[700]

Mit Blick auf den Betrieb eines Handelssystems mit einem intransparenten Orderbuch ist davon auszugehen, dass die Daten nicht für den Täter bestimmt sind gem. § 202a Abs. 1 StGB und ein entsprechender Geheimhaltungswille des Marktbetreibers besteht. Allerdings befinden sich die ausgespähten Daten nicht in einem geschützten Bereich, der beispielsweise durch ein Passwort „besonders" geschützt ist i.S.v. § 202a StGB. Hingegen sind die vollständigen Orderbuchdaten allein für den Marktbetreiber bzw. für die Systemadministratoren einsehbar – sie sind aus der Perspektive des Täters also versteckt. Ferner sind diese Daten auch durch den Marktbetreiber besonders gesichert. Im vorliegenden Fall werden folglich durch Anwendung technischer Hilfsmittel Daten sichtbar gemacht, die nicht für eine Veröffentlichung bestimmt sind, ohne dass die Zugangssicherung überwunden wird. Fraglich ist, ob dies schon dem Tatbestandsmerkmal „gegen unberechtigten Zugang besonders gesichert" gleichgestellt werden kann, also ob ein Zugriff auf den Informationsgehalt der Daten ausreicht, ohne dass die tatsächlich geschützten Informationen extrahiert werden. Würde der Zugriff auf die vorgenannten Daten durch einen „Einbruch" in das Handelssystem des Marktbetreibers geschehen, läge unfraglich ein unberechtigter Zugriff vor i.S.v. § 202a StGB vor, da ein besonderer Schutzmechanismus überwunden worden ist. Im vorliegenden Fall wird jedoch durch einen Datenverarbeitungsvorgang Zugriff auf den Informationsgehalt der geschützten Daten (kein Zugang zu den direkt geschützten Daten) erhalten, ohne dass faktisch eine Überwindung einer Zugangssicherung durchführt wird. Da es alleine auf das Vorhandensein einer Zugangssicherung ankommt, liegt das Tatbestandsmerkmal vor.

dd) Unbefugtes Verschaffen als Tathandlung

Der Täter müsste ferner den Zugang zu den Daten sich oder einem Dritten unbefugt verschaffen. Unter dem Verschaffen von Daten ist das Erlangen der tatsächlichen Herrschaft über die Daten zu verstehen, wobei dies entweder durch Besitzverschaffung am Ursprungs-Datenträger, durch Kopieren auf ein eigenes Speichermedium, durch Kenntnisnahme oder durch eine sonstige Aufzeichnung

---

699 Ebda.
700 Ebda.

der Daten erfolgen kann.[701] Vorliegend werden die Orderbuchdaten durch die Auswertung des Algorithmus zur Kenntnis genommen. Da die Daten nicht zur Kenntnisnahme des Täters bestimmt waren, sind diese auch unbefugt verschafft worden. Auf die tatsächliche Überwindung der Zugangssicherung kommt es auch hier nicht an.

ee) Subjektiver Tatbestand

Die Tathandlungen sind nur vorsätzlich begehbar, wobei eine Begehung mit *dolus eventualis* ausreicht.[702] Dieser muss sich zum Zeitpunkt des Verschaffens auf alle Merkmale des objektiven Tatbestands beziehen, d.h. der Täter muss erkennen, dass es sich bei dem letztendlichen Tatobjekt um Daten gem. § 202a Abs. 2 StGB handelt, welche nicht für ihn bestimmt und gegen unberechtigten Zugang besonders gesichert sind. Dabei genügt es, wenn er wahrnimmt, dass dem Datenzugang ein Hindernis entgegensteht, mit welchem der Berechtigte zumindest auch den Schutz der Daten bewirken wollte.[703]

ff) Zwischenergebnis

Ein Hochfrequenzhändler kann nach § 202a StGB strafbar sein.

Ergebnis und Bewertung

Eine Strafbarkeit eines Hochfrequenzhändlers kann nach § 38 Abs. 3 WpHG i.V.m. Art. 14, 7, 8 MAR aufgrund der Vornahme eines Insidergeschäfts, nach § 38 Abs. 1 Nr. 2, 39 Abs. 3d Nr. 2 WpHG i.V.m. Art. 15, 12 MAR aufgrund einer Marktmanipulation oder gem. § 202a StGB wegen des Ausspähens von Daten vorliegen. Bei dem insiderhandelsverbot besteht die Besonderheit, dass nach h.M. nur dann eine strafbare Handlung vorliegt, wenn eine Blockorder ausgespäht wird.

Mit Blick auf die Handlung des Ausspähens von Daten i.S.v. § 202a StGB ist hervorzuheben, dass mit dem 1. FiMaNoG die strafschärfenden Regelungen gem. § 38 Abs. 1 Nr. 2 lit. d) WpHG a.F., welcher auf den § 202a StGB verwies, entfernt wurden. Eine Strafbarkeit mit einer Strafandrohung von bis zu fünf

---

701 BT-Drucks. 10/5058, S. 29; *Haurand/Vahle*, RDV 1990, 128, 132; *Möhrenschlager*, wistra 1986, 128, 140; *Lenckner/Eisele*, in: Schönke/Schröder, StGB, § 202a, Rn. 10; Wessels/Hettinger, Strafrecht BT, § 12, Rn 559.; *Graf*, in: MüKo-StGB, 2012, § 202a, Rn. 50.

702 *Graf*, in: MüKo-StGB, § 202a, Rn. 71.

703 Ebda.

Jahren war nach dieser Regelung begründet bei einer Person, die aufgrund der Vorbereitung oder Begehung einer Straftat über eine Insiderinformation verfügte und unter Verwendung dieser Insiderinformation eine in § 39 Abs. 2 Nr. 3 oder 4 WpHG a.F. bezeichnete vorsätzliche Handlung begang. Dies ist insbesondere mit Blick auf den Straftatbestand des Ausspähens von Daten gem. § 202a StGB relevant, der für sich genommen nur ein Strafmaß von bis zu drei Jahren vorsieht. Aus den Gesetzgebungsmaterialien kann nicht nachvollzogen werden, was Hintergrund der Streichung von § 38 Abs. 1 Nr. 2 lit. d) WpHG a.F. gewesen war. Es ist davon auszugehen, dass mit der Umsetzung des neuen europäischen Marktmissbrauchsrechts auch der § 38 WpHG neu konzeptioniert wurde und kein Anwendungsbereich für § 38 Abs. 1 Nr. 2 lit. d) WpHG a.F. mehr gesehen wurde.

3. *Informationsmissbrauch beim Handel an mehreren Märkten*

Hochfrequenzhändler sind an mehreren Märkten gleichzeitig aktiv und überwachen die Aktivität an diesen Märkten mittels ihrer automatisierten Transaktionssysteme. Entscheidet sich ein Finanzintermediär dafür, sein großvolumiges Handelsinteresse auf mehreren Märkten zu streuen, werden verschieden große Orders an die von ihm ausgewählten Märkte gesandt. Hochfrequenzhändler haben ihrerseits an den wichtigsten Aktienmärkten eine gewisse Anzahl kleinvolumiger Orders platziert, bei deren Ausführung sie auf das tatsächliche Handelsinteresse des Finanzintermediärs schließen können.[704] Aufgrund der Latenzzeit können sie sogar ermitteln, welcher konkrete Finanzintermediär hinter den Orders steht.[705]

Hochfrequenzhändler stehen im Verdacht, die Möglichkeiten ihrer technischen Infrastruktur für marktmissbräuchliche Handelsstrategien zu nutzen. Aufgrund der niedrigen Latenzzeit mit der Hochfrequenzhändler handeln können, können sie aufgrund von Orders, die an einem Markt ausgeführt werden, Rückschlüsse darauf ziehen, ob auf einem anderen Markt ebenfalls Orders bezüglich des gleichen Finanzinstruments eingehen werden und stellen sich „zwischen" den Transaktionen, die an den verschiedenen Märkten ausgeführt werden.[706] Dies gelingt ihnen, weil sie die Informationen über die Orderausführung an einem Markt dazu nutzen, darauf zu spekulieren, dass an einem anderen Markt ebenfalls Aufträge über dasselbe Finanzinstrument platziert werden. Sie

---

704 *Kasiske*, WM 2014, 1933, 1937f.; *Lewis*, Flash Boys, S. 84ff.
705 *Lewis*, Flash Boys, S. 85f.
706 *Kasiske*, WM 2014, 1933, 1937f.; *Lewis*, Flash Boys, S. 84ff.

kaufen daher die dort vorhanden Volumen auf und bieten sie dem jeweiligen Finanzintermediär teurer zum Kauf an – dies alles innerhalb weniger Mikrosekunden.[707]

Anders als bei dem elektronischen Frontrunning auf intransparenten Handelsplattformen, bei dem ein intransparentes Orderbuch für den Hochfrequenzhändler durch den Einsatz von algorithmischen Handelsstrategien sichtbar gemacht wird, spielt sich die Aktivität der Hochfrequenzhändler bei einem Informationsmissbrauch über mehreren Märkten in transparenten Orderbüchern ab. Anknüpfungspunkt für ein strafwürdiges Verhalten ist demnach nicht der Erwerb von privilegierten Informationen, sondern das Ausnutzen der höheren Latenzzeiten, die andere Marktteilnehmer zu anderen Märkten haben. Dieser basiert auf der Vermutung des Hochfrequenzhändlers, dass die Orderausführung an einem Markt durch einen bestimmten Marktteilnehmer weitere Orders an anderen Märkten zur Folge hat, gefolgt mit dem Aufkaufen von Papieren und dem preislich höheren Angebot dieser Papiere. Der Hochfrequenzhändler geht dabei das Risiko ein, dass diese Vermutung sich nicht bewahrheitet und er auf den Kosten der Transaktionen sitzen bleibt. Die Eingehung der Transaktionen zu Eindeckungszwecken ist ferner an sich nicht verwerflich und daher auch nicht strafwürdig, das Begründen und das Ausnutzen einer marktbeherrschenden Stellung hingegen schon, Art. 15 i.V.m. Art. 12 Abs. 2 lit. a MAR. Problematisch sind Fälle des Informationsmissbrauchs beim Handel an mehreren Märkten, wenn der Hochfrequenzhändler als Market Maker an einer Vielzahl von Märkten tätig ist und lediglich die Preise eines von ihm quotierten Finanzinstruments anpasst, wenn festgestellt wird, dass an einem anderen Markt Handelsinteresse bekundet wird und die Preisanpassung nicht erheblich ist. Der Gewinn dieser Maßnahme besteht aus der Differenz des ursprünglich quotierten Preises und der neuen, auf Basis der vermuteten Handelsinteresse gestellten Quotes.

4. Ergebnis und Bewertung

Die Untersuchung von straf- und ordnungswidrigkeitenrechtlichen Tatbeständen hat gezeigt, dass das Ausspähen von intransparenten Orderbuchdaten und die darauf gestützten Transaktionen nur in den seltensten Fällen Konsequenzen tragen, nämlich nur dann, wenn Blockorders erspäht wurden und daraufhin Transaktionen des Hochfrequenzhändlers in Kenntnis und in Bezug auf diese

707 *Lewis*, Flash Boys, S. 84ff.; kritisch *Bundesbank*, Monatsbericht Oktober 2016, S. 56, Fn. 1.

Blockorder getätigt wurden. Mit Blick auf Orders, die nicht als Blockorder zu qualifizieren sind, lehnt die (gegenwärtige) herrschende Meinung eine Strafbarkeit ab.

Die Untersuchung zeigt auch, dass der zugrundeliegende Sachverhalt sehr komplex ist und eine rechtliche Würdigung mit Schwierigkeiten behaftet ist. Dies zeigt sich auch bei einer möglichen Sanktionierung: Im Rahmen einer Sanktionierung wäre es nämlich Aufgabe der Handelsüberwachungsstelle des Handelsplatzes Daten zu sammeln und aufzubereiten, die nachweisen, dass ein Handelsteilnehmer durch Pinging-Strategien tatsächlich die Orderbuchlage sondiert hat und auf dieser Basis Transaktionen durchgeführt hat. Diese Daten wären dann an die zuständige Aufsichtsbehörde zu senden, verbunden mit der Meldung, dass der Verdacht auf Einsatz von marktmissbräuchlichen Handelsstrategien besteht, § 7 Abs. 5 S. 1 BörsG, § 31f Abs. 3 WpHG.

Vertreter von Handelsüberwachungsstellen berichten, dass die Ermittlung von marktmissbräuchlichen Verhaltensweisen von Marktteilnehmern im Zuge des Einsatzes von algorithmischen Handelsstrategien und des Hochfrequenzhandels eine zunehmende Herausforderung darstellt, die nur durch den Einsatz eigener Software zu leisten ist, die den Handel stetig überwacht. Aufgabe der Handelsüberwachungsstellen ist damit nicht allein die Aufdeckung möglicher Verstöße gegen börsenrechtliche Vorschriften und Anordnungen, sondern zunächst die systematische und lückenlose Erfassung und Auswertung der Daten über den Handel und die Abwicklung der im Handel geschlossenen Transaktionen. Die Handelsüberwachungsstellen sind damit die erste Verteidigungslinie im Kampf gegen Marktmissbrauch. Hier besteht das Defizit einer fehlenden Aufsicht über BCNs, die weder als Börse noch als MTF betrieben werden und im außerbörslichen Bereich operieren. Betreiber von BCNs sind nicht verpflichtet, eine Handelsüberwachung sicherzustellen, da die maßgeblichen aufsichtsrechtlichen Anforderungen nicht für sie gelten. Gleichwohl sind diese Handelsplattformen im Markt etabliert, um einen multilateralen elektronischen Blockhandel auf einer intransparenten Plattform zu ermöglichen.

Die zweite Verteidigungslinie bildet die BaFin, die die von den Handelsüberwachungsstellen ermittelten Sachverhalte übermittelt bekommt. Es ist Aufgabe der BaFin diese Sachverhalte zu prüfen und an die Staatsanwaltschaften weiterzuleiten, die als dritte Verteidigungslinie Anklage gegen Händler erheben, sofern ein Anfangsverdacht i.S.v. §§ 152 Abs. 2, 160 Abs. 1 StPO vorliegt.

Abbildung 9: Verteidigungslinien im Kampf gegen Marktmissbrauch, eigene Darstellung.

Selbst in den aufsichtsrechtlich erfassten Märkten kommt es allerdings in der Praxis in den seltensten Fällen zu einer strafrechtlichen Ahndung, wie der Jahresbericht der BaFin aus dem Jahr 2015 zeigt[708]: In diesem Jahr untersuchte die BaFin insgesamt 256 Sachverhalte wegen des Verdachts auf Marktmanipulation und bemerkte, dass der Trend zu einer wachsenden Zahl von Untersuchungen bestehe. Insgesamt 135 – und damit mehr als die Hälfte der neu eingeleiteten förmlichen Untersuchungen – beruhten auf Abgaben der Handelsüberwachungsstellen der deutschen Börsen (Vorjahr: 130). Dabei handelte es sich überwiegend um handelsgestützte Manipulationen, wie etwa Referenzmarktmanipulationen, Insichgeschäfte und abgesprochene Geschäfte. Urteile ergingen im Jahr 2015 gegen insgesamt sieben Personen (sechs wurden verurteilt, eine Person wurde freigesprochen). Gegen zehn weitere Personen wurden Strafbefehle (Vorjahr: 3) erlassen. Insgesamt 228 Ermittlungsverfahren stellten die Staatsanwaltschaften ein (Vorjahr: 194).

Wegen des Verdachts auf Insiderhandel eröffnete die BaFin im Jahr 2015 insgesamt 43 neue Ermittlungen. Bei den zuständigen Staatsanwaltschaften zeigte die BaFin 26 Vorgänge an (Vorjahr: 22), in die insgesamt 87 Personen verwickelt waren (Vorjahr: 45). In 19 Fällen, die sie untersuchte, fand sie keine Anhaltspunkte für Insiderhandel. Ein Beschuldigter wurde 2015 wegen Insiderhandels verurteilt. 39 Verfahren stellten die Staatsanwaltschaften ein, acht davon gegen Geldauflage.

Die BaFin hebte in diesem Zusammenhang hervor, dass der Nachweis der Tat, was Marktmissbrauch angeht, teilweise nur sehr schwer zu führen sei.[709] In der Praxis zeigt sich, dass bei jeder der 3 Verteidigungslinien erhebliche Herausforderungen bei der wirksamen Durchsetzung der Regeln zur Verhinderung von Marktmissbrauch bestehen. Handelsüberwachungsstellen stehen vor der Herausforderung, die zur Handelsüberwachung eingesetzte Software auch derart zu konfigurieren, dass sowohl strafwürdiges als auch den ordnungsgemäßen Ablauf des Handels störendes Verhalten erfasst werden. Dies ist mit Blick auf die

708 Die folgenden zwei Absätze gehen zurück auf *BaFin*, Jahresbericht 2015, S. 231ff.

709 Ebda.

Vielzahl der im Einsatz befindlichen algorithmischen Handelsstrategien und der anfallenden Datensätze eine erhebliche Belastung – zumal die Datensätze auch eine gewisse Granularität aufweisen müssen, wenn die zu überwachenden Handelsteilnehmer im Nanosekundenbereich Wertpapiere handeln können.[710] Dies ist sogar schon für Aufsichtsbehörden eine kaum zu stemmende Aufgabe, was in der Vergangenheit z.B. bei der Aufarbeitung des Flash Crashs vom 06.05.2010 aufgefallen ist.[711] Die amerikanischen Aufsichtsbehörden Securities and Exchange Commission (SEC) und Commodity Futures Trading Commission (CFTC) benötigten über 5 Monate, um ihren finalen Bericht[712] zur Untersuchung der Vorfälle vorzulegen, der von den Marktteilnehmern und der Wissenschaft teilweise heftig kritisiert wurde, da die Ursachen für den Flash Crash nicht vollumfänglich herausgearbeitet worden seien.[713] Betrachtet man den Sekundärmarkt als ein Netzwerksystem, bestehend aus automatisierten Transaktionssystemen der Teilnehmer, den elektronischen Börsensystemen der Handelsplatzbetreiber und den Datensystemen von Datenbereitstellungsdienstleistern wird klar, dass die Aufdeckung von marktmissbräuchlichem Verhalten nicht allein Aufgabe der jeweiligen Handelsüberwachungsstelle des Handelsplatzes sein kann. Es muss ferner eine Überwachung des übergeordneten Handelsinteresses, das auch zwischen mehreren Handelsplattformen gestreut werden kann, geschehen.

D. Zusammenfassung und Ergebnisse

Das europäische Kapitalmarktrecht strebt die Sicherstellung und Förderung eines effizienten und funktionsfähigen Kapitalmarkts an. Das Marktordnungsrecht der MiFID I nimmt einen besonderen Platz im europäischen Kapitalmarktrecht ein, da es die Organisation der Marktinstitutionen des Kapitalmarkts (Festlegung der aufsichtsrechtlich erfassten Handelsplätze im Rahmen einer Marktstruktur, ihrer Organisation und das auf ihre Tätigkeit bezogene Verhaltensrecht) sowie

710 *Bundesbank*, Monatsbericht Oktober 2016, S. 52.

711 Näheres siehe Einleitung.

712 *SEC/CFTC*, Findings regarding the market events of May 6, 2010.

713 *Leinweber*, Journal of Portfolio Management 37 (2011), 1f.; *CME*, CME Group Statement on the Joint CFTC/SEC Report Regarding the Events of May 6, abrufbar unter: http://investor.cmegroup.com/investor-relations/releasedetail.cfm?ReleaseID=513388, zuletzt abgerufen am 02.04.2017; NANEX, May 6 2010 Flash Crash Analysis, abrufbar unter: http://www.nanex.net/FlashCrashFinal/FlashCrashAnalysis_WR_Update.html, zuletzt abgerufen am 02.04.2017.

die Herstellung und Gewährleistung der Funktionsfähigkeit des Sekundärmarkts (u.a. durch Best Execution- und Transparenzvorschriften) gewährleistet.

Mit Blick auf die Beantwortung der ersten Fragestellung[714], ob die gegenwärtige Konzeption der MiFID-Marktinfrastruktur, insbesondere mit Blick auf die Regeln zur Bereitstellung verborgener Liquidität, die als Ausnahmetatbestände zu qualifizieren sind, die Funktionsfähigkeit des Sekundärmarkts beeinträchtige, kann geantwortet werden, dass die Kohärenz und Konsistenz des Marktordnungsrechts letztlich an seinen Ausnahmetatbeständen zu messen ist. Der Betrieb intransparenter Handelsplattformen sowie die Nutzung intransparenter Ordertypen werden durch die Ausnahmevorschriften zum Transparenzregime der MiFID I ermöglicht. Gesetzgeberischer Wille ist, dass bestimmte Arten des Wertpapierhandels nicht im transparenten Bereich ausgeführt werden sollen. Dies gilt u.a. auch für Arten des Wertpapierhandels, die in einem Zusammenhang stehen mit verborgener Liquidität. Anknüpfungspunkt der Ausnahmetatbestände bildet nicht das Auftragsausführungssystem, sondern der jeweilige Handelsauftrag. So ist es möglich, dass ein Orderbuch *per se* intransparent betrieben werden kann, obwohl der Handel an einem beaufsichtigten Handelsplatz wie einem geregelten Markt oder einem MTF stattfindet. Intransparente Ordertypen und Handelsplattformen stehen daher – aufgrund dieser Regelungssystematik – in einem untrennbaren Konnex zueinander.

Der Regelungsmechanismus lässt allerdings den Ausnahmecharakter vermissen. So ist es grundsätzlich möglich, eine intransparente Handelsplattform zu betreiben, ohne dass eine volumenmäßige Beschränkung bei der Inanspruchnahme des Ausnahmetatbestands bezüglich aller Marktteilnehmer greift. So könnte die zuständige nationale Behörde festlegen, dass Ausnahmetatbestände aufgehoben werden, wenn ein gewisser Prozentsatz Handels in dem jeweiligen Finanzinstrument überschritten wurde. Ein solcher Mechanismus ist zum Einen mit Blick auf die Verhinderung der Umgehung anderer Ausnahmetatbestände (wie etwa des Blockhandelstatbestands gem. Art. 20 MiFID-DVO) relevant, um zu verhindern, dass Aufträge, die unterhalb des LIS-Schwellenwerts sind, nicht im intransparenten Bereich ausgeführt werden. Zum Anderen ist dies mit Blick auf die Verhinderung der exzessiven Inanspruchnahme der Ausnahmetatbestände relevant. Dies ist kein Selbstzweck, sondern muss sichergestellt werden, um die Integrität der Preisfeststellung zu wahren. Nur wenn bei der Preisfeststellung das gesamte Angebots- und Nachfragepotential eines Finanzinstruments

714 Siehe Einleitung Abschnitt B.

tatsächlich berücksichtigt wird sind Wertpapierpreise belastbar und reflektieren die tatsächlichen Marktverhältnisse.

Eine Umgehung ist auch mit Blick auf die Herstellung und Gewährleistung eines effizienten und funktionsfähigen Kapitalmarkts, welcher als Leitbild für das europäische Kapitalmarktrecht dient, kritisch zu bewerten. Eine Vorschrift funktioniert nur gemäß des gesetzgeberischen Zwecks, solange die Ausnahme auch effizient ausgestaltet ist. Zu weite und vor allem unbeschränkte Ausnahmetatbestände führen zur Aushöhlung der ursprünglichen Regelung und gefährden das gesamte Regelungsregime. Die Ausnahmetatbestände zur Vorhandelstransparenz der MiFID I müssen daher beschränkt und auf ihre eigentlichen Ziele reduziert werden. Kombinationsmöglichkeiten mehrerer Ausnahmetatbestände sind nur unter sehr engen Voraussetzungen zuzulassen.

Die Ausnahmetatbestände zur Vorhandelstransparenz dienen dem Ziel, dass bestimmte Arten des Wertpapierhandels nicht im transparenten Bereich ausgeführt werden sollen, um eine übermäßige Marktbeeinflussung, die im transparenten Bereich zu adversen Effekten führen würde, zu verhindern. Es fehlt jedoch an einem wirkungsvollen Regime zur Sanktionierung von Fällen, in denen Marktteilnehmer Informationsvorsprünge dadurch erlangen, dass räuberische Handelsalgorithmen eingesetzt werden, die darauf ausgerichtet sind, ein intransparentes Orderbuch für diesen einen Händler transparent zu machen. Diese Fälle sollen als Unterkategorie zum Marktmissbrauch unter dem Begriff Informationsmissbrauch erfasst werden.

Die Untersuchung von straf- und ordnungswidrigkeitenrechtlichen Tatbeständen hat gezeigt, dass das Ausspähen von intransparenten Orderbuchdaten und die darauf gestützten Transaktionen nur in den seltensten Fällen Konsequenzen tragen, nämlich nur dann wenn Blockorders erspäht wurden und daraufhin Transaktionen des Hochfrequenzhändlers in Kenntnis und in Bezug auf diese Blockorder getätigt wurden. In diesen Fällen ist die Vornahme eines strafbaren Insiderhandels gem. Art. 12 MAR zu prüfen. Mit Blick auf Orders, die nicht als Blockorder zu qualifizieren sind, lehnt die (gegenwärtige) herrschende Meinung eine Strafbarkeit ab. Ferner ist das Ausspähen der Orderbuchdaten strafbar gem. § 202a StGB. Mit Inkrafttreten des neuen europäischen Marktmissbrauchsregimes und der Umsetzung in nationales Recht durch das 1. FiMaNoG wurde die strafschärfende Vorschrift § 38 Abs. 1 Nr. 2 lit. d WpHG a.F. gestrichen.

Die Untersuchung zeigte ferner, dass einer wirkungsvollen Ahndung aufsichtliche Arbitrage entgegensteht. So werden BCNs gegenwärtig nicht aufsichtsrechtlich erfasst und sind nicht verpflichtet, den Handel zu überwachen. Es bestehen damit Lücken in der Handelsüberwachung.

4. Kapitel: Reform der Kapitalmarktarchitektur

A. Die neue Finanzmarktrichtlinie (MiFID II)

Das allgemein unter „MiFID II" bekannte Regelwerk der EU besteht aus:

- der EU-Richtlinie 2014/65/EU des Europäischen Parlaments und des Rates vom 15. Mai 2014 über Märkte für Finanzinstrumente sowie zur Änderung der Richtlinie 2002/92/EG und 2011/61/EU (MiFID II); und
- der EU-Verordnung (EU) Nr. 600/2014 des Europäischen Parlaments und des Rates vom 15. Mai 2014 über Märkte für Finanzinstrumente und zur Änderung der Verordnung (EU) Nr. 648/2012 (MiFIR) sowie weiteren dazu erlassenen Delegierten Rechtsakten i.S.v. Art. 290 AEUV (sog. Regulatory Technical Standards - RTS).

MiFID II und MiFIR sind am 02.07.2014 in Kraft getreten. Bei der MiFID II handelt es sich um eine Richtlinie des EU-Parlamentes und des Rates, die in den EU-Mitgliedsstaaten wie Deutschland nicht unmittelbar Gesetzeskraft entfaltet, sondern durch entsprechende Gesetze bis zum 03.07.2017 in nationales Recht umgesetzt und ab dem 03.01.2018 anzuwenden ist, Art. 93 Abs. 1 MiFID II. In Deutschland soll die Umsetzung der MiFID II durch das Zweite Finanzmarktnovellierungsgesetz (2. FiMaNoG)[715] erfolgen, zu dem ein Gesetzentwurf der Bundesregierung vom 23.01.2017 vorliegt. Im Gegensatz zur MiFID II handelt es sich bei der MiFIR um in den Mitgliedsstaaten der EU unmittelbar anwendbares Recht, das ab dem 03.01.2018 anzuwenden ist.[716]

---

715 Gesetzentwurf der Bundesregierung, Entwurf eines Zweiten Gesetzes zur Novellierung von Finanzmarktvorschriften auf Grund europäischer Rechtsakte, BT-Drs. 18/10936.

716 Das ursprüngliche Inkrafttretensdatum vom 03.01.2017 konnte aufgrund der Vielzahl an Anforderungen, die von der Finanzindustrie zu erfüllen sind, nicht gehalten werden. Die nachfolgenden europäischen Rechtsakte haben daher das neue Inkrafttretensdatum festgelegt, Verordnung (EU) 2016/1033 des Europäischen Parlaments und des Rates vom 23.06.2016 zur Änderung der Verordnung (EU) Nr. 600/2014 über Märkte für Finanzinstrumente, der Verordnung (EU) Nr. 596/2014 über Marktmissbrauch und der Verordnung (EU) Nr. 909/2014 zur Verbesserung der Wertpapierlieferungen und -abrechnungen in der Europäischen Union und über Zentralverwahrer, ABl. L 175/1; Richtlinie (EU) 2016/1034 des Europäischen Parlaments und des Rates vom 23.06.2016 zur Änderung der Richtlinie 2014/65/EU über Märkte für Finanzinstrumente, ABl. L 175/8 - jeweils 30.06.2016.

Mit der MiFID II wird die Infrastruktur des Wertpapierhandels in der EU neugefasst. Der EU-Gesetzgeber greift die Kritik an der vorherigen Rechtslage auf und setzt sich zum Maßstab, dass „der Handel mit Finanzinstrumenten nach Möglichkeit an organisierten Handelsplätzen stattfindet und dass diese angemessen reguliert werden“[717] – grundsätzlich sollen alle Formen des Handels mit Finanzinstrumenten auch aufsichtsrechtlich erfasst werden.[718] Es wird zu diesem Zweck das Marktordnungsrecht auf eine Vielzahl von Finanzinstrumenten ausgeweitet und die Marktkategorien um die Kategorie des sog. organisierten Handelssystems (Organised Trading Facility – OTF) erweitert. Hintergrund dieser Erweiterung ist, dass der EU-Gesetzgeber künftig die Aufsicht auf bisher aufsichtsrechtlich nicht erfasste Handelsplattformen – wie z.B. BCNs und andere Formen von intransparenten Handelsplattformen – ausdehnen möchte.[719] Insbesondere wurden in dieser Hinsicht die Vorschriften zur systematischen Internalisierung komplett überarbeitet.

Neben der Neuordnung der Marktkategorien ist ferner eines der wesentlichen Ziele der MiFID II die Ausweitung der Vorschriften zur Handelstransparenz durch Regelungen

- zur Vorhandelstransparenz, d.h. der Veröffentlichung von Preisen und Volumen der Handelsaufträge; und
- zur Nachhandelstransparenz, d.h. der Veröffentlichung von Preisen und Volumen zu abgeschlossenen Transaktionen.[720]

Diese Regelungen zu den Transparenzanforderungen beim Handel mit Finanzinstrumenten sollten nach dem Willen des EU-Gesetzgebers in Form eines unmittelbar anwendbaren Gesetzgebungsakts erlassen werden, der direkt auf alle in der EU ansässigen Wertpapierfirmen Anwendung findet, sodass auf allen Märkten in der EU einheitliche Regeln zur Transparenz der Märkte zu befolgen sind.[721] Diese Vorschriften zur Handelstransparenz befinden sich in der MiFIR, die aufgrund ihres Rechtscharakters als EU-Verordnung unmittelbare Anwendung erfährt und nicht erst in nationales Recht umgesetzt werden muss.

Völlig neuartig in der MiFID-Gesetzgebung sind Regeln zum Zugang zu Marktdaten und Vorschriften für Marktdatenbereitstellungsdienstleister, dessen Aufgabe es ist, Transparenz- und Transaktionsdaten an Aufsichtsbehörden und

717 Erwägungsgrund Nr. 6 MiFIR.

718 *Europäische Kommission*, KOM(2011), 656 endgültig, S. 6.

719 *Hoops*, RdF 2017, 14, 15 m.w.N.

720 *Europäische Kommission*, KOM(2011), 656 endgültig, S. 6.

721 *Europäische Kommission*, KOM(2011), 652 endgültig, S. 4.

Marktteilnehmer zu übermitteln. Die Tätigkeit als Marktdatenbereitstellungsdienstleister untersteht einem Erlaubnisvorbehalt.

I. Neuordnung der Marktinfrastruktur und Ausweitung der Transparenzvorschriften

1. Einführung einer neuen Regelungssystematik zur Erfassung des gesamten organisierten Handels, Art. 1 Abs. 7 MiFID II

Eines der gesetzgeberischen Ziele der MiFID II lautet, dass der gesamte organisierte Handel an aufsichtsrechtlich erfassten Handelsplätzen stattfinden und sowohl in der Vorhandels- als auch in der Nachhandelsphase vollkommen transparent sein sollte.[722] Hintergrund ist vor allem die nur sehr lückenhafte Regulierung von Handelsplattformen unter MiFID I, die dazu führte, dass die von der MiFID I gebildeten Marktkategorien geregelter Markt, MTF und die systematischen Internalisierung nicht alle Handelsplattformen erfasste und ein erheblicher Teil des organisierten Handels im außerbörslichen Bereich verblieb.[723] Als Lösung wurde die Regelungssystematik zur aufsichtsrechtlichen Erfassung von Handelssystemen geändert, die unter dem Begriff des multilateralen Systems gem. Art. 1 Abs. 7 MiFID II i.V.m. Art. 4 Abs. 1 Nr. 19 MiFID II zu erfassen sind. Diese Handelssysteme werden zukünftig als Handelsplatz[724] betrieben werden müssen. Ferner wurde nicht nur eine neue Kategorie von Handelsplätzen, das organisierte Handelssystem (OTF), eingeführt, sondern auch die Transparenzpflichten auf alle Finanzinstrumente ausgeweitet.

a) Schließung von Lücken in der Marktinfrastruktur als explizites Regelungsziel

Treiber für die Implementierung der neuen Marktkategorie der OTFs war das Bedürfnis insbesondere BCNs aufsichtsrechtlich zu erfassen.[725] BCNs sind Handelsplattformen, die im OTC-Bereich operieren und keine eigene Preisfeststellung durchführen (Referenzpreissystem).[726] Die Preise werden von preisfeststellenden

---

722 Erwägungsgrund Nr. 10 MiFIR.

723 Siehe nur *Gomber/Pierron*, MiFID, S. 2; *Gomber/Nassauer*, ZBB 2014, S. 250, 252 mwN.

724 Art. 4 Abs. 1 Nr. 24 MiFID II bestimmt, dass der Begriff Handelsplatz sowohl geregelte Märkte und MTFs als auch OTFs beinhaltet.

725 *Swinburne*, aaO, S. 5.

726 Siehe hierzu im 1. Kapitel Abschnitt B. III.1.b.bb.

Märkten (häufig Börsen), die als Referenzmärkte dienen, importiert.[727] Ferner ist das Orderbuch von BCNs intransparent, d.h. es werden den Handelsteilnehmern keine Vorhandelstransparenzdaten zur Verfügung gestellt.[728] Der EU-Gesetzgeber sieht intransparente Handelsplattformen als schädigend für die Marktstruktur an und strebt die aufsichtsrechtliche Erfassung dieser Handelsplattformen an.[729]

b) Begriff des multilateralen Systems als zentraler Anknüpfungspunkt für die aufsichtsrechtliche Erfassung der Handelsplätze

Damit der gesamte organisierte Handel in Finanzinstrumenten einer nahezu lückenlosen aufsichtsrechtlichen Erfassung zugeführt werden kann, ist der Begriff des multilateralen Systems eingeführt worden. Ein multilaterales System ist ein System oder Mechanismus, der die Interessen einer Vielzahl Dritter am Kauf und Verkauf von Finanzinstrumenten innerhalb des Systems zusammenführt, Art. 4 Abs. 1 Nr. 19 MiFID II. Gem. Art. 1 Abs. 7 S. 1 MiFID II muss jedes multilaterale System in der Form geregelter Markt, MTF oder OTF betrieben werden.

Der Begriff des multilateralen Systems ist abzugrenzen von bilateralen Systemen, wie sie von systematischen Internalisierern eingesetzt werden und darauf basieren, dass das System einen Vertragsschluss des Systembetreibers mit dem Handelsteilnehmer herbeiführt, wobei der Systembetreiber eigenes Kapital für die Transaktion einsetzt (sog. Kontrahentensystem).[730] Ein multilaterales System kann grundsätzlich nicht gleichzeitig auch ein bilaterales System beinhalten.[731] Bilaterale Systeme werden als Marktkategorie nur in der Form der systematischen Internalisierung aufsichtsrechtlich erfasst, Art. 1 Abs. 7 S. 2 MiFID II. Wie zu zeigen sein wird, bilden OTFs eine Ausnahme und können sowohl multilaterale als auch bilaterale Aspekte systemseitig beinhalten.[732] In jedem Fall müssen Systeme, die weder als multilaterale Systeme oder als systematische Internalisierung zu qualifizieren sind, den Anforderungen nach Titel III der MiFIR genügen, Art. 1 Abs. 7 S. 3 MiFIR.

---

727 *Harris*, Trading and Exchanges, 2010, S. 132ff.

728 *Degryse/Van Achter/Wuyts*, Crossing Networks, TILEC Discussion Paper, 2006, S. 1.

729 *Swinburne*, aaO, S. 5.

730 Erwägungsgrund Nr. 20 MiFIR. Zur gegenwärtigen Rechtslage nach MiFID I: *Kumpan*, Schwark/Zimmer, KMRK, 4. Aufl., WpHG, § 2, Rn. 90.

731 Erwägungsgrund Nr. 7 MiFIR.

732 Siehe sogleich unter Ziffer 2.

Abbildung 10: Regelungssystematik von Art. 1 Abs. 7 S. 1 MiFID II, eigene Darstellung.

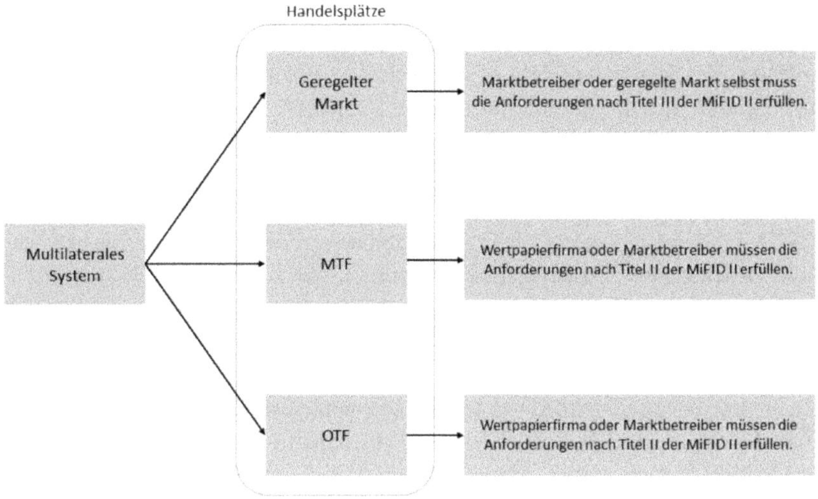

Die Prüfung, ob ein Handelssystem unter die aufsichtsrechtlichen Anforderungen der MiFID II fällt, ist daher nach folgenden Schritten durchzuführen:

Tabelle 6: Prüfungsschritte zur Ermittlung eines multilateralen Systems.[733]

1. Schritt	2. Schritt	3. Schritt
Ist ein multilaterales System gegeben?	Wenn ja, Pflicht zum Betrieb dieses Systems als GM, MTF oder OTF (Art. 1 Abs. 7 S. 1 MiFID II)	Prüfung der jeweiligen Marktkategorie
	Wenn nein, Prüfung, ob das System als bilaterales System einzuordnen ist.	Prüfung der Anforderungen an systematische Internalisierer gem. Art. 1 Abs. 7 S. 2 MiFID II
Systeme, die weder als multilaterale Systeme oder als systematische Internalisierung zu qualifizieren sind, müssen den Anforderungen nach Titel III der MiFIR genügen, Art. 1 Abs. 7 S. 3 MiFIR[733]		

733 Ferner auch Erwägungsgrund Nr. 112 MiFID II.

2. *Erweiterung der Marktkategorien um organisierte Handelssysteme (OTFs)*

Ein OTF ist ein spezielles multilaterales Handelssystem und wird definiert als ein multilaterales System, bei dem es sich nicht um einen geregelten Markt oder ein MTF handelt und das die Interessen einer Vielzahl Dritter am Kauf und Verkauf von Schuldverschreibungen, strukturierten Finanzprodukten, Emissionszertifikaten oder Derivaten innerhalb des Systems in einer Weise zusammenführt, die zu einem Vertrag gemäß Titel II der MiFID II führt, Art. 4 Abs. 1 Nr. 23 MiFID II. Dieser Kategorie nicht zugerechnet werden sollen Systeme, bei denen keine Geschäftsabschlüsse zustande kommen, wie z.B. Bulletin Boards, die für die Bekanntmachung von Kauf- und Verkaufsinteressen genutzt werden, oder Systeme, die nur potentielle Kauf- und Verkaufsinteressen bündeln (z.B. Trade Capture Plattformen)[734].[735] Betreiber eines OTFs können Marktbetreiber gem. Art. 4 Abs. 1 Nr. 18 MiFID II oder Wertpapierfirmen sein (OTF-Betreiber). Anforderungen an den Betrieb eines OTFs sind in den Art. 18, 20 MiFID II niedergelegt.

a) Begrenzung des Handels auf Nichteigenkapitalinstrumente

Ausweislich Art. 4 Abs. 1 Nr. 23 MiFID II dürfen ausschließlich Schuldverschreibungen, strukturierte Finanzprodukte, Emissionszertifikate oder Derivate auf OTFs gehandelt werden. Nach der Diktion der MiFIR werden diese als Nichteigenkapitalinstrumente erfasst.[736] ESMA favorisiert bei der Schaffung von Delegierten Rechtsakten zur Konkretisierung der MiFIR (sog. Regulatory Technical Standards - RTS) den sog. Classes of Financial Instruments Approach (COFIA), nach dem die Nichteigenkapitalinstrumente kategorisiert und entweder direkt Nichteigenkapitalinstrumenten oder anderen, weiteren Unterkategorien zugeordnet werden.[737] Aus dieser Zuordnung ergeben sich die konkreten Finanzinstrumente, die an einem OTF gehandelt werden können.

---

734 Trade Capture Plattformen (TCPs) sind Systeme, die Handelsinteressen zweier Parteien entweder an einen Handelsplatz weiterleiten, damit dort eine Transaktion eingegangen werden kann, oder es werden Handelsinteressen direkt an einen Zentralen Kontrahenten übermittelt zum Zwecke der Abwicklung. TCPs werden nicht Partei der Transaktion.

735 Siehe Erwägungsgrund Nr. 8 Uabs. 2 MiFIR.

736 Siehe Überschrift von Kapitel 2 der MiFIR.

737 *ESMA*, Discussion Paper, 22.05.2014, ESMA/2014/548, S. 112, 147.

Es ist wohl eher als redaktionelles Versehen zu qualifizieren, dass nach Art. 23 Abs. 1 MiFIR bei der Handelspflicht für Wertpapierfirmen das OTF zum Aktienhandel genutzt werden kann. In jedem Fall steht dies im Widerspruch zur OTF-Definition.

b) Einsatz von Eigenkapital des OTF-Betreibers zur Ausführung von Kundenaufträgen

aa) Anforderungen an die Zusammenführung sich deckender Kundenaufträge, Art. 20 Abs. 2, Art. 4 Abs. 1 Nr. 38 MiFID II

Grundsätzlich ist es einem OTF-Betreiber untersagt, in einem OTF unter Einsatz des Eigenkapitals, Kundenaufträge auszuführen, Art. 20 Abs. 1 MiFID II. Unter der Maßgabe, dass der jeweilige Kunde vorher zugestimmt hat, dürfen OTF-Betreiber auf die Zusammenführung sich deckender Kundenaufträge (matched principle trading) zurückgreifen (Art. 20 Abs. 2 MiFID II), welches auch den Einsatz von Eigenkapital des OTF-Betreibers umfasst[738]. Gem. Art. 4 Abs. 1 Nr. 38 MiFID II wird unter dem Begriff „Zusammenführung sich deckender Kundenaufträge" ein Geschäft verstanden, bei dem der betreffende Vermittler (facilitator)[739] zwischen dem mit dem Geschäft im Zusammenhang stehenden Käufer und Verkäufer in einer Weise zwischengeschaltet ist, dass er während der gesamten Ausführung des Geschäfts, bei dem beide Vorgänge gleichzeitig ausgeführt werden und das zu einem Preis abgeschlossen wird, bei dem der Vermittler abgesehen von einer vorab offengelegten Provision, Gebühr oder sonstigen Vergütung weder Gewinn noch Verlust macht, zu keiner Zeit einem Marktrisiko ausgesetzt ist. Derivate, die unter die Clearing-Pflicht gem. Art. 5 EMIR[740] fallen, dürfen nicht nach den vorgenannten Grundsätzen zusammengeführt werden.

Die Vorgaben zur Zusammenführung sich deckender Kundenaufträge ermöglichen bilateralen Handel in einem multilateralen System. Dies überrascht zunächst, ist doch wesentliches Merkmal eines multilateralen Systems die Interaktionsmöglichkeit der Interessen von einer Vielzahl von Dritten. Die Art und Weise der Interaktion ist allerdings ausweislich Erwägungsgrund Nr. 7 der MiFIR[741] (bei geregelten Märkten und MTFs) irrelevant, denn der Begriff „Interesse am Kauf und Verkauf", der in den Definitionen des geregelten Markts und des MTFs zu finden ist, ist im weiten Sinne zu verstehen und schließt Aufträge

738 Erwägungsgrund Nr. 9 UAbs. 3 MiFIR.

739 Englische Fassung von Art. 4 Abs. 1 Nr. 28 MiFID II.

740 Verordnung (EU) Nr. 648/2012.

741 Vormals Erwägungsgrund Nr. 6 der MiFID I.

(Orders), Kursofferten (Quotes) und Interessenbekundungen ein. Gegenwärtiges Verständnis bezüglich der Auslegung des Begriffs der Multilateralität eines Systems ist, dass innerhalb eines Systems die Handelsteilnehmer untereinander handeln können, d.h. die Interessen einer Vielzahl von Dritten interagieren können, selbst wenn zwei Parteien isoliert mit einander handeln und eine Transaktion mit einander eingehen (z.B. bei Request for Quote-Verfahren).[742] Ein multilaterales System kann daher *bilaterale Handelsmöglichkeiten* vorsehen. Zwar bezieht sich die relevante Passage in Erwägungsgrund Nr. 7 der MiFIR, die diesen Aspekt aufgreift, alleine auf geregelte Märkte und MTFs, eine entsprechende Klarstellung bedarf es jedoch bei OTFs aufgrund von Art. 20 Abs. 2 MiFID II nicht. Im Gegenteil: Die Möglichkeit, Eigenkapital für die Ausführung von Kundenaufträgen aufzuwenden, durchbricht das Multilateralitätsprinzip bei Handelsplätzen.

Für Eigenkapitalinstrumente stellt Art. 23 Abs. 2 MiFIR klar, dass ein internes System zur Zusammenführung von Kundenaufträgen als MTF betrieben werden muss. Allerdings ist gem. Art. 19 Abs. 5 MiFID II jeglicher Einsatz von Eigenkapital, auch mit Blick auf die Zusammenführung sich deckender Kundenaufträge, ausgeschlossen.[743]

bb) Handel von öffentlichen Schuldtiteln, für die kein liquider Markt besteht, Art. 20 Abs. 3 MiFID II

Außerhalb der Möglichkeiten von Art. 20 Abs. 2 MiFID II stellt Abs. 3 klar, dass ein Handel auf eigene Rechnung des OTF-Betreibers nur gestattet ist in Bezug auf öffentliche Schuldtitel, für die kein liquider Markt besteht. Faktisch bedeutet dies, dass der OTF-Betreiber nicht die Erlaubnis der Kunden einholen muss, um unter Aufwendung des Eigenkapitals Aufträge in öffentlichen Schuldtiteln auszuführen.[744]

c) Konfliktregelungen, Art. 18 Abs. 4, 20 Abs. 4, 5 MiFID II

Die Möglichkeit, bilateralen Handel unter Aufwendung von Eigenkapital des OTF-Betreibers durchzuführen, erfordert Regelungen, die Interessenkonflikten vermeiden. OTF-Betreiber müssen daher Vorkehrungen treffen, mit denen sich mögliche nachteilige Auswirkungen von Interessenkonflikte zwischen dem OTF, ihren Eigentümern oder den OTF-Betreiber selbst, und dem einwandfreien

742 *Kumpan*, in: Schwark/Zimmer, KMRK, WpHG, § 2, Rn. 90.
743 Diese Anforderung gilt gem. Art. 47 Abs. 2 MiFID II auch für geregelte Märkte.
744 Erwägungsgrund Nr. 9 UAbs. 3 MiFIR.

Funktionieren des OTF auf den Betrieb des OTF oder auf seine Mitglieder, Teilnehmer und Nutzer klar erkennen und regeln lassen, Art. 18 Abs. 4 MiFID II.

Ferner verbietet Art. 20 Abs. 4 MiFID II, dass ein OTF zu einem systematischen Internalisierer in einer Weise verbunden ist, dass die Interaktion von Aufträgen in einem OTF und Aufträgen oder Offerten in einem systematischen Internalisierer ermöglicht wird. Gleiches gilt mit Blick auf einen anderen OTF, wenn dadurch die Interaktion von Aufträgen in unterschiedlichen OTF ermöglicht wird. Der Betrieb eines OTF und die Durchführung der systematischen Internalisierung innerhalb derselben rechtlichen Einheit sind ebenfalls untersagt.

Im OTF darf nur unabhängig i.S.v. Art. 20 Abs. 5 S. 1 MiFID II Market Making betrieben werden. Eine Abhängigkeit liegt vor, wenn eine Wertpapierfirma, die intendiert Market Making im OTF zu betreiben, in enger Verbindung zum OTF-Betreiber steht. Eine enge Verbindung liegt unter den Voraussetzungen nach Art. 4 Abs. 1 Nr. 35 MiFID II vor.

d) Ermessensausübung bei der Auftragsausführung

Wesentliches Charakteristikum des OTFs ist, dass – anders als Betreiber eines geregelten Marktes oder eines MTFs – der Betreiber eines OTFs Orders nach eigenem Ermessen ausführen bzw. zusammenführen darf, Art. 20 Abs. 6 MiFID II. Ein Ermessen darf allerdings nur dann ausgeübt werden, wenn (i) der Betreiber darüber entscheidet, eine Order über das von ihm betriebene OTF zu platzieren oder zurückzunehmen, oder (ii) wenn der Betreiber darüber entscheidet, eine bestimmte Kundenorder nicht mit anderen, zu einem bestimmten Zeitpunkt im System vorhandenen Orders zusammenzuführen, sofern dies gemäß den spezifischen Anweisungen eines Kunden und den Best Execution-Verpflichtungen nach Art. 27 MiFID II erfolgt.

Art. 20 Abs. 6 UAbs. 2 MiFID II konkretisiert die Ermessensausübung in den oben genannten Fällen.

e) Geltung von Anlegerschutzvorschriften für am OTF abgeschlossene Geschäfte, Art. 20 Abs. 8 MiFID II

Ein weiteres wesentliches Charakteristikum ist die Geltung von Anlegerschutzvorschriften bei der Ausführung von Kundenaufträgen gem. Art. 20 Abs. 8 MiFID II. Welche Zielrichtung diese Anforderung besitzt, wird erst klar, wenn man sich die Bedeutung des Begriffs „Kunde“ in dieser Beziehung vergegenwärtigt. Kunden sind gem. Art. 4 Abs. 1 Nr. 9 MiFID II Personen, für die eine Wertpapierfirma Wertpapierdienstleistungen oder Nebendienstleistungen erbringt. Mit Blick auf Kundenaufträge, die ein OTF-Betreiber in seinem Handelssystem ausführt, kann nur die Wertpapierdienstleistung der Ausführung von Aufträgen im Namen von Kunden i.S.v. Anhang I Abschnitt A Nr. 2 der MiFID II gemeint sein. Führt der OTF-Betreiber (im Rahmen von Art. 20 Abs. 2 MiFID II) Kundenaufträge aus, ist er in seiner Funktion eher mit einem klassischen Broker-Dealer zu vergleichen, als mit einem Handelsplatzbetreiber, der Teilnehmern den Handel in seinem Handelssystem erlaubt. Diese Differenzierung wird mit Blick auf die Anforderungen, die in diesem Bereich für MTFs gelten, besonders deutlich: Die maßgeblichen Anlegerschutzvorschriften gelten gerade nicht für Geschäfte, die zwischen Teilnehmern bzw. Mitgliedern des MTFs abgeschlossen wurden. Teilnehmer bzw. Mitglieder von MTFs müssen in Bezug auf ihre Kunden die maßgeblichen Anlegerschutzvorschriften beachten, Art. 19 Abs. 4 S. 2 MiFID II.

Konkret gelten für Geschäfte, die an einem OTF abgeschlossen wurden, die Art. 24, 25, 27 und 28 MiFID II.

f) Umsetzung der Vorgaben im Rahmen des Entwurfs zum 2. FiMaNoG

Die Vorgaben der MiFID II werden in Deutschland im Rahmen des 2. FiMaNoG umgesetzt. Der Betrieb eines organisierten Handelssystems ist eine Wertpapierdienstleistung gem. § 2 Abs. 8 S. 1 Nr. 9 WpHG-E bzw. eine Finanzdienstleistung gem. § 1 Abs. 1a S. 2 Nr. 1c KWG-E und damit gem. § 32 Abs. 1 KWG seitens der BaFin erlaubnispflichtig. Der Betrieb eines OTF durch einen Börsenbetreiber steht ebenfalls unter einem Erlaubnisvorbehalt, welcher von der zuständigen Landesbörsenaufsichtsbehörde erteilt wird, § 48b S. 1 BörsG-E.

Die Anforderungen an den Betrieb eines OTF sind in den §§ 72 und 75 WpHG-E geregelt, welche den Art. 18 und 20 MiFID II nachempfunden sind. Ferner finden § 5 Abs. 4a BörsG-E, § 22a BörsG-E (Synchronisierung von im Geschäftsverkehr verwendeten Uhren), § 26c BörsG-E (Market Making-Vereinbarungen und Systeme) und § 26d BörsG-E (algorithmische Handelssysteme und elektronischer Handel) entsprechend Anwendung, § 72 Abs. 1 a.E. WpHG-E.

Das Regime zur Zusammenführung sich deckender Kundenaufträge ist in § 75 Abs. 2 WpHG-E niedergelegt. Bei der Umsetzung der europäischen Vorgaben wurde nicht nur eine Begriffsdefinition in § 2 Abs. 29 WpHG-E aufgenommen, sondern explizit die Pflicht des OTF-Betreibers in § 74 Abs. 2 S. 3 WpHG-E vorgesehen, dass der OTF-Betreiber sicherstellen muss, dass er während der gesamten Ausführung eines Geschäfts zu keiner Zeit einem Marktrisiko ausgesetzt ist, beide Vorgänge gleichzeitig ausgeführt werden und das Geschäft zu einem Preis abgeschlossen wird, bei dem der Betreiber abgesehen von einer vorab offengelegten Provision, Gebühr oder sonstigen Vergütung weder Gewinn noch Verlust macht. Besonderes Augenmerk fällt auf den Betrieb eines OTF an einer Börse und den dort geltenden Anforderungen an die Zusammenführung sich deckender Kundenaufträge gem. § 48b Abs. 3 und 4 BörsG-E, denen § 48b Abs. 2 BörsG-E vorangestellt ist. Hiernach müssen Börsenträger als Betreiber eines OTF geeignete Vorkehrungen treffen, durch die die Ausführung von Kundenaufträgen in dem OTF unter Einsatz des eigenen Kapitals des Betreibers oder eines Mitglieds derselben Unternehmensgruppe verhindert wird.

Mit Blick auf die anzuwendenden Anlegerschutzvorschriften normiert § 75 Abs. 9 WpHG-E bzw. § 48b Abs 9 BörsG-E, dass die allgemeinen Verhaltenspflichten, die gem. § 63 Abs. 1 Nr. 1 und Abs. 3 bis 7 WpHG-E für Wertpapierdienstleistungsunternehmen gelten, auch für OTF-Betreiber gelten. Dies bedeutet, dass OTF-Betreiber Anforderungen an den Vertrieb von Finanzinstrumenten (Vermeidung von Interessenkonflikten, Kundenaufklärung, Pflichten i.V.m. der Erbringung von Anlageberatung, etc.) unterliegen. Ferner finden gem. § 75 Abs. 9 WpHG-E bzw. § 48b Abs. 1 BörsG-E auch die Vorschriften zur Bearbeitung von Kundenaufträgen gem. § 69 WpHG-E, zu Zuwendungen gem. § 70 WpHG-E und zur bestmöglichen Ausführung von Kundenaufträgen (Best Execution) gem. § 82 WpHG-E Anwendung.

3. *Das neue Regime für die systematische Internalisierung*

a) *Feinkalibrierung der Definition für die systematische Internalisierung*

Ein systematischer Internalisierer wird gem. Art. 4 Abs. 1 Nr. 20 MiFID II definiert als „eine Wertpapierfirma, die in organisierter und systematischer Weise häufig in erheblichem Umfang Handel für eigene Rechnung treibt, wenn sie Kundenaufträge außerhalb eines geregelten Marktes oder eines MTF bzw. OTF ausführt, ohne ein multilaterales System zu betreiben". Die Kritik am Regelungsregime der MiFID I aufgreifend, entschied sich der EU-Gesetzgeber dazu, eine Feinkalibrierung der SI-Definition vorzunehmen. Hierzu werden die quantitativen Merkmale „in organisierter und systematischer Weise häufig" und „in erheblichem Umfang" wie folgt im Rahmen von Art. 4 Abs. 1 Nr. 20 MiFID II konkretisiert: Ob „in systematischer Weise häufig" gehandelt wird, bemisst sich nach der Zahl der OTC-Geschäfte mit einem Finanzinstrument, die von der Wertpapierfirma, im Falle der Ausführung von Kundenaufträgen, für eigene Rechnung durchgeführt werden. Ob „in erheblichem Umfang" gehandelt wird, bemisst sich entweder nach dem Anteil, den der OTC-Handel am Gesamthandelsvolumen der Wertpapierfirma in einem bestimmten Finanzinstrument hat, oder nach dem Umfang des OTC-Handels der Wertpapierfirma, bezogen auf das Gesamthandelsvolumen in der Union in einem bestimmten Finanzinstrument."

Die Definition eines systematischen Internalisierers findet nur Anwendung, wenn diese beiden festgesetzten Schwellenwerte überschritten werden. Ferner können Wertpapierfirmen freiwillig entscheiden, ob sie sich den Regeln für die systematische Internalisierung unterwerfen wollen.

Tabelle 7: Anwendungsbereich der systematischen Internalisierung nach MiFID II.

<table>
<tr><td colspan="3">Anwendungsbereich systematische Internalisierung</td></tr>
<tr><td colspan="2">Quantitative Kriterien</td><td>Materielle Kriterien</td></tr>
<tr><td>„in organisierter und systematischer Weise häufig“</td><td>„in erheblichem Umfang“</td><td rowspan="4">• bilateraler Handel (kein multilaterales System i.S.v. Art 4 Abs. 1 Nr. 19 MiFID II)
• außerhalb eines GM, MTFs oder OTFs
• auf eigene Rechnung</td></tr>
<tr><td>Maßgeblich ist die Anzahl der OTC-Geschäfte mit einem Finanzinstrument, die von der Wertpapierfirma für eigene Rechnung durchgeführt werden, wenn sie Kundenaufträge ausführt.</td><td>Entweder: Anteil, den der OTC-Handel am Gesamthandelsvolumen der Wertpapierfirma in einem bestimmten Finanzinstrument hat, oder nach dem Umfang des OTC-Handels der Wertpapierfirma, bezogen auf das Gesamthandels-volumen in der Union in einem bestimmten Finanzinstrument</td></tr>
<tr><td colspan="2">Beide Kriterien müssen erfüllt werden (oder opt-in).</td></tr>
<tr><td colspan="2">Anzuwenden auf Instrumentenebene</td></tr>
</table>

Die konkreten quantitativen Schwellenwerte, die für die Bestimmung maßgeblich sind, ob eine Wertpapierfirma als systematische Internalisierer in einem bestimmten Produkt anzusehen ist, ergeben sich aus den Art. 12ff. der Delegierten Verordnung 2017/565.

b) Heranziehung des Liquid Market-Konzepts zur Bestimmung der Definition der systematischen Internalisierung

Die Feststellung, ob eine Wertpapierfirma die Schwellenwerte überschritten hat, obliegt ihr selbst und sie ist gemäß Art. 18 Abs. 4 MiFIR verpflichtet, sich bei Überschreiten bei der zuständigen Aufsichtsbehörde zu melden. Die Schwellenwerte werden in RTS von der ESMA konkretisiert, die gem. Art. 50, 51 MiFIR i.V.m.

Art. 290, 288 AEUV als Delegierte Verordnung seitens der Kommission erlassen werden und welche unmittelbar in den Mitgliedstaaten anwendbar sind.

Bei der Konkretisierung der Schwellenwerte für die quantitativen Merkmale der SI-Definition zieht die ESMA das Liquid Market-Konzept heran und unterscheidet zwischen liquiden und illiquiden Instrumenten. Dieses Konzept dient originär der Feinkalibrierung des Transparenzregimes der MiFIR und basiert darauf, dass nur dann verbindliche Quotes zustellen sind, wenn das Finanzinstrument, in dem die Internalisierung betrieben wird, als „liquide" eingestuft wurde. Zwar wird gem. Art. 4 Abs. 1 Nr. 20 MiFID II bei der SI-Definition gar nicht zwischen liquiden und illiquiden Instrumenten unterschieden, ESMA nimmt dennoch bei der Konkretisierung der quantitativen Tatbestandsmerkmale eine derartige Unterscheidung vor. Gleichwohl ist die Differenzierung zwischen der Liquidität eines Instruments bei den quantitativen Kriterien der SI-Definition den tatsächlichen Gegebenheiten des Marktes angemessen.[745]

Ein Markt wird für Nichteigenkapitalinstrumente als liquide angesehen, wenn die Voraussetzungen des Art. 2 Abs. 1 Nr. 17 lit. a MiFIR erfüllt sind. Die ESMA konkretisiert die Methodologie zur Liquiditätsbewertung für Nichteigenkapitalinstrumente im Rahmen von Art. 13 Abs. 1 der Delegierten Verordnung (EU) 2017/583 (RTS 2)[746]. Grundsätzlich kann eine Liquiditätsbewertung statisch oder aufgrund einer periodischen Beurteilung anhand von quantitativen und/oder qualitativen Merkmalen erfolgen. Ein Markt wird für Eigenkapitalinstrumente als liquide angesehen, wenn die Voraussetzungen des Art. 2 Abs. 1 Nr. 17 lit. b MIFIR vorliegen. Die ESMA konkretisiert die Methodologie zur Liquiditätsbewertung für Eigenkapitalinstrumente im Rahmen von Art. 17 Abs. 1, Art. 4 Delegierte Verordnung (EU) 2017/587 (RTS 1)[747].

---

745 Siehe schon zur gegenwärtigen Rechtslage *Assmann*, in: Assmann/Schneider, WpHG. § 32a, Rn. 6.

746 Delegierte Verordnung (EU) 2017/583 der Kommission vom 14.07.2016 zur Ergänzung der Verordnung (EU) Nr. 600/2014 des Europäischen Parlaments und des Rates über Märkte für Finanzinstrumente durch technische Regulierungsstandards zu den Transparenzanforderungen für Handelsplätze und Wertpapierfirmen in Bezug auf Anleihen, strukturierte Finanzprodukte, Emissionszertifikate und Derivate, ABl. v. 31.03.2017, L 87/229.

747 Delegierte Verordnung (EU) 2017/587 der Kommission vom 14.07.2016 zur Ergänzung der Verordnung (EU) Nr. 600/2014 des Europäischen Parlaments und des Rates über Märkte für Finanzinstrumente durch technische Regulierungsstandards mit Transparenzanforderungen für Handelsplätze und Wertpapierfirmen in Bezug auf Aktien, Aktienzertifikate, börsengehandelte Fonds, Zertifikate und andere vergleichbare Finanzinstrumente und mit Ausführungspflichten in Bezug auf

c) *Abgrenzung zwischen OTF und systematischer Internalisierung*

Handel in Nichteigenkapitalinstrumenten, der gegenwärtig im außerbörslichen Bereich stattfindet, kann in Zukunft auf allen drei Handelsplätzen oder im Rahmen der systematischen Internalisierung stattfinden. Hier ist insbesondere die Abgrenzung zwischen der systematischen Internalisierung und dem OTF relevant, da beide wesentliche bilaterale Handelsmöglichkeiten eröffnen.

Während Handelsplätze, zu denen auch OTFs gehören, Einrichtungen sind, in denen die Interessen einer Vielzahl Dritter am Kauf und Verkauf innerhalb des Systems zusammengeführt werden, sollte es einem systematischen Internalisierer nicht gestattet sein, in funktional gleicher Weise wie die Handelsplätze Kauf- und Verkaufsinteressen Dritter zusammenzuführen. So sollte beispielsweise eine Single-Dealer-Plattform, bei der der Handel immer mit einer einzigen Wertpapierfirma abgewickelt wird, als systematische Internalisierer gelten, sofern die in der MiFIR enthaltenen Anforderungen eingehalten werden. Hingegen sollte eine sog. Multi-Dealer-Plattform, auf der viele Händler für dasselbe Finanzinstrument interagieren, nicht als systematischer Internalisierer gelten.

Als wesentliches Abgrenzungskriterium wird in der Literatur der unbeschränkte Einsatz von Eigenkapital bei der Ausführung von Kundenaufträgen gesehen, wozu ausschließlich der systematische Internalisierer berechtigt ist. Zwar dürfen OTF-Betreiber gem. Art. 20 Abs. 1 MiFID II grundsätzlich kein Eigenkapital einsetzen, Art. 20 Abs. 2 MiFID II normiert jedoch, dass bei Einverständnis des Kunden sehr wohl Eigenkapital aufgewendet werden darf. Inwiefern in der Praxis durch AGB-Recht die Ausnahme zur Regel gemacht werden wird, wird abzuwarten sein.

Meines Erachtens ist ein weiteres Abgrenzungskriterium erforderlich, nämlich das der „risikolosen Gegenpartei“. Wesensmerkmal der „Zusammenführung sich deckender Kundenaufträge“ ist, dass das OTF in einer Weise zwischengeschaltet ist, dass dieses während der gesamten Ausführung des Geschäfts zu keiner Zeit einem Marktrisiko ausgesetzt ist, und bei dem beide Transaktionen (Kauf und Verkauf) gleichzeitig ausgeführt werden. Dies ist nur möglich, wenn diese beiden Transaktionen Zug-um-Zug erfüllt werden i.S.d. Legaldefinition aus § 274 Abs. 1 BGB.

---

bestimmte Aktiengeschäfte an einem Handelsplatz oder über einen systematischen Internalisierer, ABl. v. 31.03.2017, L 87/387.

d) Transparenz- und Kontrahierungsregeln

Die Transparenzregeln für systematische Internalisierer sind in der MiFIR niedergelegt und unterscheiden zwischen Eigen- und Nichteigenkapitalinstrumenten. Das Transparenzkonzept der MiFIR sieht dabei nach Maßgabe der Art. 14, 15 und 18 MiFIR grundsätzlich vor, (verbindliche) Quotes zu veröffentlichen (Transparenz) und dass auf diese Quotes korrespondierende Kundenorders auszuführen sind (Kontrahierungszwang).

Generell unterliegen systematische Internalisierer nur dann diesen Pflichten im Bereich der Vorhandelstransparenz, wenn sie Quotes stellen, die kleiner oder gleich dem maßglichen Schwellenwert für die jeweilige Instrumentenklasse sind, in der sie die Internalisierung betreiben, Art. 14 Abs. 2, 18 Abs. 10 MiFIR. Bei Nichteigenkapitalinstrumenten ist dies die instrumentenspezifische Größe (size specific to instrument – SSTI). Ob ein verbindlicher Quote gestellt werden muss, hängt letztlich von einer weiteren Stellschraube ab, nämlich dem Liquid Market-Konzept. Das Finanzinstrument, in dem die Internalisierung betrieben wird, muss als „liquide" eingestuft worden sein, Art. 14 Abs. 1 Unterabs. 2, 18 Abs. 1 MiFIR.

aa) Regeln für Eigenkapitalinstrumente

(1) Pflicht zur Abgabe von verbindlichen Quotes

Systematische Internalisierer sind grundsätzlich gehalten, bei der Internalisierung mit Eigenkapitalinstrumenten, verbindliche Quotes zu stellen, Art. 14 Abs. 1 Unterabs. 1 MiFIR. Unter Eigenkapitalinstrumenten werden neben Aktien nunmehr auch die Aktien vergleichbaren Aktienzertifikate, börsengehandelte Fonds, Zertifikate und andere, diesen Instrumente vergleichbaren Finanzinstrumente verstanden, die über eine Börse, ein MTF oder ein OTF gehandelt werden. Sie fallen unter den sachlichen Anwendungsbereich des Art. 14 Abs. 1 Unterabs. 1 MiFIR, wenn sie in einem Volumen unter dem SMS-Schwellenwert quotieren und als liquide gelten, Art. 14 Abs. 1, 2 MiFIR.

(2) Abgabe von Quotes bei illiquiden Eigenkapitalinstrumenten

Handelt es sich um ein illiquides Instrument, stellt der systematische Internalisierer auf Anfrage Quotes, Art. 14 Abs. 1 Unterabs. 2 MiFIR. Es handelt sich hierbei grundsätzlich um indikative Quotes.[748] Zwar legt Art. 14 Abs. 3 S. 2 MiFIR die Anforderungen an einen Quote dergestalt fest, dass ein Quote u.a. aus

748 *ESMA*, Consultation Paper, 19.12.2014, ESMA/2014/1570, S. 68.

einem verbindlichen Geld- und/oder Briefkurs besteht, woraus gefolgert werden könnte, dass auch bei illiquiden Eigenkapitalinstrumenten verbindliche Quotes bereitgestellt werden müssten. Die Anforderungen des Art. 14 Abs. 3 S. 2 MiFIR an das Stellen von Quotes sind ausweislich der englischen Version der MiFIR alternativ zu verstehen. Das bedeutet, dass in jedem Falle ein Quote entweder aus einem verbindlichen Geld- und/oder Briefkurs besteht, oder aus Briefkursen für eine Größe oder Größen bis zum SMS-Schwellenwert für die jeweilige Kategorie von Eigenkapitalinstrumenten, der das Finanzinstrument angehört. Letztlich würde das Stellen verbindlicher Quotes bei illiquiden Instrumenten auch dem Sinn und Zweck des Liquid Market-Konzepts des Transparenzregimes der MiFID zuwiderlaufen.

(3) Anforderungen an das Stellen von Quotes und zur Ausführung

Unabhängig davon, ob ein Eigenkapitalinstrument als liquide eingestuft wurde, bestehen gem. Art. 14 MiFIR auch generelle Vorgaben an das Stellen von Quotes. Flankiert werden diese Vorschriften von den Anforderungen des Art. 15 MiFIR zur Ausführung von Kundenorders. Systematische Internalisierer müssen beim Stellen von Quotes Art. 14 Abs. 3 S. 2 MiFIR beachten. Die Preise müssen den vorherrschenden Marktbedingungen entsprechen, Art. 14 Abs. 3 S. 3 MiFIR. Ferner besteht bei der Internalisierung mit Eigenkapitalinstrumenten ein Mindestquotierungsvolumen in Höhe von mindestens 10 % des SMS-Schwellenwerts, Art. 14 Abs. 3 MiFIR. Veröffentlichungspflichtige Informationen sind demnach die aktuellen Geld- und Briefkurse zu einem festen Volumen unter dem SMS-Schwellenwert, das jedoch zwischen der Untergrenze und dem SMS-Schwellenwert von den systematischen Internalisierern frei gewählt werden kann, Art. 14 Abs. 3 S. 1 MiFIR.

Erhält ein systematischer Internalisierer eine korrespondierende Kundenorder für einen von ihm gestellten Quote, muss die Kundenorder zu den quotierten Preisen unter Berücksichtigung von Art. 27 MiFID II ausgeführt werden, Art. 15 Abs. 2 MiFIR. Sie besitzen nur dann ein Ermessen darüber, ob eine Kundenorder zur Ausführung gebracht wird, wenn das Volumen der Kundenorder sich über dem quotierten Volumen, aber noch unter dem SMS-Schwellenwert bewegt, Art. 15 Abs. 4 MiFIR. Eine Ausnahme zum Kontrahierungszwang nach Art. 15 Abs. 2 MiFIR wird in Art. 15 Abs. 3 MiFIR festgelegt, wonach zu anderen als den quotierten Preisen ausgeführt werden darf, wenn es sich bei dem Kunden um einen professionellen Kunden handelt und wenn eine Vielzahl von Wertpapieren gehandelt werden, die tatsächlich Teil einer Transaktion sind. Gleiches gilt bei Kundenorders eines professionellen Kunden, wenn die Orders zu anderen Bedingungen als den gegenwärtigen Marktpreis gestellt wurden, Art. 15 Abs. 3 MiFIR.

Um diejenigen systematischen Internalisierer nicht zu benachteiligen, die indikative Quotes für illiquide Eigenkapitalinstrumente stellen, muss der Kontrahierungszwang gem. Art. 15 Abs. 2 MiFIR teleologisch reduziert werden auf die Fälle, in denen der systematische Internalisierer tatsächlich verpflichtet ist, verbindliche Quotes zu stellen. Art. 15 Abs. 2 MiFIR kann nur für Quotes i.S.v. Art. 14 Abs. 1 Unterabs. 1 MiFIR gelten. Ein Kontrahierungszwang besteht daher nur bei Quotes für liquide Eigenkapitalinstrumente, die zu einem Volumen unterhalb des SMS-Schwellenwerts quotiert werden.

Generell dürfen systematische Internalisierer die Anzahl der Transaktionen, die sie mit einem einzigen Kunden eingehen, beschränken, Art. 17 Abs. 2 MiFIR. In Ausnahmefällen soll es gestattet sein, die Anzahl der Transaktion mit verschiedenen Kunden zu beschränken, die in einem Zeitpunkt gleichzeitig geschlossen werden sollen, sofern die Anzahl und/oder das Volumen der Kundenorders in ihrer Gesamtheit außer Verhältnis stehen, Art. 17 Abs. 2 MiFIR. Die jeweiligen systematische Internalisierer können selbst festlegen, wem gegenüber sie ihre Quotes veröffentlichen, Art. 15 Abs. 1 MiFIR. Sie sind während der üblichen Handelszeiten auf kontinuierlicher Basis zu veröffentlichen, Art. 15 Abs. 1 MiFIR.

Aufgrund des Erfordernisses, verbindliche Quotes bis zum SMS-Schwellenwert und nicht darüber hinaus zu stellen, existieren bei der systematischen Internalisierung keine Ausnahmetatbestände im Bereich der Vorhandelstransparenz. Art. 14 bis 17 MiFIR sind nicht anzuwenden, wenn der systematische Internalisierer Quotes zu einem Volumen stellt, das über dem SMS-Schwellenwert ist, Art. 14 Abs. 2 S. 2 MiFIR.

(4) Anforderungen an die Nachhandelstransparenz

Im Rahmen der Nachhandelstransparenz müssen Preis, Volumen und Zeitpunkt der Transaktion veröffentlicht werden, Art. 20 Abs. 1 MiFIR. Diese Informationen sind über ein sog. genehmigtes Veröffentlichungssystem (approved publication arrangement – APA) zu veröffentlichen. In Ausnahmefällen ist eine verzögerte Veröffentlichung möglich.

bb) Regeln für Nichteigenkapitalinstrumente

(1) Pflicht zur Abgabe von verbindlichen Quotes

Unter den Voraussetzungen des Art. 18 Abs. 1 MiFIR sind systematische Internalisierer verpflichtet, bei Nichteigenkapitalinstrumenten, die über einen geregelten Markt, einem MTF oder einem OTF gehandelt werden, verbindliche Quotes zu stellen. Der sachliche Anwendungsbereich ist eröffnet, wenn das jeweilige Nichteigenkapitalinstrument in einem Volumen unter dem SSTI-Schwellenwert quotiert wird und als liquide eingestuft wurde, Art. 18 Abs. 2, Abs. 6 Unterabs. 2 MiFIR. Der SSTI-Schwellenwert ist z.B. bei Zertifikaten gegenwärtig von der ESMA auf 50.000 € festgelegt worden.[749] Anders als bei Eigenkapitalinstrumenten besteht kein Mindestquotierungsvolumen bei Nichteigenkapitalinstrumenten. Die Verpflichtung, verbindliche Quotes zu veröffentlichen, besteht nur dann, wenn sie für einen Quote eines Kunden des systematischen Internalisierers erforderlich ist und der systematische Internalisierer mit der Abgabe eines Quotes einverstanden ist, Art. 18 Abs. 1 MiFIR. Wann eine „Erforderlichkeit" in diesem Sinne gegeben ist, ist nicht geregelt und wird auch von der ESMA nicht weiter dargelegt. Es ist davon auszugehen, dass eine Erforderlichkeit jedenfalls dann vorliegt, wenn der systematische Internalisierer Systeme betreibt, bei denen nicht direkt mit dem Endkunden kontrahiert wird, sondern Quotes an Banken und andere Wertpapierdienstleister geliefert werden, die diese dann an ihre Kunden weiterreichen und mit diesen unmittelbar Verträge eingehen. Eine Verpflichtung zum Stellen verbindlicher Quotes entfällt, wenn das jeweilige Nichteigenkapitalinstrument, für das die Internalisierung betrieben wird, unter den von der zuständigen Behörde festgelegten Liquiditätsschwellenwert nach Art. 9 Abs. 4 MiFIR fällt.

Die Quotes nach Art. 18 Abs. 1 MiFIR sind Angebote *ad incertas personas*, die mit Veröffentlichung verbindlich werden.[750] Sie bilden folglich keine *invitatio ad offerendum* an den jeweiligen Kunden, der dann gehalten wäre, ein verbindliches Angebot zu übermitteln. Der systematische Internalisierer kann den Zugang zu seinen veröffentlichten Quotes in objektiver und nicht-diskriminierender Weise durch eine eindeutige Regelung in seinen Geschäftsbedingungen beschränken, Art. 18 Abs. 5 S. 2 MiFIR. Das Angebot ist damit beschränkt auf die unbestimmte

749 *ESMA*, Regulatory Technical and Implementing Standards – Annex I, 28.09.2015, ESMA/2015/1464, RTS 2, Annex III, Ziffer 4, Tabelle 4.2.

750 Dies ist deckungsgleich mit der gegenwärtigen Rechtslage des § 32a Abs. 1 WpHG; ferner RegE zum Finanzmarkt-Richtlinien-Umsetzungsgesetz (FRUG), BT-Drucks. 16/4028, S. 69.

Zahl von Personen, die der systematische Internalisierer einen Zugang zu seinen Quotes einräumt. Da den systematischen Internalisierern das Recht zusteht, jederzeit ihre Quotes aktualisieren zu dürfen gem. Art. 18 Abs. 3 S. 1 MiFIR, entfällt mit der Veröffentlichung des nächsten verbindlichen Quotes die Bindungswirkung des vorherigen. Der systematische Internalisierer kann in objektiver und nicht-diskriminierender Weise durch eine eindeutige Regelung in seinen Geschäftsbedingungen ein Limit festsetzen, bis zu dem er bereit ist, mit seinen Kunden Verträge einzugehen, Art. Art. 18 Abs. 7 MiFIR.

Entscheidet sich ein systematischer Internalisierer dazu, verbindliche Quotes an einen Kunden zu veröffentlichen, ist er verpflichtet, an alle anderen seiner Kunden den jeweiligen verbindlichen Quote zu veröffentlichen. Der systematische Internalisier ist bei der Veröffentlichung dieser Quotes verpflichtet, auch mit den anderen Kunden eine Transaktion einzugehen, sofern korrespondierende Kundenorders abgegeben werden und das Volumen hinter den Quotes den SSTI-Schwellenwert nicht überschreitet, Art. 18 Abs. 6 MiFIR.

(2) Abgabe von Quotes bei illiquiden Nichteigenkapitalinstrumenten

Handelt es sich um ein illiquides Instrument, stellt der systematische Internalisierer auf Anfrage (indikative) Quotes, Art. 18 Abs. 2 S. 1 MiFIR. Im Rahmen der Internalisierung mit illiquiden Eigenkapitalinstrumenten besteht keine Verpflichtung, überhaupt Quotes zu stellen, wenn der systematische Internalisierer sich hierzu nicht bereit erklärt, Art. 18 Abs. 2 S. 1 MiFIR. Bezüglich der Verpflichtung aus Art. 18 Abs. 2 S. 1 MiFIR kann er sogar nach Maßgabe von Art. 9 Abs. 1 MiFIR gänzlich befreit werden, Art. 18 Abs. 2 S. 2 MiFIR. Art. 9 Abs. 1 MiFIR regelt originär die Ausnahmetatbestände vom Transparenzregime im Vorhandelsbereich für den Handel mit Nichteigenkapitalinstrumenten über Handelsplätze. Für die systematische Internalisierung bestehen Möglichkeiten für eine Ausnahme bei Quotes, deren Volumen den sog. LIS-Schwellenwert (Schwellenwert für großvolumige Transaktionen: large in scale – LIS) überschreiten (Art. 9 Abs. 1 lit. a MiFIR), bei verbindlichen Interessenbekundungen in Preisanfragesystemen (Art. 9 Abs. 1 lit. b MiFIR) und bei Derivaten, die nicht der in Art. 28 MiFIR festgelegten Pflicht zum Handel unterliegen (Art. 9 Abs. 1 lit. c MiFIR). Die Vorschriften der Art. 18 Abs. 3, 7 und 9 gelten auch bei illiquiden Nichteigenkapitalinstrumenten.

(3) Pflichten im Bereich der Nachhandelstransparenz

Im Rahmen der Nachhandelstransparenz müssen Preis, Volumen und Zeitpunkt der Transaktion veröffentlicht werden, Art. 21 Abs. 1 MiFIR. Diese Informationen sind über ein sog. genehmigtes Veröffentlichungssystem (Approved Publication Arrangement – APA) zu veröffentlichen. Dabei ist jede individuelle Transaktion einmal durch ein APA zu veröffentlichen, Art. 21 Abs. 2 MiFIR. In Ausnahmefällen ist auch hier eine verzögerte Veröffentlichung möglich.

e) Umsetzung in Deutschland im Rahmen des Entwurfs zum 2. FiMaNoG

Die systematische Internalisierung ist eine erlaubnispflichtige Tätigkeit gem. § 32 Abs. 1 KWG i.V.m. § 1 Abs. 1a S. 2 Nr. 4 lit. b KWG-E sowie eine Wertpapierdienstleistung i.S.v. § 2 Abs. 8 S. 1 Nr. 2 lit. b WpHG-E. Art. 4 Abs. 1 Nr. 20 MiFID II wird jeweils in § 1 Abs. 1a S. 3-5 KWG und in § 2 Abs. 8 S. 3-5 WpHG-E umgesetzt. Gem. § 79 WpHG-E sind WPU, die als systematischer Internalisierer tätig sind, verpflichtet, dies der BaFin unverzüglich mitzuteilen. Sonstige Regelungen der MiFID II-Gesetzgebung sind ansonsten in der MiFIR oder in Delegierten Rechtsakten niedergelegt.

4. Transparenzvorschriften für Handelsplätze

a) Regeln für Eigenkapitalinstrumente im Bereich der Vorhandelstransparenz

Betreiber von geregelten Märkten, MTFs und OTFs veröffentlichen die aktuellen Geld- und Briefkurse und das dazugehörige Volumen zu diesen Kursen, die über ihre Systeme für Eigenkapitalinstrumente an dem jeweiligen Handelsplatz gehandelt werden, Art. 3 Abs. 1 MiFIR. Ausdrücklich werden auch verbindliche Interessenbekundungen erfasst, Art. 3 Abs. 1 S. 2 MiFIR. Die Anforderungen im Bereich der Vorhandelstransparenz sind auf die verschiedenen Arten von Handelssystemen individuell zugeschnitten, Art. 3 Abs. 2 MiFIR.[751] Die Daten sind während der üblichen Handelszeiten auf kontinuierlicher Basis zu veröffentlichen, Art. 3 Abs. 1 S. 3 MiFIR.

b) Ausnahmen zur Vorhandelstransparenz

Die jeweilige zuständige Behörde kann Marktbetreiber nach den Voraussetzungen von Art. 4 Abs. 1 MiFIR von den Pflichten im Bereich der Vorhandelstransparenz befreien. Die Ausnahmetatbestände entsprechen denen der MiFID I und unterteilen sich auch im Rahmen der MIFID II noch in die Kategorien: (i) Ausnahmen für Referenzpreissysteme, (ii) Ausnahmen für vorverhandelte Transaktionen, (iii) Ausnahmen für Blockorders und (iv) Ausnahmen für Auftragsverwaltungssysteme.

---

751 Siehe auch Erwägungsgrund Nr. 16 MiFIR.

aa) Ausnahme für Referenzpreissysteme, Art. 4 Abs. 1 lit. a MiFIR

Art. 4 Abs. 1 lit. a MiFIR sieht für Referenzpreissysteme eine Ausnahme vor. Demnach sind Systeme für das Zusammenführen von Aufträgen, die auf einer Handelsmethode gründen, bei der der Kurs des Finanzinstruments gemäß Art. 3 Abs. 1 MiFIR aus dem Handelsplatz, auf dem das Finanzinstrument erstmals zum Handel zugelassen wurde, oder aus dem unter Liquiditätsaspekten wichtigsten Markt abgeleitet wird, ausgenommen, sofern dieser Referenzkurs eine breite Veröffentlichung erfährt und von den Marktteilnehmern als verlässlicher Referenzkurs angesehen wird. Neu im Vergleich zur MiFID-DVO ist, dass Art. 4 Abs. 1 MiFIR nun auch Anforderungen an den Referenzmarkt selbst stellt. So fallen nur solche Systeme unter den Ausnahmetatbestand von Art. 4 Abs. 1 MiFIR, bei denen der Referenzkurs gemäß Art. 4 Abs. 2 MiFIR festgelegt wird. Einerseits kann der Mittelwert der aktuellen Geld- und Briefkurse an dem Handelsplatz, an dem das Finanzinstrument erstmals zum Handel zugelassen wurde, oder an dem nach Liquiditätsaspekten wichtigsten Markt, herangezogen werden, Art. 4 Abs. 2 lit. a MiFIR. Kann dieser Mittelwert nicht festgestellt werden, kann andererseits der Eröffnungs- oder Schlusskurs des betreffenden Handelstages als Referenzkurs bestimmt werden, Art. 4 Abs. 2 lit. b MiFIR. In diesem Fall darf der Referenzkurs nur außerhalb des durchgehenden Handelszeitraums des betreffenden Geschäftstages für das Zusammenführen von Aufträgen genutzt werden, Art. 4 Abs. 2 S. 2 MiFIR.

Die Anforderungen an Art. 4 Abs. 1 lit. a MiFIR werden konkretisiert durch RTS 1. Das Kriterium des „unter Liquiditätsaspekten wichtigsten Markts" ist gem. Art. 4 Abs. 1 RTS 1 der Handelsplatz mit dem höchsten Umsatz in dem jeweiligen Eigenkapitalinstrument innerhalb der Union. Die konkrete Berechnung des Umsatzes wird gem. Art. 4 Abs. 2, 3 RTS 1 festgelegt. Gibt es noch keine Daten zur Berechnung des Umsatzes gilt gem. Art. 4 Abs. 4 RTS 1 der Handelsplatz „unter Liquiditätsaspekten wichtigsten Markts", bei dem das jeweilige Eigenkapitalinstrument zuerst zum Handel zugelassen wurde.

bb) Ausnahme für vorverhandelte Transaktionen, Art. 4 Abs. 1 lit. b MiFIR

Ferner können die jeweiligen zuständigen Behörden eine Ausnahme von Art. 3 Abs. 1 MiFIR gewähren, bei Systemen, die ausgehandelte Geschäfte formalisieren und einer der drei Fallkonstellationen nach Art. 4 Abs. 1 lit. b MiFIR unterfallen. Zunächst werden Geschäfte erfasst, die innerhalb des aktuellen gewichteten Spreads abgeschlossen werden, so wie er im Orderbuch wiedergegeben wird, oder zu den Kursofferten der Market Maker des Handelsplatzes, der das System betreibt, Art. 4 Abs. 1 lit. b, Ziffer i MiFIR. In diesem Falle müssen die Bedingungen von Art. 5 MiFIR erfüllt sein. Ferner werden Geschäfte in Bezug auf illiquide Eigenkapitalinstrumente, die nicht unter den Begriff des liquiden Marktes fallen und die innerhalb eines Prozentsatzes eines angemessenen Referenzpreises angeboten wurden, wobei Geld- und Briefkurs vorher vom Systembetreiber festgelegt worden sind, Art. 4 Abs. 1 lit. b, Ziffer ii MiFIR. Die Systeme der Handelsplätze, die ausgehandelte Geschäfte formalisieren, müssen den Anforderungen des Art. 4 Abs. 3 MiFIR entsprechen.

Alternativ werden Fälle erfasst, in denen auf die Geschäfte andere Bedingungen anwendbar sind als der jeweils geltende Marktkurs des betreffenden Finanzinstruments, Art. 4 Abs. 1 lit. b, Ziffer iii MiFIR. Bei letzteren Geschäften handelt es sich um Transaktionen, die nicht zur Kursbildung beitragen. Die ESMA hat in Art. 6 RTS 1 eine abschließende Liste von Geschäften vorgelegt, bei denen sie davon ausgeht, dass diese nicht zur Kursbildung beitragen.

cc) Beschränkung der Ausnahmen durch den Mechanismus zur Begrenzung des Volumens, Art. 5 MiFIR

Um sicherzustellen, dass die Inanspruchnahme der Ausnahmen für Referenzpreissysteme nach Art. 4 Abs. 1 lit. a MIFIR und für vorverhandelte Transaktionen nach Art. 4 Abs. 1 lit. b Ziffer i MiFIR die Kursbildung nicht unverhältnismäßig stark beeinträchtigt, wird der Handel unter diesen Ausnahmen gem. Art. 5 MiFIR beschränkt. Die Beschränkung setzt sich konkret aus zwei volumenbasierten Schwellenwerten (sog. double volume cap mechanism) zusammen, die alternativ gelten:

- (i) der Prozentsatz der Handelsgeschäfte mit einem Finanzinstrument an einem Handelsplatz unter Inanspruchnahme der Ausnahmen für Referenzpreissysteme nach Art. 4 Abs. 1 lit. a MIFIR oder für vorverhandelte Transaktionen nach Art. 4 Abs. 1 lit. b Ziffer i MiFIR darf 4 % des gesamten Handelsvolumens des betreffenden Finanzinstruments an allen Handelsplätzen der gesamten Union in den vorangegangenen 12 Monaten nicht überschreiten (Art. 5 Abs. 1 lit. a MiFIR);
- (ii) EU-weit darf der Handel mit einem Finanzinstrument unter Inanspruchnahme der vorgenannten Ausnahmen 8 % des gesamten Handelsvolumens des betreffenden Finanzinstruments an allen Handelsplätzen der gesamten Union in den vorangegangenen 12 Monaten nicht überschreiten (Art. 5 Abs. 1 lit. b MIFIR).

Der Mechanismus zur Begrenzung des Volumens gilt kumulativ. Die erste Volumenbegrenzung beschränkt den Einsatz der Ausnahmen zur Vorhandelstransparenz für Referenzpreissysteme und vorverhandelten Transaktionen pro Handelsplatz. Die zweite Volumenbegrenzung erfasst alle Handelsplätze in der EU. Der Mechanismus zur Begrenzung des Volumens gilt bei vorverhandelten Transaktionen gem. Art. 5 Abs. 1 MiFIR nur bei solchen Geschäften, die innerhalb des aktuellen gewichteten Spreads abgeschlossen werden, Art. 5 Abs. 1 i.V.m. Art. 4 Abs. 1 lit. b Ziffer i MiFIR. Dies bedeutet, dass bei Geschäften, die zu anderen Konditionen als dem gegenwärtigen Marktpreis geschlossen werden (Art. 4 Abs. 1 lit. b Ziffer iii MiFIR), und bei Geschäften in nicht liquiden Eigenkapitalinstrumenten (Art. 4 Abs. 1 lit. a Ziffer ii MiFIR) Art. 5 MiFIR nicht zur Anwendung kommt.

Um sicherzustellen, dass die Überwachung des Handels unter Inanspruchnahme der Ausnahmen für Referenzpreissysteme nach Art. 4 Abs. 1 lit. a MIFIR und für vorverhandelte Transaktionen nach Art. 4 Abs. 1 lit. b Ziffer i MiFIR auf verlässlicher Grundlage erfolgt und damit zuverlässig festgestellt werden kann, ob die vorgenannten Schwellenwerte überschritten wurden, sind die Betreiber von Handelsplätzen verpflichtet, Systeme und Verfahren einzurichten, die die Identifizierung aller Handelsgeschäfte ermöglichen, die an ihren Handelsplätzen unter Inanspruchnahme der vorgenannten Ausnahmen getätigt wurden, und mit denen sichergestellt wird, dass der im Rahmen dieser Ausnahmen nach Art. 5 Abs. 1 lit. a MiFIR zulässige Prozentsatz von Handelsgeschäften unter keinen Umständen überschritten wird, Art. 5 Abs. 7 MiFIR.

Art. 5 MiFIR wird konkretisiert durch die Delegierte Verordnung (EU) 2017/577 (RTS 3)[752]. Für alle Finanzinstrumente, die unter die Vorhandelstransparenzanforderungen nach Art. 3 MiFIR fallen, sind Handelsplätze verpflichtet, das Gesamthandelsvolumen gegenüber der zuständigen Behörde offenzulegen sowie die jeweiligen Handelsvolumina gegenüber der zuständigen Behörde offenzulegen, die der Inanspruchnahme der Ausnahmen für Referenzpreissysteme nach Art. 4 Abs. 1 lit. a MIFIR oder für vorverhandelte Transaktionen nach Art. 4 Abs. 1 lit. b Ziffer i MiFIR zuzuordnen sind, Art. 6 Abs. 1 RTS 3. Gleiches

752 Delegierte Verordnung (EU) 2017/577 der Kommission vom 13.07.2016 zur Ergänzung der Verordnung (EU) Nr. 600/2014 des Europäischen Parlaments und des Rates über Märkte für Finanzinstrumente durch technische Regulierungsstandards für den Mechanismus zur Begrenzung des Volumens und die Bereitstellung von Informationen für Transparenz- und andere Berechnungen, ABl. v. 31.03.2017, L 87/174.

gilt für CTPs gem. Art. 6 Abs. 2 RTS 3. Für die Berechnung der Handelsvolumen gilt Art. 6 Abs. 4 RTS 3.

Gem. Art. 2 Abs. 2 i.V.m. Art. 1 Abs. 1 lit. g RTS 3 kann die zuständige Behörde von Handelsplätzen, APAs und CTPs, sofern erforderlich, zusätzliche Informationen zum Zwecke der Beaufsichtigung und Festlegung der volumenbasierten Schwellen anfordern.[753]

Die ESMA veröffentlicht innerhalb von fünf Arbeitstagen nach Ablauf eines jeden Kalendermonats das Gesamtvolumen des Unionshandels für jedes Finanzinstrument in den vorangegangenen 12 Monaten, den Prozentsatz der Handelsgeschäfte mit einem Finanzinstrument, die im vorangegangenen Zwölfmonatszeitraum unionsweit unter Anwendung der genannten Ausnahmeregelungen getätigt wurden, sowie den entsprechenden Prozentsatz für jeden Handelsplatz und die Methode, nach der diese Prozentsätze berechnet werden, Art. 5 Abs. 4 MiFIR. Sofern in dem von der ESMA veröffentlichten Bericht die Schwellenwerte 3,75 % (für die Handelsplatz-basierte Volumenbegrenzung) und 7,75 % (für die unionsweite Volumenbegrenzung) erreicht wurden, veröffentlicht die ESMA innerhalb von fünf Arbeitstagen nach dem 15. des Kalendermonats, in dem der in Art. 5 Abs. 4 MiFIR genannte Bericht veröffentlicht wurde, einen weiteren Bericht, der nähere Angaben zu den Finanzinstrumenten enthält, deren Handel den jeweiligen Schwellenwert überstiegen hat, Art. 5 Abs. 5 und 6 MIFIR.

Wenn der Prozentsatz der Handelsgeschäfte mit einem Finanzinstrument an einem Handelsplatz unter Inanspruchnahme der Ausnahmen für Referenzpreissysteme nach Art. 4 Abs. 1 lit. a MIFIR genannte Obergrenze überschritten hat, setzt die zuständige Behörde, die diese Ausnahmeregelungen für den betreffenden Handelsplatz genehmigt hat, innerhalb von zwei Arbeitstagen deren Anwendung für das betreffende Finanzinstrument auf diesem Handelsplatz unter Zugrundelegung der von der ESMA gemäß Art. 5 Abs. 4 MiFIR veröffentlichten Daten für einen Zeitraum von sechs Monaten aus, Art. 5 Abs. 2 MiFIR. Gleiches gilt mit Blick auf die Ausnahme für vorverhandelte Transaktionen nach Art. 4 Abs. 1 lit. b MiFIR mit dem Unterschied, dass alle zuständigen Behörden unionsweit den Handel für sechs Monate aussetzen, Art. 5 Abs. 3 MiFIR. Der Zeitraum, für den die Handelsdaten durch die ESMA veröffentlicht werden und in dem der Handel mit einem Finanzinstrument unter Inanspruchnahme dieser Ausnahmen zu überwachen ist, beginnt am 3. Januar 2017, Art. 5 Abs. 8 S. 1 MiFIR.

---

753 Zu der Rolle von APA und CTP siehe in diesem Kapitel unter A.III.

dd) Ausnahme für Blockorders, Art. 4 Abs. 1 lit. c MiFIR

Art. 4 Abs. 1 lit. c MiFIR gewährt eine Ausnahme im Bereich der Vorhandelstransparenz für Aufträge mit großen Volumen im Vergleich zum marktüblichen Geschäftsumfang (Large in Scale – LIS). Art. 7 RTS 1 normiert die Anforderungen an die Berechnung des LIS-Schwellenwerts. Gem. Art. 7 Abs. 1 RTS 1 ist eine Order in einem Eigenkapitalinstrument als Blockorder zu qualifizieren, wenn sie gemessen am durchschnittlichen täglichen Umsatz (average daily turnover – ADT) in diesem Instrument größer oder gleich der Schwellenwerte ist, die in Tabelle 1 Annex II zum RTS 1 genannt sind:

Tabelle 8: LIS-Schwellenwerte für Aktien und Aktienzertifikate gemäß Tabelle 1 Annex II RTS 1.

Kategorie i.S.d. durchschnittlichen täglichen Umsatzes (average daily turnover – ADT)	ADT < 50.000	50.000 ≤ ADT < 100.000	100.000 ≤ ADT < 500.000	500.000 ≤ ADT < 1.000.000	1.000.000 ≤ ADT < 5.000.000	5.000.000 ≤ ADT < 25.000.000	25.000.000 ≤ ADT < 50.000.000	ADT ≥ 100.000.000
Mindestordergröße für großvolumige Transaktionen im Vergleich zum marktüblichen Geschäftsumfang	15.000	30.000	60.000	100.000	200.000	300.000	400.000	650.000

Auffällig ist, dass im Vergleich zur MiFID-DVO die kleinste Kategorie des durchschnittlichen täglichen Umsatzes (unter 500.000 €) nun im Rahmen der MiFID II in drei Kategorien aufgespalten wird. Dies ermöglicht, dass auch weniger liquide Aktien und Aktienzertifikate, die mit einen geringen Umsatz aufweisen, von der Ausnahme gem. Art. 4 Abs. 1 lit. c MiFIR profitieren können.

ee) Ausnahme für Auftragsverwaltungssysteme

Art. 4 Abs. 1 lit. d MiFIR gewährt ferner eine Ausnahme vom Vorhandelstransparenzregime bei Orders, die mit einem Auftragsverwaltungssystems des Handelsplatzes getätigt werden, solange die Veröffentlichung noch nicht erfolgt ist. Art. 8 RTS 1 konkretisiert die Anforderungen an diesen Ausnahmetatbestand. Gem. Art. 8 Abs. 1 RTS 1 sind nur solche Orders geeignet, (i) bei denen eine Veröffentlichung im Orderbuch ansteht und die Veröffentlichung unter vorher definierten Regeln erfolgt (Art. 8 Abs. 1 lit. a RTS 1), (ii) welche vor der Veröffentlichung im Orderbuch nicht mit anderen Orders oder Handelsinteressen interagieren können (Art. 8 Abs. 1 lit. b RTS 1) und (iii) welche ausschließlich nach vorher festgelegten Regeln für derartige Orders mit anderen Orders im Orderbuch interagieren, wenn sie im Orderbuch veröffentlicht wurden (Art. 8 Abs. 1 lit. c RTS 1). Reserve Orders müssen zwingend ein Mindestvolumen in Höhe von 10.000 EUR haben, um in einem Auftragsverwaltungssystem von den Anforderungen an die Vorhandelstransparenz befreit zu werden, Art. 8 Abs. 2 lit. a RTS 1. Reserve Orders werden wie folgt definiert: „A reserve order […] is to be considered a limit order consisting of a disclosed order relating to a portion of a quantity and a non-disclosed order relating to the remainder of the quantity, where the non-disclosed quantity is capable of execution only after its release to the order book as a new disclosed order", Art. 8 Abs. 3 RTS 1. Hiervon werden vor allem Eisberg-Orders erfasst. Für alle anderen Ordertypen ist es dem Betreiber des Handelsplatzes gestattet, Schwellenwerte festzulegen.

ff) Konsultationspflicht anderer zuständige Behörden und ESMA vor Gewährung einer Ausnahme, Art. 4 Abs. 4 MiFIR

Vor der Gewährung einer Ausnahme nach Art. 4 Abs. 1 MiFIR unterrichten die zuständigen Behörden die ESMA sowie andere zuständige Behörden über ihre Absicht, von einer individuellen Ausnahme Gebrauch zu machen, und erläutern die Handhabung der jeweiligen Ausnahme, einschließlich der Details des Handelsplatzes, auf dem der Referenzkurs nach Art. 4 Abs. 1 lit. a MiFIR festgelegt wird. Gem. Art. 4 Abs. 5 S. 1 MiFIR kann eine zuständige Behörde eine gewährte Ausnahme aus eigener Initiative oder auf Antrag einer anderen zuständigen Behörde zurücknehmen, wenn sie feststellt, dass von der Ausnahme in einer von ihrem ursprünglichen Zweck abweichenden Weise Gebrauch gemacht wird, oder wenn sie zu dem Schluss gelangt, dass die Ausnahme zur Umgehung der in diesem Artikel festgelegten Bestimmungen benutzt wird. Die zuständigen Behörden unterrichten die ESMA und die anderen zuständigen Behörden von der Rücknahme einer Ausnahme und begründen dies ausführlich, Art. 4 Abs. 5 S. 2 MiFIR.

c) *Regeln für Nichteigenkapitalinstrumente im Bereich der Vorhandelstransparenz*

Gem. Art. 8 Abs. 1 MiFIR sind Marktbetreiber und Wertpapierfirmen, die einen Handelsplatz betreiben, verpflichtet, die aktuellen Geld- und Briefkurse und die Tiefe der Handelspositionen zu diesen Kursen, die über ihre Systeme für Nichteigenkapitalinstrumente, die an einem Handelsplatz gehandelt werden, mitgeteilt werden, zu veröffentlichen. Diese Anforderung gilt auch für verbindliche Interessenbekundungen, Art. 8 Abs. 1 S. 2 MIFIR. Marktbetreiber und Wertpapierfirmen, die einen Handelsplatz betreiben, veröffentlichen diese Informationen während der üblichen Handelszeiten auf kontinuierlicher Basis, Art. 8 Abs. 1 S. 3 MiFIR.

d) Ausnahmen zur Vorhandelstransparenz

Art. 9 Abs. 1 MiFIR regelt die Ausnahmetatbestände zur Vorhandelstransparenz bei Nichteigenkapitalinstrumenten.

aa) Blockorders in Auftragsverwaltungssystem, Art. 9 Abs. 1 lit. a MiFIR

Gem. Art. 9 Abs. 1 lit. a MiFIR sind Handelsplatzbetreiber von der Vorhandelstransparenz befreit, bei im Vergleich zum marktüblichen Geschäftsumfang großen Aufträgen und bei Aufträgen, die mittels eines Auftragsverwaltungssystems des Handelsplatzes getätigt werden, solange die Veröffentlichung noch nicht erfolgt ist. RTS 2 konkretisiert die Anforderungen an diesen Ausnahmetatbestand. Gem. Art. 3 RTS 2 gilt eine Order als Blockorder, wenn sie gleich oder größer des Liquiditätsschwellenwerts nach Art. 13 Abs. 1 RTS 2 ist. Dies stellt eine Besonderheit dar, da nicht der LIS-Schwellenwert gilt (wie bei Eigenkapitalinstrumenten), sondern das Liquid Market-Konzept. Die ESMA konkretisiert die Methodologie zur Liquiditätsbewertung im Rahmen von Art. 13 Abs. 1 RTS 2. Grundsätzlich kann eine Liquiditätsbewertung statisch oder aufgrund einer periodischen Beurteilung anhand von quantitativen und/oder qualitativen Merkmalen erfolgen. Zum Beispiel ist bei verbrieften Derivaten eine statische Beurteilung gewählt worden, Art. 13 Abs. 1 lit. a RTS 2. Die ESMA ist dabei der Ansicht, dass alle verbrieften Derivate als liquide anzusehen sind, Tabelle 4.1 Annex III von RTS 3.[754] In der Konsequenz bedeutet dies, dass alle verbrieften Derivate als Blockorder i.S.v. Art. 3 RTS 2 zu qualifizieren sind.

Gem. Art. 4 Abs. 1 RTS 2 sind ferner nur solche Blockorders für den Ausnahmetatbestand geeignet, (i) bei denen eine Veröffentlichung im Orderbuch ansteht und die Veröffentlichung unter vorher definierten Regeln erfolgt (Art. 4 Abs. 1 lit. a RTS 2), (ii) welche vor der Veröffentlichung im Orderbuch nicht mit anderen Orders oder Handelsinteressen interagieren können (Art. 4 Abs. 1 lit. b RTS 2) und (iii) welche ausschließlich nach vorher festgelegten Regeln für

---

754 Ebda., Abschnitt III, Ziffer 4, Tabelle 4.1 (all securitised derivatives are considered to have a liquid market"; dies wurde von der ESMA auch schon früher vertreten *ESMA*, Consultation Report, 19.12.2014, ESMA/2014/1570, S. 113.; ESMA, Consultation Report - Annex B, 19.12.2014, ESMA/2014/1570, S. 155.

derartige Orders mit anderen Orders im Orderbuch interagieren, wenn sie im Orderbuch veröffentlicht wurden (Art. 4 Abs. 1 lit. c RTS 2). Reserve Orders müssen zwingend ein Mindestvolumen in Höhe von 10.000 EUR haben, um in einem Auftragsverwaltungssystem von den Anforderungen an die Vorhandelstransparenz befreit zu werden, Art. 4 Abs. 2 lit. a RTS 2.

bb) Verbindliche Interessensbekundungen in Preisanfragesystemen und sprachbasierten Handelssystemen, Art. 9 Abs. 1 lit. b MiFIR

Gem. Art. 9 Abs. 1 lit. b MiFIR sind bei verbindlichen Interessensbekundungen in Preisanfragesystemen und sprachbasierten Handelssystemen, die über den für ein Finanzinstrument typischen Umfang (SSTI) hinausgehen, bei dem ein Liquiditätsgeber unangemessenen Risiken ausgesetzt würde, und bei dem berücksichtigt wird, ob es sich bei den einschlägigen Marktteilnehmern um Klein- oder Großanleger handelt, Handelsplatzbetreiber von der Vorhandelstransparenz befreit. Gem. Art. 5 Abs. 1 RTS 2 gilt für verbindliche Interessenbekundungen, dass diese über den SSTI-Schwellenwert liegen, wenn sie gleich oder größer des Liquiditätsschwellenwerts nach Art. 13 Abs. 1 RTS 2 sind mit der Konsequenz, dass auch bei diesem Ausnahmetatbestand das Liquid Market-Konzept zur Anwendung kommt. Art. 5 Abs. 3 und 4 RTS 2 definieren die Begriffe Preisanfragesystem und sprachbasiertes Handelssystem.

cc) Nicht-handelspflichtige Derivate, Art. 9 Abs. 1 lit. c i.V.m. Art. 28 MiFIR

Gem. Art. 9 Abs. 1 lit. c MiFIR können die zuständigen Behörden Marktbetreiber und Wertpapierfirmen, die einen Handelsplatz betreiben, bei Derivaten, die nicht der in Art. 28 MiFIR festgelegten Pflicht zum Handel unterliegen, sowie bei anderen Finanzinstrumenten, für die kein liquider Markt besteht, von der Vorhandelstransparenz ausnehmen. Gem. Art. 6 RTS 2 ist das Liquid Market-Konzept nach Art. 13 RTS 2 heranzuziehen, bei der Bestimmung, ob für ein Finanzinstrument oder eine Klasse von Finanzinstrumenten ein liquider Markt gegeben ist oder nicht.

dd) Aussetzung der Vorhandelstransparenz, Art. 9 Abs. 4 MiFIR

Eine zuständige Behörde, die einen oder mehrerer Handelsplätze beaufsichtigt, an dem/denen eine Kategorie von Nichteigenkapitalinstrumenten gehandelt wird, kann die Pflichten gemäß Art. 8 MiFIR vorübergehend aussetzen, wenn die Liquidität dieser Kategorie von Finanzinstrumenten unter einen vorgegebenen Schwellenwert fällt, Art. 9 Abs. 4 S. 1 MiFIR. Dieser vorgegebene Schwellenwert wird auf der Grundlage objektiver Kriterien, die für den Markt für das betreffende Finanzinstrument typisch sind, festgelegt, Art. 9 Abs. 4 S. 2 MiFIR. Eine Konkretisierung ist seitens ESMA noch nicht erfolgt.

ee) Konsultationspflicht anderer zuständige Behörden und ESMA vor Gewährung einer Ausnahme, Art. 9 Abs. 2 MiFIR

Gem. Art. 9 Abs. 2 MIFIR unterrichten die zuständigen Behörden die ESMA sowie andere zuständige Behörden vor der Gewährung einer Ausnahme gem. Art 9 Abs. 1 MiFIR über ihre jeweilige Absicht, eine individuelle Ausnahme zu gewähren, und erläutern die Handhabung der jeweiligen Ausnahme. Gem. Art. 9 Abs. 3 S. 1 MiFIR kann eine zuständige Behörde eine gewährte Ausnahme aus eigener Initiative oder auf Antrag einer anderen zuständigen Behörde zurücknehmen, wenn sie feststellt, dass von der Ausnahme in einer von ihrem ursprünglichen Zweck abweichenden Weise Gebrauch gemacht wird, oder wenn sie zu dem Schluss gelangt, dass die Ausnahme zur Umgehung der in diesem Artikel festgelegten Bestimmungen benutzt wird. Die zuständigen Behörden unterrichten die ESMA und die anderen zuständigen Behörden von der Rücknahme einer Ausnahme und begründen dies ausführlich, Art. 9 Abs. 3 S. 2 MiFIR.

II. Handelsplatzpflicht für Wertpapierfirmen im Rahmen des Aktienhandels, Art. 23 Abs. 1 MiFIR

Wertpapierfirmen sind verpflichtet, dass ihre Handelsgeschäfte mit Aktien, die zum Handel an einem geregelten Markt zugelassen sind oder an einem Handelsplatz gehandelt werden, an einem geregelten Markt oder gegebenenfalls im Rahmen eines MTF, OTF oder systematischen Internalisierers oder an einem Drittlandhandelsplatz, der gemäß Art. 25 Abs. 4 lit. a der MiFID II als gleichwertig gilt, getätigt werden, sofern nicht zu deren Merkmalen gehört, (i) dass sie auf nicht systematische Weise, ad hoc, unregelmäßig und selten getätigt werden, oder (ii) dass sie zwischen geeigneten und/oder professionellen Gegenparteien getätigt werden und nicht zum Prozess der Kursfestsetzung beitragen, Art. 23 Abs. 1 MiFIR. Wann eine Transaktion nicht zum Prozess der Kursfestsetzung beiträgt, regelt Art. 2 RTS 1.

III. Das neue Regime für Datenbereitstellungsdienstleister

Zum ersten Mal greift eine europäische Richtlinie den Aspekt der Datenbereitstellung und -Konsolidierung auf. Mit der MiFID II wird ein völlig neuer regulatorischer Rahmen für sog. Datenbereitstellungsdienstleister etabliert. Es werden insgesamt drei Kategorien von Datenbereitststellungsdienstleistern geschaffen (Art. 4 Abs. 1 Nr. 63 MiFID II), die jeweils der Zulassungspflicht unterfallen. Unter die Zulassungspflicht fallen genehmigte Veröffentlichungssysteme (Approved Publication Arrangements - APA), Anbieter konsolidierter Datenticker (Consolidated Tape Providers - CTP) und genehmigte Meldemechanismen (Approved Reporting Mechanisms - ARM).

1. Der genehmigte Meldemechanismus (ARM)

Ein „genehmigter Meldemechanismus" oder „ARM" ist eine Person, die gemäß der MiFID II zur Meldung der Einzelheiten zu Geschäften an die zuständigen Behörden oder die ESMA im Namen der Wertpapierfirmen berechtigt ist, Art. 4 Abs. Nr. 54 MiFID II. Grundsätzlich sind gem. Art. 26 Abs. 1, 3 MiFIR Wertpapierfirmen, die Geschäfte mit Finanzinstrumenten tätigen, verpflichtet, der zuständigen Behörde die Einzelheiten dieser Geschäfte zu melden. Die Meldungen können dabei von der Wertpapierfirma selbst, einem in ihrem Namen handelnden ARM oder einem Handelsplatz, über dessen System das Geschäft abgewickelt wurde, erfolgen, Art. 26 Abs. 7 MiFIR. Folglich besteht die Dienstleistung des ARM darin, dass die Transaktionsmeldungen nicht durch die meldepflichtige Wertpapierfirma selbst erbracht werden, sondern durch den ARM. Der ARM meldet dabei nicht an den Gesamtmarkt, sondern ausschließlich an die zuständige Behörde.

Abbildung 11: Meldewege nach Art. 26 Abs. 7 MIFIR, eigene Darstellung.

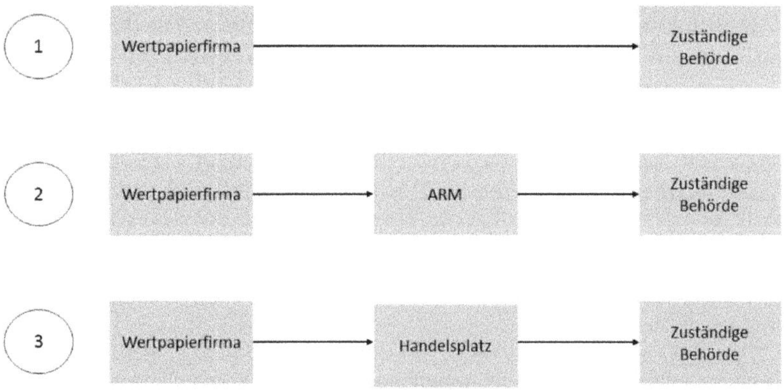

2. *Das genehmigte Veröffentlichungssystem (APA)*

Die Veröffentlichung von Transaktionsdaten im Rahmen der systematischen Internalisierung an den Gesamtmarkt werden von APAs übernommen, Art. 20 Abs. 1, Art. 21 Abs. 1 MiFIR. Ein „genehmigtes Veröffentlichungssystem" oder „APA" ist eine Person, die gemäß der MiFID II die Dienstleistung der Veröffentlichung von Handelsauskünften im Namen von Wertpapierfirmen im Sinne von Artikel 20 und 21 der MiFIR erbringt, Art. 4 Abs. 1 Nr. 52 MiFID II. Betreiber eines APAs unterliegen gem. Art. 64 Abs. 1 MiFID II organisatorischen Anforderungen, was die Art und Weise der Informationsbereitstellung betrifft. Die Informationen sind zu angemessenen kaufmännischen Bedingungen und, soweit möglich, auf Echtzeitbasis zu veröffentlichen sowie spätestens 15 Minuten nach Veröffentlichung kostenlos, effizient und kohärent zur Verfügung zu stellen. APAs sind ferner verpflichtet, derartige Informationen effizient und kohärent in einer Weise zu verbreiten, die einen raschen diskriminierungsfreien Zugang zu den betreffenden Informationen in einem Format sicherstellt, das die Konsolidierung der Daten mit vergleichbaren Daten aus anderen Quellen erleichtert.

Die veröffentlichten Daten müssen gem. Art. 64 Abs. 2 MiFID II folgende Informationen beinhalten:

- Kennung des Finanzinstruments,
- Kurs, zu dem das Geschäft abgeschlossen wurde,
- Volumen und Zeitpunkt des Geschäfts,
- Zeitpunkt, zu dem das Geschäft gemeldet wurde,
- Kurszusatz des Geschäfts,
- Handelsplatz, an dem das Geschäft ausgeführt wurde, oder andernfalls entweder der Code „SI" für systematische Internalisierung oder „OTC" für außerbörslich,
- Sofern anwendbar, ein Hinweis, dass das Geschäft besonderen Bedingungen unterlag.

3. *Die Bereitsteller konsolidierter Datenträger (CTP)*

Die Veröffentlichung an den Markt bezüglich Geschäfte, die an einem Handelsplatz geschlossen wurden, werden von CTPs übernommen. „Bereitsteller konsolidierter Datenträger" oder „CTP" ist eine Person, die gemäß der MiFID II zur Einholung von Handelsauskünften über die in den Artikeln 6, 7, 10, 12, 13, 20 und 21 der MiFIR genannten Finanzinstrumente auf geregelten Märkten, MTF,

OTF und APS[755] berechtigt ist und sie in einem kontinuierlichen elektronischen Live-Datenstrom konsolidiert, über den Preis- und Handelsvolumendaten pro Finanzinstrument abrufbar sind, Art. 4 Abs. 1 Nr. 53 MiFID II. Betreiber eines CTPs unterliegen gem. Art. 65 Abs. 1 MiFID II organisatorischen Anforderungen, was die Art und Weise der Informationserhebung und -bereitstellung betrifft. Sie sind verpflichtet, die erhobenen Informationen zu einem Datenstrom zu konsolidieren, sie zu angemessenen kaufmännischen Bedingungen, soweit möglich auf Echtzeitbasis zu veröffentlichen und spätestens 15 Minuten nach Veröffentlichung kostenlos, effizient und kohärent zur Verfügung zu stellen.

Die veröffentlichten Daten müssen gem. Art. 65 Abs. 2 MiFID II folgende Informationen beinhalten:

- Kennung des Finanzinstruments,
- Kurs, zu dem das Geschäft abgeschlossen wurde,
- Volumen und Zeitpunkt des Geschäfts,
- Zeitpunkt, zu dem das Geschäft gemeldet wurde,
- Kurszusatz des Geschäfts,
- Handelsplatz, an dem das Geschäft ausgeführt wurde, oder andernfalls entweder der Code „SI" für systematische Internalisierung oder „OTC" für außerbörslich,
- Sofern anwendbar, ein Hinweis, dass das Geschäft besonderen Bedingungen unterlag,
- Kennzeichnung bezüglich der Ausnahme, der das Geschäft unterlag, falls für die Pflicht zur Veröffentlichung der Informationen gemäß Artikel 3 Absatz 1 der MiFIR eine Ausnahme nach Artikel 4 Absatz 1 Buchstabe a oder b dieser Verordnung gewährt wurde.

IV. Zugang zu Handelstransparenzdaten und Meldung von Geschäften

1. Das Diskriminierungsverbot beim Zugang zu Marktdaten

In der MiFIR finden sich zu unterschiedlichen Arten von Finanzinstrumenten Regelungen zur Vor- und Nachhandelstransparenz. Marktbetreiber und Wertpapierfirmen, die einen Handelsplatz betreiben (Handelsplatzbetreiber), werden in mehreren Regelungen der MiFIR (u.a. in Art. 3 Abs. 1, Art. 6 Abs. 1, Art. 8 Abs. 3 und 4 sowie Art. 10 Abs. 2 MiFIR) mit weitgehend gleichlautendem Wortlaut verpflichtet, Wertpapierfirmen den Zugang zu Marktdaten im Vor- und

755 Die Abkürzung „APS" wird in der MiFID II nicht weiter definiert.

Nachhandelstransparenzbereich zu „angemessenen kaufmännischen Bedingungen und in nichtdiskriminierender Weise“ zur Verfügung zu stellen. In Art. 13 Abs. 1 MiFIR findet sich zudem eine generelle Verpflichtung der Handelsplatzbetreiber auch sonstigen Dritten den Zugang zu den, den Wertpapierfirmen zur Verfügung gestellten, Vor- und Nachhandelsdaten zu ermöglichen. Die Marktdaten sind dabei wiederum zu „angemessenen kaufmännischen Bedingungen“ offenzulegen, wobei die Offenlegung „in nichtdiskriminierender Weise“ sicherzustellen ist.

In den Regelungen der MiFIR selbst werden die vielfach verwandten Wendungen „in nichtdiskriminierender Weise“ oder „diskriminierungsfreier Zugang“ nicht näher definiert oder umschrieben, sodass der MiFIR nicht zu entnehmen ist, ab wann eine unzulässige Diskriminierung vorliegt. Abseits von den Handelstransparenzregelungen findet sich eine Umschreibung in Art. 37 Abs. 1 MiFIR, der nach seinem Regelungsgehalt den diskriminierungsfreien Zugang zu Indexdaten für Handelsplatzbetreiber und zentralen Kontrahenten (Central Counterparties – CCPs) sicherstellt, um den Handel und die Abwicklung von Finanzinstrumenten zu gewährleisten, die sich auf Indices beziehen. Dort heißt es im Zusammenhang mit der Vergabe von Lizenzen an CCPs und Handelsplätzen für Referenzpreise zu „nichtdiskriminierenden Bedingungen“ wörtlich:

„Von unterschiedlichen zentralen Gegenparteien, Handelsplätzen oder damit verbundenen Personen dürfen nur dann unterschiedliche Preise verlangt werden, wenn dies aus vertretbaren kommerziellen Gründen, wie etwa der gewünschten Menge oder des gewünschten Geltungs- oder Anwendungsbereichs, objektiv gerechtfertigt ist“, Art. 37 Abs. 1 MiFIR.

Die Europäische Kommission hat konkretisierende Regelungen zu dem an mehreren Stellen der MiFIR zum Ausdruck kommenden Diskriminierungsverbot beim Zugang von Marktdaten in der Delegierten Verordnung (EU) 2017/567[756] erlassen. Die Delegierten Verordnung (EU) 2017/567 enthält in Kapitel II weitreichende Regelungen zu dem in der MiFIR enthaltenen Diskriminierungsverbot beim Zugang zu Marktdaten. Die wesentlichen Regelungen der Delegierten Verordnung (EU) 2017/567 sind folgende:

Gemäß Art. 8 der Delegierten Verordnung (EU) 2017/567 müssen Handelsplatzbetreiber und systematische Internalisierer sämtlichen Kunden, die nach

756 Delegierten Verordnung (EU) 2017/567 der Kommission vom 18.05.2016 zur Ergänzung der Verordnung (EU) Nr. 600/2014 des Europäischen Parlaments und des Rates im Hinblick auf Begriffsbestimmungen, Transparenz, Portfoliokomprimierung und Aufsichtsmaßnahmen zur Produktintervention und zu den Positionen, ABl. v. 31.03.2017, L 87/90.

veröffentlichten objektiven Kriterien derselben Kundenkategorie angehören, die Marktdaten zu den gleichen Preisen und Bedingungen zur Verfügung stellen. Gemäß Art. 8 Abs. 2 der Delegierten Verordnung (EU) 2017/567 dürfen die Preise für unterschiedliche Kundenkategorien vom Handelsplatzbetreiber oder systematischen Internalisierer nicht beliebig festgesetzt werden, sondern es müssen unterschiedliche Preise für verschiedene Kundenkategorien im Verhältnis zum Wert stehen, den die Marktdaten für die betreffenden Kunden darstellen. Folgende Kriterien rechtfertigen Preisunterschiede: (i) Umfang der Marktdaten (insbesondere Anzahl der abgedeckten Finanzinstrumente) und (ii) die Art der Nutzung der Marktdaten durch die jeweilige Kundenkategorie (z.B. Handelstätigkeit, Wiederverkauf der Marktdaten oder Datenaggregation). Gemäß Art. 9 Abs. 1 der Delegierten Verordnung (EU) 2017/567 haben Handelsplatzbetreiber die Vergütung für die Nutzung von Marktdaten grundsätzlich auf der Basis des Endnutzers zu berechnen. Ausnahmen sind gem. Art. 9 Abs. 2 der Delegierten Verordnung (EU) 2017/567 nur dann zulässig, wenn die Berechnung einer Gebühr pro Endnutzer nicht kostendeckend wäre.

Art. 11 Abs. 2 der Delegierten Verordnung (EU) 2017/567 enthält nähere Vorgaben zu der zulässigen Gebührenstruktur.

In dem Gesetzentwurf der Bundesregierung vom 23.01.2017 für das 2. FiMaNoG zur Umsetzung der MiFID II in nationales Recht finden sich ebenfalls Regelungen zu einem Diskriminierungsverbot beim Zugang von Marktdaten. So soll ein neuer Ordnungswidrigkeitentatbestand in § 120 Abs. 9 Nr. 4 lit. a) WpHG-E dem WpHG hinzugefügt werden, wonach es eine Ordnungswidrigkeit darstellt, wenn ein Wertpapierdienstleistungsunternehmen keinen diskriminierungsfreien Zugang zu Marktinformationen sicherstellt. Wann eine strafbewährte Diskriminierung vorliegt ist weder im 2. FiMaNoG noch der Gesetzesbegründung zu entnehmen.

2. Pflicht zur Meldung von Geschäften

Titel IV der MiFIR beschäftigt sich mit den Anforderungen an die Meldung von Geschäften, die von Wertpapierfirmen und Marktbetreibern zu erfüllen sind. Art. 26 Abs. 1 MiFIR verpflichtet alle Wertpapierfirmen, die Geschäfte mit Finanzinstrumenten tätigen, der zuständigen Behörde die vollständigen und zutreffenden Einzelheiten dieser Geschäfte so schnell wie möglich und spätestens am Ende des folgenden Arbeitstags zu melden. Die Meldung wird entweder von der Wertpapierfirma selbst, einem in ihrem Auftrag handelnden ARM oder einem Handelsplatz, über dessen System das Geschäft abgewickelt wurde, vorgenommen, Art. 26 Abs. 7 MiFIR. Die Meldepflicht bezieht sich gem. Art. 26

Abs. 2 MiFIR auf (i) Finanzinstrumente, die zum Handel zugelassen sind oder die an einem Handelsplatz gehandelt werden oder für die ein Antrag auf Zulassung zum Handel gestellt wurde; (ii) Finanzinstrumente, deren Basiswert ein an einem Handelsplatz gehandeltes Finanzinstrument ist, und (iii) Finanzinstrumente, deren Basiswert ein aus an einem Handelsplatz gehandelten Finanzinstrumenten zusammengesetzter Index oder Korb von Finanzinstrumenten ist. Die Meldepflicht gilt unabhängig davon, ob der Handel über einen Handelsplatz oder außerbörslich erfolgt, Art. 26 Abs. 2 UAbs. 2 MiFIR. Art. 26 Abs. 3 und 4 MiFIR konkretisieren, welche Einzelheiten an die zuständige Behörde zu melden sind. Hiernach müssen auch Angaben gemacht werden, um den jeweiligen Kunden identifizieren zu können. Gem. Art. 26 Abs. 6 MiFIR sind Wertpapierfirmen verpflichtet, eine Kennung für Rechtsträger (Legal Entity Identifier) bei der Meldung anzugeben, die zur Identifizierung von Kunden eingeführt wurde, bei denen es sich um juristische Personen handelt.

Für die Zwecke der Meldung gem. Art. 26 MiFIR stellen Handelsplatzbetreiber den zuständigen Behörden identifizierende Referenzdaten in Bezug auf die Finanzinstrumente zur Verfügung, die zum Handel an einem geregelten Markt zugelassen sind oder über ein MTF oder OTF gehandelt werden, Art. 27 Abs. 1 S. 1 MiFIR. Gleiches gilt für systematische Internalisier für Finanzinstrumente, die unter Art. 26 Abs. 2 MiFIR fallen und über sein System gehandelt werden, Art. 27 Abs. 1 UAbs. 2 MiFIR. Die identifizierenden Referenzdaten sind gem. Art. 27 Abs. 1 UAbs. 3 MiFIR zur Vorlage bei der zuständigen Behörde in einem elektronischen und standardisierten Format zusammenzustellen, bevor der Handel in diesem betreffenden Finanzinstrument beginnt. Die Referenzdaten eines Finanzinstruments werden immer dann aktualisiert, wenn Änderungen der Daten bezüglich eines Finanzinstruments auftreten. Diese Mitteilungen sind von den zuständigen Behörden unverzüglich an die ESMA zu übermitteln, die sie umgehend auf ihrer Webseite veröffentlicht. Die ESMA gewährt den zuständigen Behörden Zugang zu diesen Referenzdaten.

Gem. Art. 25 Abs. 1 und 2 MiFIR sind sowohl Wertpapierfirmen als auch Handelsplatzbetreiber verpflichtet, Transaktionsdaten über 5 Jahre aufzubewahren und auf Verlangen der zuständigen Behörde herauszugeben.

B. Überarbeitung des Marktmissbrauchsrechts

Am 01.07.2016 trat die überarbeitete europäische Marktmissbrauchsrichtlinie (Richtlinie 2014/57/EU - MAD II)[757] und am 03.07.2016 die MAR in Kraft. Die Überarbeitung des Marktmissbrauchsregimes steht in Zusammenhang mit der MiFID-Reform und bildet das Dach der europäischen Finanzmarktregulierung, unter dem in Zukunft der gesamte organisierte Handel aufsichtsrechtlich erfasst werden soll.[758] Die MiFID II gibt die Reichweite des verfolgten Regelungsziels vor und wird große Teile des außerbörslichen Wertpapierhandels erfassen. Der neue regulatorische Rahmen der MAR erweitert den Anwendungsbereich des Marktmissbrauchsregimes auf alle von der MIFID II erfassten Handelsplätze und dort gehandelten Finanzinstrumente und etabliert ferner neue Berichts- und Offenlegungspflichten. Mit dem 1. FiMaNoG sind die bis dahin geltenden Bestimmungen des Insiderhandelsrechts der §§ 13 ff. WpHG a.F. sowie der Marktmanipulation (§ 20a WpHG a.F.) außer Kraft gesetzt worden und durch die unmittelbar geltenden Vorschriften der MAR ersetzt worden.

I. Die neuen Vorgaben des Marktmissbrauchsrechts nach der MAD II

Das Marktmissbrauchsregime unter der Marktmissbrauchsrichtlinie (Richtlinie 2003/6/EG - MAD)[759] knüpfte eine Strafbarkeit von Insiderhandel und Marktmanipulation an den Handel von Finanzinstrumenten an, die an einem geregelten Markt zugelassen sind. Die MAR erfasst nun hingegen Tätigkeiten im Handel mit Finanzinstrumenten, die dem Insiderhandel oder der Marktmanipulation zuzuordnen sind und an einem geregelten Markt, MTF oder OTF zum Handel *zugelassen* sind. Nicht von Bedeutung ist daher, ob das Geschäft bzw. die Handlung auch tatsächlich an einem dieser Handelsplätze stattgefunden hat.

---

757 Richtlinie 2014/57/EU des Europäischen Parlaments und des Rates vom 16.04.2014 über strafrechtliche Sanktionen bei Marktmanipulationen (Marktmissbrauchsrichtlinie), ABl. L 173/179.

758 Kommission, KOM(2011), 651 endgültig, S. 7.

759 Richtlinie 2003/6/EG des Europäischen Parlaments und des Rates vom 28.01.20113 über Insider-Geschäfte und Marktmanipulation (Marktmissbrauch), ABl. L 96/16.

Abbildung 12: Vom Regelungsregime der MAD I erfasste Sachverhalte sind blau gekennzeichnet, eigene Darstellung.

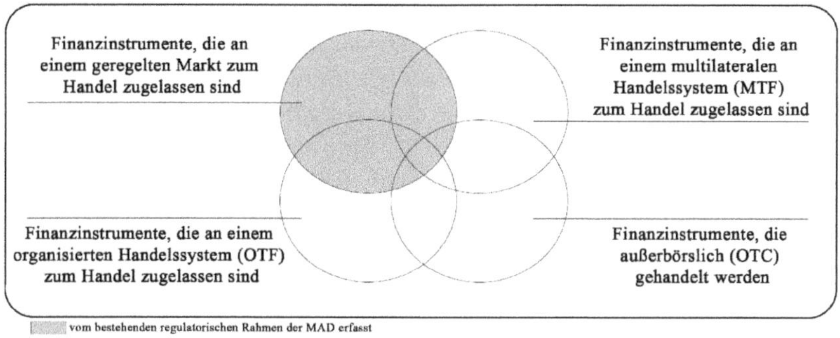

Des Weiteren werden Finanzinstrumente vom Anwendungsbereich erfasst, die nicht an den Handelsplätzen geregelter Markt, MTF und OTF zugelassen sind, deren Wert aber in Verbindung mit einem Finanzinstrument steht, das an einem derartigen Handelsplatz zugelassen ist. Insbesondere will der EU-Gesetzgeber mit dieser Neuregelung Derivate wie Kreditausfallversicherungen (*Credit Default Swaps*) und finanzielle Differenzgeschäfte, die sich auf Finanzinstrumente beziehen, erfassen.[760]

II. Keine Ausweitung des Verbots des Insiderhandels auf Sachverhalte des Informationsmissbrauchs

Wie bereits im 3. Kapitel unter C.II. dargelegt, erfolgt keine ausdrückliche Ausweitung des Insiderhandelsverbots auf Sachverhalte des Informationsmissbrauchs.

C. Bewertung der Reformansätze mit Blick auf die aufsichtsrechtliche Erfassung verborgener Liquidität

I. Verschärfung der Regeln für verborgene Liquidität

Die MiFID II verschärft die Regeln für die Bereitstellung verborgener Liquidität deutlich. Im Bereich des Aktienhandels werden die vier Ausnahmetatbestände im Bereich der Vorhandelstransparenz feinkalibriert. Begrüßenswert ist die Beschränkung der beiden Ausnahmetatbestände für Referenzpreissysteme und

760 *Europäische Kommission*, KOM(2011), 651 endgültig, S. 7.

vorverhandelte Transaktionen im Rahmen des Mechanismus für die Begrenzung von Volumen gem. Art. 5 MiFIR. Mit diesen festen Schwellenwerten und der Pflicht zur Handelsaussetzung einzelner Finanzinstrumente wird gewährleistet, dass Geschäfte im transparenten Bereich stattfinden.

Ergänzend stellt die Handelsplatzpflicht für Aktien gem. Art. 23 Abs. 1 MiFIR sicher, dass Aktien grundsätzlich nicht mehr außerbörslich gehandelt werden.

Eine volumenmäßige Beschränkung der Ausnahmen für Auftragsverwaltungssysteme und Blockorders ist nicht zielführend. Im Rahmen der Ausnahme für Auftragsverwaltungssysteme gem. Art. 4 Abs. 1 lit. d MiFIR i.V.m. Art. 8 Abs. 2 RTS 1 wird jeweils ein Mindestvolumen für die Nutzung dieses Ausnahmetatbestands festgesetzt. Da im Rahmen dieses Ausnahmetatbestands intransparente Ordertypen (wie z.B. die Eisberg-Order) erfasst werden, ist die Festsetzung von Mindestvolumengrößen zielführender als die Festlegung eines Maximalvolumenwerts. Gleiches gilt für den Ausnahmetatbestand für Blockorders, bei dem die LIS-Schwellenwerte Anwendung finden.

Begrüßenswert ist ferner, dass die Gewährung von Ausnahmetatbeständen an eine Konsultations- und Begründungspflicht gem. Art. 4 Abs. 4 MiFIR anknüpft. Zwar besitzen die Aufsichtsbehörden mit Sitz in einem anderen Mitgliedsstaat als die beantragende Aufsichtsbehörde i.S.v. Art. 4 Abs. 4 MiFIR kein Veto-Recht. Die ESMA kann jedoch von ihren Befugnissen im Rahmen von Art. 19 der ESMA-Verordnung Gebrauch machen und überwacht ferner die Anwendung der jeweiligen Ausnahmen, Art. 4 Abs. 4 MiFIR a.E.

II. Neuordnung der Marktinfrastruktur unter MIFID II

Mit Blick auf die Bereitstellung verborgener Liquidität ist ferner begrüßenswert, dass nicht nur die Ausnahmetatbestände für die Vorhandelstransparenzpflichten überarbeitet worden sind, sondern auch das Marktordnungsrecht im Allgemeinen. Um zukünftig sicherzustellen, dass der gesamte organisierte Handel entweder auf einem Handelsplatz oder im Rahmen der systematischen Internalisierung stattfindet, wurde die neue Marktkategorie des OTFs eingeführt und die Anforderungen an die systematische Internalisierung überarbeitet. Eine der wesentlichen Änderungen ist die Einführung des Begriffs des multilateralen Systems i.S.v. Art. 4 Abs. 1 Nr. 19 MiFID und die Betriebspflicht dieser Systeme als Handelsplatz gem. Art. 1 Abs. 7 MiFID II.

1. *Einführung des Begriffs des multilateralen Systems als Anknüpfung für Art. 1 Abs. 7 MiFID II*

Art. 1 Abs. 7 MiFID II stellt zukünftig sicher, dass der gesamte organisierte Handel in Finanzinstrumenten auf einem der drei Handelsplätze stattfindet. Die zentrale Frage aus marktinfrastruktureller Sicht wird sein, ob eine Handelsplattform die Definition des multilateralen Systems gem. Art. 4 Abs. 1 Nr. 19 MiFID II erfüllt oder die Tätigkeit als systematischer Internalisierer beaufsichtigt wird. Der Anteil des außerbörslichen Handels wird sich im Zuge der Implementierung der MiFID II verkleinern. Es wird abzuwarten bleiben, ob findige Finanzdienstleister durch Verlagerung des Vertragsschlusses auf aufsichtsrechtlich erfasste Handelsplätze nicht dennoch Liquidität im außerbörslichen Bereich anziehen, die auf diesem Wege dem Preisfeststellungsverfahren entzogen werden. Dem Anwendungsbereich sollen Systeme entzogen sein, bei denen keine Geschäftsabschlüsse zustande kommen, wie z.B. Bulletin Boards, die für die Bekanntmachung von Kauf- und Verkaufsinteressen genutzt werden oder Systeme, die nur potentielle Kauf- und Verkaufsinteressen bündeln (z.B. Trade-Capture-Plattformen).[761] Trade-Capture-Plattformen sind Systeme, die Handelsinteressen zweier Parteien entweder an einen Handelsplatz weiterleiten, damit dort eine Transaktion eingegangen werden kann, oder es werden zum Zwecke der Abwicklung Handelsinteressen direkt an einen zentralen Kontrahenten übermittelt. Betreiber von Trade-Capture-Plattformen werden nicht Partei der Transaktion.[762] Es wird abzuwarten bleiben, ob findige Finanzdienstleister durch Verlagerung des Vertragsschlusses auf aufsichtsrechtlich erfasste Handelsplätze nicht dennoch Liquidität im außerbörslichen Bereich anziehen, die auf diesem Wege dem Preisfeststellungsverfahren entzogen werden.

2. *Das OTF als multilaterales System mit bilateralen Eigenschaften*

Das OTF-Regime ist ein Baustein zur Schließung der Lücken des Marktinfrastrukturregimes der MIFID I. Es ist die Intention des europäischen Gesetzgebers, dass die OTF-Definition als weit gefasst gelten soll, sodass sie nicht nur heute, sondern auch in Zukunft in der Lage sein soll, alle Arten der organisierten Ausführung und Vereinbarung von Handelsgeschäften abzudecken, die nicht den Funktionen oder Regulierungsvorgaben der bestehenden Handelsplätze

761 Erwägungsgrund Nr. 8 Unterabs. 2 MiFIR.
762 *Hoops*, RdF 2017, 14, Fn. 17.

entsprechen.[763] Mit Blick auf die neue Regelungssystematik durch Einführung von Art. 1 Abs. 7 MiFID II und den Besonderheiten des OTF-Regimes (insb. Beschränkung auf Nichteigenkapitalinstrumente) ist das OTF-Regime allerdings keine Auffangkategorie, sondern eher ein Spezialtatbestand im Bereich der Regulierung der Handelsplätze, da sich das volle Potential der weiten OTF-Definition nur im Bereich der Nichteigenkapitalinstrumente entfalten kann.[764] Dies zeigt auch Art. 20 Abs. 7 MiFID II, wonach die zuständige Aufsichtsbehörde eine ausführliche Erklärung darüber anfordern kann, warum das System keinem geregelte Markt, MTF oder systematischen Internalisierer entspricht und nicht als solcher bzw. solches betrieben werden kann.

OTFs werden als multilaterales System betrieben, durchbrechen mit den Regeln zur Zusammenführung sich deckender Kundenaufträge allerdings die Grundsätze zur Multilateralität und erlauben es, dass Charakteristiken, die sonst nur bilateralen Systemen zugeschrieben wurden, nun auch für multilaterale Systeme gelten. Es bestehen Abgrenzungsschwierigkeiten zwischen anderen bilateralen Systemen wie der systematischen Internalisierung. Ob die initial als Auffangkategorie intendierte neue Marktkategorie nicht nur die Lücken im Marktinfrastrukturregime der MiFID I zu schließen imstande sein wird, sondern auch tatsächlich für Markteffizienz und –Integrität stehen wird, wie dies bei den aufeinander austarierten multilateralen Systemen geregelter Markt und MTF der Fall ist, bleibt abzuwarten. Gegenwärtig scheint noch keine Nachfrage im Markt nach dieser neuen Marktkategorie zu bestehen.

In jedem Fall ist ein wesentliches Charakteristikum des OTFs, dass der OTF-Betreiber parallel den multilateralen wie auch den bilateralen Handel anbieten kann. So kann er Segmente schaffen, die ausschließlich nach Art. 20 Abs. 1 MiFID II oder Art. 20 Abs. 2 MiFID II operieren – mit dem Vorteil, dass dies innerhalb derselben Marktkategorie geschehen kann.

Mit Blick auf die Einordnung in die gegenwärtige Marktinfrastruktur ist der OTF-Betreiber in seiner Funktion mit einem Broker-Dealer für Nichteigenkapitalinstrumente zu vergleichen: Er darf Kundenaufträge unter Einsatz seines Eigenkapitals ausführen, bei der Auftragsausführung Ermessen ausüben und muss Anlegerschutzvorschriften und Interessenkonfliktregelungen beachten. Das OTF verwischt dabei die klaren Grenzen zwischen multilateralen und bilateralen Systemen (d.h. Kontrahentensystemen). Es bestehen Abgrenzungsprobleme insbesondere zur systematischen Internalisierung, bei der der Betreiber ebenfalls

763 Erwägungsgrund Nr. 8 MiFIR.

764 A.A. *Brusch/Seitz*, in: Teuber/Schröer, MiFID II/MiFIR, 2015, S. 283, 291.

Eigenkapital aufwenden darf, um Transaktionen einzugehen. Im Unterschied zum OTF-Betreiber geschieht dies jedoch nicht als risikolose Gegenpartei.

Die MiFID-Gesetzgebung hat stets zwischen Wertpapierfirmen und geregelten Märkten (bzw. den Marktbetreibern) differenziert. Dieser Regelungssystematik war im Rahmen von MiFID I vorzuwerfen, dass das Regelungsregime für Wertpapierfirmen nicht vollumfänglich den Bedürfnissen an den Betrieb eines Handelsplatzes entsprach (hier: MTF), da die Anforderungen an Wertpapierfirmen auf den direkten Umgang mit Kunden zugeschnitten sind. Handelsplätze wie der geregelte Markt und das MTF haben jedoch keine Kunden im Sinne der MiFID, sondern (Handels-)Teilnehmer, denen der Handel mit Finanzinstrumenten in einem Handelssystem ermöglicht wird. Der Versuch, trennscharf zwischen dem Pflichtenkreis eines Wertpapierdienstleisters mit Kundenkontakt und einem MTF-Betreiber zu unterscheiden, war daher stets mit Schwierigkeiten verbunden. Mit der Einführung des OTF im Rahmen der MiFID II als Handelsplatz verschwinden die Grenzen zwischen Wertpapierfirma und Handelsplatzbetreiber vollständig.

3. *Feinkalibrierung der systematischen Internalisierung*

Die Neuregelung des Regimes der systematischen Internalisierung ist sehr zu begrüßen, da dies in der Literatur kritisiert wurde und in der Praxis kaum genutzt wurde. Die qualitativen Anforderungen durch quantitative Schwellenwerte zu ergänzen, wird dem Regelungsleitbild gerecht, nur solche Aktivitäten zu erfassen, das nicht ad-hoc und auf unregelmäßiger Basis erfolgt. Kritisch zu betrachten ist hingegen die von der ESMA geschaffene Konkretisierung im Rahmen der RTS. Mit der von der ESMA faktisch herbeigeführten Regelungsmechanik, bei der SI-Definition auch das Liquid-Market-Konzept heranzuziehen, wird der Anwendungsbereich des SI-Regimes in Bezug auf bestimmte Produkte extrem weit gefasst, wenn diese *per se* als liquide definiert werden (z.B. bei verbrieften Derivaten). Grundsätzlich kann eine Liquiditätsbewertung statisch oder aufgrund einer periodischen Beurteilung anhand von quantitativen und/oder qualitativen Merkmalen erfolgen. Bei verbrieften Derivaten ist eine statische Beurteilung gewählt worden, Art. 13 Abs. 1 lit. a RTS 2. ESMA ist dabei der Ansicht, dass alle verbrieften Derivate als liquide anzusehen sind, Tabelle 4.1 Annex III von RTS 2.[765] In der Konsultationsphase des ESMA-Berichts vom 19.12.2014 kritisierten

---

765 Abschnitt III, Ziffer 4, Tabelle 4.1 RTS 2 (all securitised derivatives are considered to have a liquid market"); dies wurde von der ESMA auch schon früher vertreten *ESMA*, Consultation Report, 19.12.2014, ESMA/2014/1570, S. 113.; ESMA, Consultation Report - Annex B, 19.12.2014, ESMA/2014/1570, S. 155.

die Marktteilnehmer, dass mangels Datengrundlage eine tatsächliche Bewertung der eigenen Internalisierungstätigkeit nicht geleistet werden kann.[766] Zwar erkennt auch die ESMA diese Problematik, sieht sich zur Lösung dieses Problems mangels Zuständigkeit aber nicht in der Lage.[767] Es wird darauf gesetzt, dass bis zum Inkrafttreten der MiFID II entsprechende Datenbereitstellungsdienstleister verfügbar sind, die die Datengrundlage zur Bewertung der quantitativen Kriterien liefern können.[768]

Die Europäische Kommission hat diese Kritik aufgegriffen und in RTS 2 in den Übergangsbestimmungen (Art. 18 Abs. 1 und 2 RTS 2) festgelegt, dass die nationalen Aufsichtsbehörden 18 Monate vor Inkrafttreten der MiFIR mit der Berechnung für die Liquiditätsschwellenwerte beginnen und 6 Monate vor Inkrafttreten der MiFIR diese veröffentlichen sollen. Diese Berechnung soll sich aus den Daten der Datenbereitstellungsdienstleister, die unter MiFID II eingeführt werden, speisen. Ob allerdings tatsächlich die Daten bis spätestens sechs Monate vor Inkrafttreten der MiFIR vorhanden sein werden, ist bisher nicht abzusehen.

III. Keine Implementierung von Orderschutzregeln

Insbesondere in Kanada und den USA besitzen transparente Handelsaufträge eine Priorisierung gegenüber intransparenten Handelsaufträgen, wenn sie sich auf demselben Preisniveau befinden – sie werden bevorzugt mit korrespondierenden Orders zusammengeführt.[769] Ferner existieren dort spezielle Handelsregeln, die bestimmen, dass ausschließlich besser bepreiste, transparente, aggressive Limitaufträge einen Prioritätsvorrang vor schlechter bepreisten Limitaufträgen erhalten (sog. Trade-Through-Verbot).[770] Unter einem Trade Through versteht man die Ausführung eines Geschäfts am gegenwärtigen Markt, obwohl zu diesem Zeitpunkt an einem anderen Markt ein besserer Preis erzielbar wäre.[771] Hintergrund des Trade Through-Verbots ist der Schutz der Anleger vor einem ungünstigen Preis und die Verhinderung der Fragmentierung von Liquidität.[772]

766 *ESMA*, Consultation Report, 19.12.2014, ESMA/2014/1570, S. 222f.
767 Ebda.
768 Ebda.
769 Siehe *IOSCO*, Principles for Dark Liquidity, S. 15f.
770 Siehe im US-amerikanischen Recht: Regulation National Market System, Rule 611. Das Trade-Through-Verbot ist nur während der Handelszeiten des jeweiligen Handelsplatzes anwendbar.
771 Sec. 611(a)(1) Regulation NMS.
772 *Gomber/Jäger*, ZBB 2014, 40, 43f.

Das Marktordnungsrecht der MiFID I kannte derartige Regeln nicht. Es begnügte sich damit, intransparente Handelsaufträge grundsätzlich auf transparenten, beaufsichtigten Handelsplätzen zuzulassen, sofern diese z.B. den LIS-Schwellenwert überschritten haben, Art. 20 MiFID-DVO i.V.m. Anhang II, Tabelle 2 MiFID-DVO. Damit verbunden ist die gesetzgeberische Wertung, dass adverse Preisausschläge, die durch Blockaufträge in einem transparenten Handelsumfeld generiert werden, durch Intransparenz ausgeschaltet oder minimiert werden können. Die Rechtswirklichkeit ist indes die, dass intransparente Ordertypen zum Verbergen der eigenen Handelsstrategie, nicht aber zum Blockhandel eingesetzt werden.[773] Dass dies geschehen kann, hängt damit zusammen, dass ein einmal von der ESMA genehmigter intransparenter Ordertyp unbefristet im konkreten Handelsgeschehen einsetzbar ist.[774] Zwar sieht auch die MiFID II keine Orderschutzregeln vor, allerdings wird über Art. 4 Abs. 4 MiFIR eine Konsultations- und Begründungspflicht bei der Gewährung von Ausnahmetatbeständen festgelegt.

Ferner ist eine gesetzliche Regelung bezüglich der Priorisierung von transparenten im Verhältnis zu intransparenten Handelsaufträgen in der MiFID II nicht vorgesehen. Derartige Regeln sind teilweise in den Handelsregeln der europäischen Handelsplätze niedergelegt. So legt z.B. § 87 Abs. 2 S. 4 BörsO FWB eine Bevorzugung von transparenten Handelsaufträgen im fortlaufenden Handel bei untertägiger Auktion fest. Eine aufsichtsrechtliche Pflicht wäre wünschenswert gewesen.

IV. Datenkonsolidierung und aufsichtsrechtliche Erfassung von Datenbereitstellungsdienstleistern

Um auch der wachsenden Datenfragmentierung Herr zu werden, entschied sich der EU-Gesetzgeber sowohl Regeln zur Datenkonsolidierung im Rahmen des Titels IV der MiFIR zu schaffen als auch Datenbereitstellungsdienstleister im Rahmen der MiFID II erstmalig aufsichtsrechtlich zu erfassen. Aus marktinfrastruktureller Sicht ist entscheidend, eine Konsolidierung der Transaktionsdaten auf Ebene der Aufsichtsbehörden herzustellen – unabhängig von Ort sowie Art und Weise der Auftragsausführung. Dies ist die Zielrichtung von Titel IV der MiFIR, dessen Regelungen das Fundament für die Datenkonsolidierung darstellen. Art. 26 MiFIR stellt klar, dass alle Wertpapierfirmen diese Daten bereitzustellen haben. Um einer Fragmentierung durch die Verwendung unterschiedlicher

773 Siehe *Schlag/Mönch/Schurba*, in: FS für H. Schmidt (65), S. 109, 114ff.

774 Siehe zu den bereits genehmigten Ausnahmen vom Vorhandelstransparenzregime der MiFID: *ESMA*, Waivers from Pre-Trade Transparency, ESMA/2011/241h.

Formate zu verhindern, hat die ESMA bereits Vorgaben zur Datenformatierung sowie zur Konkretisierung der Begrifflichkeiten des Art. 26 MiFIR getroffen.[775] Insgesamt dürfte sich die Datenlage erheblich verbessern.

Es ist in diesem Kontext nur folgerichtig auch Datenbereitstellungsdienstleister aufsichtsrechtlich zu erfassen. Betrachtet man den Sekundärmarkt als Netzwerksystem bilden die IT-Systeme der Datenbereitstellungsdienstleister die dritte Säule (neben elektronischen Börsensystemen und den automatisierten Transaktionssystemen) des Netzwerks und tragen entscheidend zum Informationsfluss innerhalb dieses Ökosystems bei.

V. Ausweitung der Strafvorschriften

Die Untersuchung von straf- und ordnungswidrigkeitenrechtlichen Tatbeständen hat gezeigt, dass das Ausspähen von intransparenten Orderbuchdaten und die darauf gestützten Transaktionen nur in den seltensten Fällen Konsequenzen tragen, nämlich nur dann wenn Blockorders erspäht wurden und daraufhin Transaktionen des Hochfrequenzhändlers in Kenntnis und in Bezug auf diese Blockorder getätigt wurden. In diesen Fällen ist die Vornahme eines strafbaren Insiderhandels gem. Art. 12 MAR zu prüfen. Mit Blick auf Orders, die nicht als Blockorder zu qualifizieren sind, lehnt die (gegenwärtige) herrschende Meinung eine Strafbarkeit ab. Ferner ist das Ausspähen der Orderbuchdaten strafbar gem. § 202a StGB. Mit Inkrafttreten des neuen europäischen Marktmissbrauchsregimes und der Umsetzung in nationales Recht durch das 1. FiMaNoG wurde die strafschärfende Vorschrift § 38 Abs. 1 Nr. 2 lit. d WpHG a.F. gestrichen. Es ist empfehlenswert, die Strafschärfung wieder aufzunehmen und den Informationsmissbrauch unter Strafe zu stellen. Dies ist im Rahmen der MiFID II und MAD II-Gesetzgebung nicht geschehen.

Begrüßenswert ist hingegen, dass im Rahmen von Art. 16 Abs. 1 MAR die Pflicht besteht für Marktbetreiber und Wertpapierfirmen, die einen Handelsplatz betreiben, gemäß Art. 31 und 54 MiFID II wirksame Regelungen, Systeme und Verfahren zur Vorbeugung und Aufdeckung von Insidergeschäften und Marktmissbrauch sowie den Versuch hierzu zu schaffen und aufrechtzuerhalten. Gleiches gilt für Wertpapierfirmen, die gewerbsmäßig Geschäfte vermitteln oder ausführen gem. Art. 16 Abs. 2 MAR. Hiernach sind alle Marktteilnehmer zu einer Marktüberwachung verpflichtet.

---

775 *ESMA*, Technical Reporting Instructions, ESMA/2016/1521; *dies.*, Regulatory technical and implementing standards – Annex I, ESMA/2015/1464, RTS 22, S. 422ff.

Frankfurter wirtschaftsrechtliche Studien

Herausgegeben von
Theodor Baums, Andreas Cahn, Brigitte Haar, Katja Langenbucher,
Tobias Tröger, Manfred Wandt, Peter von Wilmowsky

Band 1 Tomas Brinkmann: Unternehmensinteresse und Unternehmensrechtsstruktur. Aufgaben und Grenzen eines normativen Regulativs unternehmenspolitischer Prozesse. 1983.

Band 2 Rüdiger Hahn: Behinderungsmißbräuche marktbeherrschender Unternehmen. Eine Untersuchung der Beeinträchtigung von Wettbewerb und Marktstruktur durch horizontalen Nichtleistungswettbewerb als Gegenstand der Mißbrauchaufsicht nach § 22 Abs. 4 S. 2 Nr. 1 GWB. 1984.

Band 3 Peter Buchmann: Registerpublizität und Gläubigerschutz bei der Einmann-Gesellschaft. 1984.

Band 4 Christian Joerges/Eugen Hiller/Knut Holzscheck/Hans-W. Micklitz: Vertriebspraktiken im Automobilersatzteilsektor. Ihre Auswirkungen auf die Interessen der Verbraucher. 1985.

Band 5 Annette Boerner: Die Haftung des herrschenden Kommanditisten. 1985.

Band 6 Dirk H. Mahler: Rechtsmißbrauch und einstweiliger Rechtsschutz bei Dokumentenakkreditiven und "Akkreditiven auf erstes Anfordern": Eine rechtsvergleichende Untersuchung. 1986.

Band 7 Brigitte Kratz: Ausländische Eingriffsnorm und inländischer Privatrechtsvertrag. 1986.

Band 8 Dimitris Tsibanoulis: Die genossenschaftliche Gründungsprüfung. 1987.

Band 9 Jürgen Braun: Rechtsfragen des Transport-Unfall-Informations- und Hilfeleistungs-Systems der deutschen chemischen Industrie. 1987.

Band 10 Thomas Pfeiffer: Die Bedeutung des privatrechtlichen Immissionsschutzes. Eine Untersuchung zu §§ 1004, 906 BGB. 1987.

Band 11 Michael Bothe/Josef Brink/Christian Kirchner/Albrecht Stockmayer: Rechtsfragen der internationalen Verschuldungskrise. Voraussetzungen, Formen und Verfahren internationaler Umschuldungsmaßnahmen und Umschuldungsvereinbarungen. 1988.

Band 12 Felix Dörr: Die fehlerhafte GmbH. 1989.

Band 13 Rolf Trittmann: Anwendungsprobleme des Haager Beweisübereinkommens im Rechtshilfeverkehr zwischen der Bundesrepublik und den Vereinigten Staaten von Amerika. Exklusive Regelung zur Überbrückung der Unterschiede zwischen dem kontinental-europäischen und anglo-amerikanischen Zivilprozeßrechtssystem? 1989.

Band 14 Margaretha Sudhof: Dreieckige Rechtsverhältnisse im Wirtschaftsverwaltungsrecht - Am Beispiel von Konkurrentenklagen. 1989.

Band 15 Michael Weigel: Schriftformklauseln in Allgemeinen Geschäftsbedingungen. 1989.

Band 16 Hans-Peter Schröder: Der sichere Weg bei der Vertragsgestaltung. 1990.

Band 17 Matthias Haas: Haftungsfreizeichnungsklauseln in Allgemeinen Geschäftsbedingungen. Eine rechtsdogmatische und ökonomische Analyse. 1991.

Band 18 Andreas Hahn: Instandhaltungsverträge. Begriffe, Einordnung, Rechtsfolgenbestimmung, Auswirkung auf die Kautelarpraxis. 1991.

Band 19 Jürgen Götz: Der Entherrschungsvertrag im Aktienrecht. 1991.

Band 20 Friedrich Wächtershäuser: Das Gesellschaftsrecht des internationalen Joint Ventures. 1992.

Band 21 Christina Escher-Weingart: Nutzungsausfall als Schaden und sein Ersatz. 1993.

Band 22 Jean-Claude Zerey: Rechtliche Probleme der Finanzierung von *Leveraged Buyouts* und *Tender Offers* durch Banken in den USA und in der Bundesrepublik Deutschland. Eine rechtsvergleichende Studie über die Rolle der Banken bei Unternehmenskontrolltransaktionen in den USA und in der Bundesrepublik Deutschland. 1994.

Band 23 Markus Bauer: Gläubigerschutz durch eine formelle Nennkapitalziffer - Kapitalgesellschaftsrechtliche Notwendigkeit oder überholtes Konzept? Eine rechtsvergleichende Untersuchung der Gläubigerschutzkonzepte des amerikanischen und deutschen Kapitalgesellschaftsrechts. 1995.

Band 24 Marion Vollmann: Minderheitenschutz im aktienrechtlichen Beschlußmängelrecht. Eine Bestandsaufnahme und Vorschläge zu einer rechtspolitischen Reform. 1997.

Band 25 Lydia Klose-Mokroß: Gläubigerschutz im Kapitalgesellschaftsrecht am Beispiel der Lehre von der verdeckten Sacheinlage. 1997.

Band 26 Stephan Aubel: Der vereinfachte Bezugsrechtsausschluß. Aktionärs- und Gesellschaftsinteressen beim vereinfachten Bezugsrechtsausschluß nach Maßgabe des § 186 Absatz 3 Satz 4 AktG. 1998.

Band 27 Kurt Peter Dittrich: Die Privatplazierung im deutschen Kapitalmarktrecht. Eine Untersuchung der Vorschriften des Auslandinvestmentgesetzes, des Wertpapier-Verkaufsprospektgesetzes und des Gesetzes über Kapitalanlage-Gesellschaften unter Berücksichtigung des Rechts der Vereinigten Staaten von Amerika und des Vereinigten Königreichs. 1998.

Band 28 Viola Sailer: Aktienrechtliche Minderheitskompetenzen zwischen Mißbrauch und unternehmerischer Entscheidungsfreiheit. 1999.

Band 29 Marc Zimmerling: Kapitalerhaltung und Konzernfinanzierung. Eine Untersuchung der kapitalerhaltungsrechtlichen Problematik aufsteigender Sicherheiten im Konzern. 1998.

Band 30 Joachim Wichert: Die Finanzen der Kommanditgesellschaft auf Aktien. 1999.

Band 31 Kerstin Andrea Müller: Produktverantwortung und ihre Durchsetzung. Eine kartellrechtliche Beurteilung von Selbstverpflichtungen im Umweltrecht aus deutscher und europäischer Sicht unter besonderer Berücksichtigung der Altautoentsorgung. 1999.

Band 32 Bettina Friedrich: Konvergenzen im Gesellschaftsrecht. Recht-Fertigung durch Status- und Befundsicherung. 2000.

Band 33 Rudolf Lemke: Haftungsrechtliche Fragen des Ratingwesens – ein Regelungsproblem? 2000.

Band 34 Klaus R. Roller: Die Vergütung des Aufsichtsrats in Abhängigkeit vom Aktienkurs. 2000.

Band 35 Bettina Bokelmann: Personelle Verflechtungen über Aufsichtsräte. Aufsichtsratsmitglieder mit hauptberuflicher Vorstandsfunktion. 2000.

Band 36 Kai-Uwe Steck: Regulierung von US-amerikanischen Investmentgesellschaften (Investment Companies). Unter besonderer Berücksichtigung des National Securities Markets Improvement Act of 1996 (NSMIA) und anderer aktueller Rechtsanpassungen. 2000.

Band 37 Kristofer Bott: Wissenszurechnung bei Organisationen. 2000.

Band 38 Ursula Lenzen: Unerlaubte Eingriffe in die Börsenkursbildung. 2000.

Band 39 Martin Schulz: Verfassungsrechtliche Vorgaben für das Kollisionsrecht in einem Gemeinsamen Markt. Eine rechtsvergleichende Untersuchung zu den Grenzen einzelstaatlicher Anknüpfungsmethoden im internationalen Vertrags-, Delikts- und Gesellschaftsrecht am Beispiel der Vereinigten Staaten von Amerika. 2000.

Band 40 Maximilian Koch: Diversifizierung und Vorstandskompetenzen. 2001.

Band 41 Corrado Wohlwend: Die Hauptversammlung im Wandel der Kommunikationsformen. 2001.

Band 42 Michael Rozijn: Der Unternehmensmaklervertrag. Zur Anwendung des allgemeinen Maklervertragsrechts auf Mergers & Acquisitions-Dienstleistungen. 2001.

Band 43 Konstantinos N. Kyriakakis: Die Überwachung einer US-amerikanischen Aktiengesellschaft durch institutionelle Anleger. 2002.

Band 44 Uta Fredebeil: Aktienemissionen. Das underwriting agreement (der Übernahmevertrag) und seine spezifischen Klauseln. 2002.

Band 45 Michaela G. Döbler: Die Einführung des WTO-weiten Erschöpfungsgrundsatzes in das Markenrecht der EU und der USA. 2002.

Band 46 Jan Liersch: Regulierung des Blockhandels an den organisierten Aktienmärkten der Vereinigten Staaten, Großbritanniens und Deutschlands. 2002.

Band 47 Sascha Lotze: US-amerikanisches Kapitalmarktrecht und Internet. Aufsichts- und haftungsrechtliche Fragen des Internet-Einsatzes bei Wertpapieremissionen und im Wertpapierhandel. 2002.

Band 48 Boris Trautmann: Die Konkurrenz von Haftpflicht- und Versicherungsanspruch. Ein Beitrag zur ökonomischen Analyse des Rechts unter Berücksichtigung von Unsicherheit und Verhaltensanomalien. 2002.

Band 49 Matthias Möller: Rechtsformen der Wagnisfinanzierung. Eine rechtsvergleichende Studie zu den USA und zu Deutschland. 2003.

Band 50 Heiner Feldhaus: Die Eignung zur erheblichen Kursbeeinflussung bei der Ad-hoc-Publizität. Eine rechtsvergleichende und interdisziplinäre Untersuchung unter Berücksichtigung der europarechtlichen Vorgaben. 2003.

Band 51 Matthias Janke: Gesellschaftsrechtliche Treuepflicht. Neubewertung der richterrechtlichen Generalklausel im Rahmen einer rechtsvergleichenden und ökonomischen Analyse. 2003.

Band 52 Katrin Thoma: Eigengeschäfte des Vorstands mit der Aktiengesellschaft. Eine vergleichende Untersuchung zum englischen, U.S.-amerikanischen und deutschen Recht. 2003.

Band 53 Mathias Stöcker: Rechtsfragen grenzüberschreitender Unternehmenszusammenschlüsse – unter besonderer Berücksichtigung des Falles Daimler/Chrysler – 2003.

Band 54 Otto Korte: Zur mißbräuchlichen Wahrnehmung der aktienrechtlichen Anfechtungsbefugnis. 2003.

Band 55 Wilhelm Wilderink: Die Auflösung, die Übertragung und die Verschmelzung von In vestmentfonds. 2003.

Band 56 Anja Birkenkämper: Rechtsfragen feindlicher Übernahmen. Jurisitische Nachlese zum Fall Krupp/Thyssen. 2003.

Band 57 Manuel Lorenzo Alonso: Die Neuausrichtung der Zwischenstaatlichkeitsklausel der Art. 81, 82 EG. Folgen der neuesten Entwicklungen des Gemeinschaftsrechts für die Zwischenstaatlichkeitsklausel – unter besonderer Berücksichtigung des Bankenbereichs. 2003.

Band 58 Dirk Kocher: Kapitalgesellschaft & Co. KG in Finnland. Eine Untersuchung zur Frage der Übertragbarkeit der deutschen Grundtypenvermischung auf das finnische Recht. 2003.

Band 59 Ruiting Qin: Parteiautonomie: Eine rechtsvergleichende Untersuchung. Versuch zur Entwicklung einer Gerechtigkeitsjurisprudenz im IPR. 2003.

Band 60 René Runte: Walter Julius Derenberg – Leben und Werk. 2004.

Band 61 Udo Prinz: Umstrukturierung durch *Schemes of Arrangement* mit Gesellschaftern im englischen Recht. – Ein Vorbild? 2004.

Band 62 Rainer Schmitz: Die Haftung des Vorstands gegenüber den Aktionären. Eine rechtsvergleichende Untersuchung nach deutschem und US-amerikanischem Recht. 2004.

Band 63 York Oehlschläger: Die typische und atypische stille Beteiligung an einer Aktiengesellschaft. Möglichkeiten und Grenzen der Gestaltung für die stille Gesellschaft zwischen Personengesellschaftsrecht, Aktienrecht, Konzernrecht und Umwandlungsrecht. 2004.

Band 64 Stefan Klein: Die Rechtsstellung auswärtiger Gesellschaften im deutschen und US-amerikanischen Recht. Ein Beitrag zur Neuausrichtung des deutschen internationalen Gesellschaftsrechts unter besonderer Berücksichtigung des Europäischen Gemeinschaftsrechts. 2004.

Band 65 Knut Sauer: Haftung für Falschinformation des Sekundärmarktes. 2004.

Band 66 Michael Senger: Bankenaufsicht, Unternehmensverbindungen und Bankengruppen. 2004.

Band 67 Maximilian Rittmeister: Gewährleistung beim Unternehmenskauf. Die Gewährleistungshaftung des Verkäufers bei einem Unternehmenskauf seit In-Kraft-Treten des Schuldrechtsmodernisierungsgesetzes. 2005.

Band 68 Ole Ziegler: Der Anteilserwerb am Kapitalmarkt nach der Schuldrechtsreform. 2005.

Band 69 Maia Tacheva: Rechtsbehelfe des Käufers im Warenkaufrecht. Eine rechtsvergleichende Untersuchung des Übereinkommens der Vereinten Nationen über Verträge über den internationalen Warenkauf (CISG), des englischen Sale of Goods Act, des bulgarischen Kaufrechts und des deutschen Kaufrechts vor und nach dem Schuldrechtsmodernisierungsgesetz. 2005.

Band 70 Michael Lange: Rechtsfragen der Finanzierung eines feindlichen Übernahmeangebotes. Am Beispiel der großen Publikumsgesellschaft nach US-amerikanischem und deutschem Recht. 2005.

Band 71 Niklas Dieterich: Outsourcing bei Kapitalanlagegesellschaften. 2005.

Band 72 Julia Sernetz: Derivate und Corporate Governance. Kompetenzen und Pflichten des Vorstands von Aktiengesellschaften beim Einsatz von Derivaten. 2006.

Band 73 Marcel Polte: Aktiengattungen. Eine rechtsvergleichende Untersuchung zum deutschen, US-amerikanischen und englischen Recht. 2005.

Band 74 Jens Bornscheid: Stapled Stock (Verbundaktien). 2006.

Band 75 Robert F. Thoma: Der Wettbewerb um Stimmen im US-amerikanischen und deutschen Aktienrecht. 2006.

Band 76 Markus Lauer: Gemeinsam geführte Unternehmen im Bilanz- und Gesellschaftsrecht. 2006.

Band 77 Arne Christian Lawall: Die virtuelle Holding nach deutschem Aktienrecht. 2006.

Band 78 Marcel Barth: Schadensberechnung bei fehlerhafter Kapitalmarktinformation. 2006.

Band 79 Dirk Reidenbach: Aktienanalysten und Ratingagenturen – Wer überwacht die Überwacher? 2006.

Band 80 Jochen Herr: Neue EU-Wettbewerbsregeln für Technologietransfer-Vereinbarungen. 2006.

Band 81 Simon Markus Beck: Kritik des Eigenkapitalersatzrechts. Zugleich ein Beitrag zur Stärkung des insolvenzrechtlichen Gläubigerschutzes. 2006.

Band 82 Emrullah Kervankiran: Haftungsbeschränkung im türkischen Gesellschaftsrecht. Ein Rechtsvergleich. 2007.

Band 83 David C. Donald: Der Einfluss der Wertpapierabwicklung auf die Ausübung von Aktionärsrechten. Eine Untersuchung der Entstehungsgeschichte und Auswirkungen des U.S.-amerikanischen „Indirect Holding System“. 2008.

Band 84 Mathias Eisen: Haftung und Regulierung internationaler Rating-Agenturen. 2007.

Band 85 Nina Bogenschütz: Neuausrichtung des Eigenkapitalbegriffs. Dogmatische Überlegungen im Lichte hybrider Finanzierungen. 2008.

Band 86 Hans-Jürgen Schmitt: Das Geldwäsche-Risikomanagement der Kreditinstitute. 2008.

Band 87 Daniel Komo: Grenzüberschreitende Zusammenschlüsse britischer und deutscher Unternehmen. 2008.

Band 88 Stefan Rothweiler: Der Informationsfluss vom beherrschten zum herrschenden Unternehmen im Gesellschafts- und Kapitalmarktrecht. 2008.

Band 89 Stefan Berg: Kreditderivate im deutschen Privatrecht. 2008.

Band 90 Christian Fischer: Rechtsfragen grenzüberschreitender Übernahmeangebote. 2008.

Band 91 Volker Konopatzki: Funktionsauslagerung bei Kreditinstituten. Gesellschaftsrechtlicher und bankenaufsichtsrechtlicher Rahmen. 2008.

Band 92 Nicolas A. Ostler: Stimmrecht ohne Beteiligungsinteresse. Erwerb und Ausübung des Aktienstimmrechts ohne das Vermögensinteresse an der Beteiligung. 2010.

Band 93 Stefan Brass: Hedgefonds als aktive Investoren. Rechtliche Schranken und rechtspolitische Vorschläge. 2010.

Band 94 Ulrike Blömer: Grenzüberschreitende Sachverhalte im Bankenaufsichtsrecht. 2010.

Band 95 Emanuel H. F. Ballo: Die AGB-Kontrolle von Kreditverträgen in der Akquisitionsfinanzierung. Eine Untersuchung am Beispiel des *Senior Multicurrency Term and Revolving Facilities Agreement*. 2010.

Band 96 Mathias Neumann: Gerüchte als Kapitalmarktinformationen. Die kapitalmarktrechtliche Behandlung von Informationen mit unsicherem Wahrheitsgehalt. 2011.

Band 97 Maren Gräfe: Squeeze-outs nach deutschem, französischem und spanischem Gesellschaftsrecht. Eine ökonomische und rechtsvergleichende Analyse unter Berücksichtigung der europäischen Rechtsentwicklung. 2011.

Band 98 Carsten Lammers: Der Prüfungsausschuss des Aufsichtsrats nach dem Sarbanes-Oxley Act und dem BilMoG. Zum Spannungsverhältnis zwischen US-amerikanischem Kapitalmarktrecht, europäischen Vorgaben und deutschem Aktienrecht. 2011.

Band 99 Andreas Wieland: Inhaberkontrollverfahren. Die Anteilseignerkontrolle beim Erwerb bedeutender Beteiligungen an Unternehmen des Finanzsektors. 2012.

Band 100 Henny Müchler: Die Investmentaktiengesellschaft mit veränderlichem Kapital. 2014.

Band 101 Nikolaus Bunting: Die Gründung von Kapitalgesellschaften in Deutschland, dem Vereinigten Königreich und den USA. Eine rechtsvergleichende und rechtspolitische Studie. 2015.

Band 102 Daniel Gajek: Umstrukturierungen und Finanzinstrumente. Die Bedeutung der Umstrukturierung der Emittentin für die von ihr ausgegebenen Finanzinstrumente. 2015.

Band 103 Jenny W. Gesley: Die Aufsicht über die Finanzmärkte in den USA. Nationale Entwicklungen und internationale Vorgaben. 2016.

Band 104 Lisa Pfaffinger: Unbeschränkte Gesellschafterhaftung und Gläubigerschutz. Eine ökonomische Betrachtung des Haftungssystems der Personengesellschaften. 2016.

Band 105 Julius Brandt: Die Steuerung von Liquiditätsrisiken im Aktienrecht und Bankaufsichtsrecht. 2016.

Band 106 Maike Sauter: Die Ausprägung des Gläubigerschutzes in der geschichtlichen Entwicklung des Aktienrechts. 2017.

Band 107 Jurgita Baur: Die Kompetenz der Europäischen Union für ausländische Direktinvestitionen am Beispiel der Freihandelsabkommen mit Kanada und den USA. 2018.

Band 108 Christian Hoops: Verborgene Liquidität im Marktordnungsrecht der MiFID. 2018.

www.ingramcontent.com/pod-product-compliance
Ingram Content Group UK Ltd.
Pitfield, Milton Keynes, MK11 3LW, UK
UKHW021846290926
8980IPUK00005B/674

9 783631 770054